Tanio'r Targed

Cymraeg Ail Iaith ar gyfer oedrannau 11–14

Rebecca Boyle, Connor Keyes, Nicola Lewis, Dafydd Roberts, Tina Thomas, Sian Vaughan, Keiron Williams, Tudur Dylan Jones

Golygyddion y gyfres: Alison Lloyd a Tina Thomas

HODDER
EDUCATION
AN HACHETTE UK COMPANY

Gwnaed pob ymdrech i gysylltu â'r holl ddeiliaid hawlfraint, ond os oes unrhyw rai wedi'u hesgeuluso'n anfwriadol, bydd y cyhoeddwyr yn falch o wneud y trefniadau angenrheidiol ar y cyf le cyntaf.

Er y gwnaed pob ymdrech i sicrhau bod cyfeiriadau gwefannau yn gywir adeg mynd i'r wasg, nid yw Hodder Education yn gyfrifol am gynnwys unrhyw wefan y cyfeirir ati yn y llyfr hwn. Weithiau mae'n bosibl dod o hyd i dudalen we a adleolwyd trwy deipio cyfeiriad tudalen gartref gwefan yn ffenestr LlAU (URL) eich porwr.

Polisi Hachette UK yw defnyddio papurau sy'n gynhyrchion naturiol, adnewyddadwy ac ailgylchadwy o goed a dyfwyd mewn coedwigoedd sydd wedi'u rheoli'n dda, a ffynonellau eraill cynaliadwy. Disgwylir i'r prosesau torri coed a gweithgynhyrchu gydymffurfio â rheoliadau amgylcheddol y wlad y mae'r cynnyrch yn tarddu ohoni.

Archebion: cysylltwch â Hachette UK Distribution, Hely Hutchinson Centre, Milton Road, Didcot, Oxfordshire OX11 7HH. Ffôn: +44 (0)1235 827827. Ebost: education@hachette.co.uk Mae'r llinellau ar agor rhwng 9.00 a 17.00 o ddydd Llun i ddydd Gwener. Gallwch hefyd archebu trwy wefan: www.hoddereducation.co.uk

ISBN: 978 1 3983 1253 1

© Rebecca Boyle, Tudur Dylan Jones, Connor Keyes, Nicola Lewis, Alison Lloyd, Dafydd Roberts, Tina Thomas, Sian Vaughan a Keiron Williams 2021

Cyhoeddwyd gyntaf yn 2021 gan

Hodder Education,

An Hachette UK Company

Carmelite House

50 Victoria Embankment

London EC4Y 0DZ

www.hoddereducation.co.uk

Rhif argraffiad   10 9 8 7 6 5 4 3 2 1

Blwyddyn   2026 2025 2024 2023 2022 2021

Llun y clawr © Fredex/stock.adobe.com

Arlunwaith gan Chantelle a Burgen Thorne

Cysodwyd yn India

Argraffwyd yn Slofenia

Mae cofnod catalog y teitl hwn ar gael gan y Llyfrgell Brydeinig.

Cynnwys

Am y cwrs hwn

Ychydig o eiriau gan ein hawduron

"Dyma lyfr gan athrawon Cymraeg i athrawon Cymraeg.

Mae'r llyfr arloesol hwn yn cwmpasu'r sgiliau ieithyddol angenrheidiol sydd eu hangen ar ddysgwyr er mwyn iddynt ddod yn rhan o gymdeithas ddwyieithog. Mae cyfleoedd i gydweithio a rhannu barn, i gymharu, cynghori, disgrifio, dehongli a dadansoddi i enwi ond ychydig o'r sgiliau hyn. Mae ymarferion penodol yn arwain y ffordd i uned gynhwysfawr ar ramadeg i gynorthwyo yn yr ystafell ddosbarth ac wrth i ddysgwyr weithio'n annibynnol.

Yn ogystal â hynny, mae unedau penodol ar Gymru, sy'n dathlu hunaniaeth a hanes ein gwlad, a hefyd uned ar lenyddiaeth i sicrhau y gall dysgwyr gael mynediad i drysorau ein byd llenyddol. Mae'r uned hon yn cynnwys uned arbennig ar farddoniaeth gan y bardd Tudur Dylan. Bydd deunydd ychwanegol ar-lein, gan gynnwys cyfres o glipiau sain a chlipiau fideo gwreiddiol, deunyddiau digidol, nodiadau athrawon ac ymarferion darllen PISA.

Nid llyfr cwrs yn unig yw hwn ond yn hytrach na hynny, mae'n wledd o adnoddau, syniadau ac unedau gwreiddiol i gyfoethogi eich addysgu a symud dysgwyr tuag at darged y llywodraeth o gyrraedd 1 miliwn o siaradwyr Cymraeg erbyn 2050"

Mae'r tîm awduron yn cynnwys athrawon ac arholwyr profiadol. Maen nhw i gyd yn siaradwyr Cymraeg ac maen nhw o bob rhan o'r wlad, o Lanelli i Wrecsam.

Cwrdd â golygyddion y gyfres

Mae **Tina Thomas** yn athrawes, awdur ac arholwr profiadol. Hi yw Arweinydd Cymraeg Ail Iaith ERW ac mae'n cyflwyno sesiynau DPP i athrawon yn lleol ac yn genedlaethol. Mae Tina wedi ysgrifennu llawer o adnoddau ar gyfer CA3 a TGAU ac mae'n Brif Arholwr TGAU Cymraeg Ail Iaith.

Yn ogystal â phrofiad helaeth o arwain cyfadrannau ac adrannau, mae gan **Alison Lloyd** brofiad o weithio mewn rôl gynghori ac mae wedi gweithio i ddatblygu'r Gymraeg yn rhanbarthol a thrwy gydweithio cenedlaethol. Mae ganddi brofiad o weithio ar asesu ar gyfer asesiadau a chymwysterau allanol CA2/3 a CA4/5 cenedlaethol.

Lefelau

Mae pob uned yn cynnwys tasgau sy'n cynrychioli pob un o'r Camau Cynnydd yn y Cwricwlwm Newydd.

Lefel	Cam cynnydd
Pioden	Mae'r tasgau yn yr uned hon yn cyfateb i Gam Cynnydd 3.
Gwylan	Mae'r tasgau yn yr uned hon yn cyfateb i Gam Cynnydd 3–4.
Eryr	Mae'r tasgau yn yr uned hon yn cyfateb i Gam Cynnydd 4.
Paun	Mae'r tasgau yn yr uned hon yn cyfateb i Gam Cynnydd 4–5.

Mae'r bennod ar Gymru yn cynnwys tasgau gallu cymysg.

Tasgau

- Darllen
- Siarad mewn grŵp
- Tasg estynedig
- Ysgrifennu
- Darllen ar goedd
- Geiriadur
- Gwrando
- Cyfieithu
- Ymchwil
- Tasg siarad
- Meddwl
- Gwaith pâr
- Fideo

① Cymru

1 Beth yw'r ots gennyf i am Gymru?

1 Beth sy'n bwysig i chi o ran bod yn Gymraeg? Beth sy'n rhoi eich hunaniaeth i chi?

   a Copïwch a llenwch y pyramid: pethau pwysicaf yn y top, lleiaf pwysig yn y gwaelod.

   b Nodwch eich rhesymau *pam* hefyd, tu allan i'r pyramid.

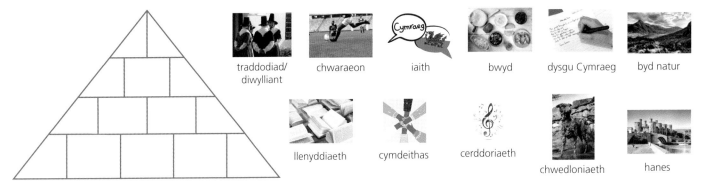

traddodiad/diwylliant   chwaraeon   iaith   bwyd   dysgu Cymraeg   byd natur

llenyddiaeth   cymdeithas   cerddoriaeth   chwedloniaeth   hanes

2 Darllenwch y proffiliau isod ac atebwch y cwestiynau.

Enw: Ioan Gruffudd
Geni: 6 Hydref 1973
Man geni: Caerdydd
Swydd: Actor – wedi actio mewn ffilmiau Cymraeg
Hanes: Wedi dechrau actio yn blentyn ar S4C yn *Pobol y Cwm*
Diddordebau: Diwylliant Cymreig, actio, canu'r obo

Enw: Ruth Jones
Geni: 22 Medi 1966
Man geni: Pen-y-bont ar Ogwr
Swydd: Actores – wedi actio mewn rhaglenni Cymraeg
Hanes: Dysgu'r Gymraeg ar y rhaglen *Iaith ar Daith* yn 2020
Diddordebau: Sgriptio, actio a chyfarwyddo ar gyfer rhaglenni teledu

   a Beth sy'n debyg a beth sy'n wahanol rhwng Ioan Gruffudd a Ruth Jones? Nodwch ddau beth:
- yn debyg
- yn wahanol

   b Dydy Ioan Gruffudd ddim wedi newid ei enw er iddo symud i'r Amerig. Mae cadw ei enw Cymreig yn bwysig iddo. Ydych chi'n cytuno ag e?

   c Mae siarad iaith ei gwlad yn bwysig ym marn Ruth Jones, felly mae hi eisiau dysgu Cymraeg. Ydych chi'n cytuno â hi?

   ch Mae'r bobl yma yn dod o Gymru. Yn eich barn chi, ydyn nhw'n falch o'u hunaniaeth Gymreig? Sut maen nhw'n cefnogi'r iaith a diwylliant yng Nghymru? Trafodwch gyda phartner.

3   Gwrandewch ar Tom yn siarad am ei hunaniaeth Gymreig. Cewch wrando ar y clip ddwywaith ar ei hyd.

Defnyddiwch bwyntiau bwled i ateb y cwestiynau isod ar sut mae e'n teimlo.

a   Beth mae'r bachgen yn ei ddweud am ei deulu?

b   Beth ydy'r pethau mae'r bachgen yn eu caru am Gymru?

c   Pam rydyn ni'n lwcus yma yng Nghymru yn ôl y bachgen?

ch Beth sy'n rhoi croen gŵydd iddo fe a pham?

4   Edrychwch ar y llun ar yr ochr.

a   Gyda'ch partner, penderfynwch beth fasai'r ferch yn ei ddweud am fod yn Gymreig ac am ei hunaniaeth.

b   Dewiswch bwynt yr un: ydych chi'n cytuno neu'n anghytuno gyda'r ferch? Cofiwch ddilyn y pedwar cam!

Cofiwch!

Defnyddiwch y patrymau brawddeg isod er mwyn dangos pwyslais yn eich brawddegau.

Mae 'mai' (N) / 'taw' (S) yr un fath â *that* yn Saesneg.

Dw i'n credu **mai/taw**…   Dw i'n gwybod **mai/taw**…   Dw i'n meddwl **mai/taw**…

---

5   Tasgau estynedig.

EFYDD Crëwch stribed animeiddiedig ar gyfer S4C yn sôn am ba syniadau cyffredin sydd yn gwneud hunaniaeth Gymreig. Dylech wylio'r clip fideo Prif Ddysgwr Eisteddfod T 2020 i gymharu safbwyntiau. Cofiwch: <ul><li>gytuno/anghytuno ag eraill</li><li>mewnosod trosleisiau</li><li>defnyddio lliwiau/ffontiau/arddulliau gwahanol</li></ul>	*Create an animated strip for S4C about which common ideas make up a Welsh identity.*
ARIAN Crëwch stribed animeiddiedig ar gyfer S4C yn sôn am beth ydy hi i fod yn Gymreig o'ch profiadau personol chi. Dylech wylio'r clip fideo Prif Ddysgwr Eisteddfod T 2020 am ychydig o ysbrydoliaeth. Cofiwch: <ul><li>gynnwys deialog rhwng cymeriadau yn dangos gwahanol safbwyntiau</li><li>mewnosod clipiau sain a throsleisiau</li><li>defnyddio lliwiau/ffontiau/arddulliau gwahanol</li></ul>	*Create an animated strip for S4C about what it is to be Welsh from your own personal view.*
AUR Crëwch stribed animeiddiedig ar gyfer S4C yn sôn am sut allwch chi ddangos eich hunaniaeth i bobl eraill. Dylech wylio'r clip fideo Prif Ddysgwr Eisteddfod T 2020 fel sbardun i'ch gwaith. Cofiwch gynnwys: <ul><li>deialog rhwng cymeriadau yn dangos gwahanol safbwyntiau</li><li>mewnosod clipiau sain a throsleisiau</li><li>lliwiau/ffontiau/arddulliau gwahanol</li></ul>	*Create an animated strip for S4C about how you can show other people your identity.*

2 Cymraeg ddoe a heddiw

O'r 600au tan 1850, roedd bron pawb yng Nghymru'n siarad Cymraeg.

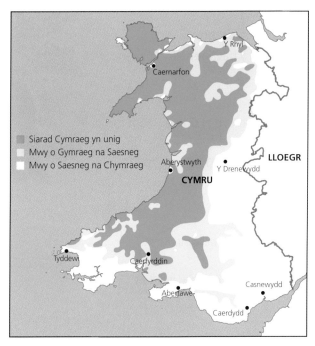

Yn 1901, roedd bron miliwn o bobl yn siarad Cymraeg (edrychwch ar y map).

Erbyn diwedd yr ugeinfed ganrif, beth bynnag, dim ond un person ym mhob pump oedd yn siarad Cymraeg.

Yn 2001, cododd y niferoedd. Mae dyfodol yr iaith yn edrych yn dda unwaith eto.

1   Darllenwch y wybodaeth uchod ac edrychwch ar y map. Dewiswch yr ateb cywir.

    a   Yng Nghaerdydd yn 1901, roedd pobl yn siarad:
       i   Cymraeg yn unig   ii   Saesneg yn unig   iii   Cymraeg a Saesneg

    b   Yn 1995, faint o bobl oedd yn siarad Cymraeg?
       i   15%   ii   10%   iii   20%

    c   Yn 1901, roedd llawer o bobl yn siarad Cymraeg yn unig:
       i   yn y gogledd   ii   yn y de   iii   yn y dwyrain

2   Edrychwch ar y siart isod, sy'n dangos gwybodaeth o gyfrifiadau cenedlaethol.

Poblogaeth a chanran siaradwyr Cymraeg dros dair oed

Blwyddyn	1891	1911	1931	1951	1971	1991	2001	2011
Canran (%)	54.5%	43.5%	36.8%	28.9%	20.8%	18.7%	20.8%	19%
Nifer	920,389	977,366	909,261	714,686	542,200	508,098	582,368	562,016

Copïwch a llenwch y grid gyda'r flwyddyn gywir.

Gosodiad	Blwyddyn
Y nifer mwyaf yn siarad Cymraeg.	
Dros hanner y boblogaeth yn siarad Cymraeg.	
Y nifer lleiaf yn siarad Cymraeg.	
Bron un ym mhob pump yn siarad Cymraeg.	
Y nifer lleiaf o siaradwyr yn codi.	
Bron 30% yn siarad Cymraeg.	

poblogaeth *population*

mwyaf *most*

lleiaf *least*

cwymp *fall*

bron *almost*

Llinell amser yr iaith

Dyma rai o ddigwyddiadau pwysig yn hanes yr iaith Gymraeg:

Digwyddiad	Blwyddyn
Pobl yn siarad Cymraeg yn yr hen amser	550–600
William Morgan yn cyfieithu'r Beibl i'r Gymraeg	1588
'Brad y Llyfrau Gleision' a'r *Welsh Not*	1847
Evan a James James yn ysgrifennu 'Hen Wlad fy Nhadau'	1856
153 o Gymry'n hwylio o Lerpwl i Batagonia	1865
Syr Ifan ab Owen Edwards yn dechrau Urdd Gobaith Cymru	1922
Agor yr ysgol Gymraeg gyntaf – Ysgol Dewi Sant, Llanelli	1947
Cymdeithas yr Iaith Gymraeg yn dechrau	1962
Sianel 4 Cymru ar yr awyr am y tro cyntaf	1982
Targed Llywodraeth Cymru – 'Miliwn o siaradwyr Cymraeg erbyn 2050'	2017

3   Rhowch y digwyddiadau yn nhrefn amser:

Digwyddiad	Rhif
Cymry'n hwylio i dde America	
Sianel deledu Gymraeg yn dechrau	
Pobl yn siarad Cymraeg am y tro cyntaf	
Targed o filiwn o siaradwyr Cymraeg	
Yr ysgol Gymraeg gyntaf	
Tad a mab yn ysgrifennu'r anthem	

4   • Partner 1 – dywedwch y flwyddyn yn Gymraeg.

• Partner 2 – esboniwch beth ddigwyddodd.

Er enghraifft:

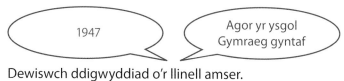

1947

Agor yr ysgol Gymraeg gyntaf

5   Dewiswch ddigwyddiad o'r llinell amser.

• Ewch ar y we i gael mwy o wybodaeth am y digwyddiad.

• Ysgrifennwch bum brawddeg am y digwyddiad.

• Rhannwch y brawddegau gyda'r grŵp a dywedwch pam rydych chi wedi dewis y digwyddiad hwnnw.

3 Geni'r Gymraeg

Blas ar hanes

Cymraeg ydy'r iaith hynaf yn Ewrop o bosibl, ond ble a phryd ddechreuodd yr iaith Gymraeg?

Wel, rhaid i ni fynd yn ôl mewn amser, yn ôl i amser y Celtiaid.

tir mawr *mainland*

llwyth(i) *tribe(s)*

o dipyn i beth *little by little*

Pwy oedd y Celtiaid?

Roedd y Celtiaid yn byw ar dir mawr Ewrop tua 600 cc.

Roedden nhw'n siarad Celteg.

O dipyn i beth, symudodd rhai llwythi Celtaidd i ynysoedd Prydain.

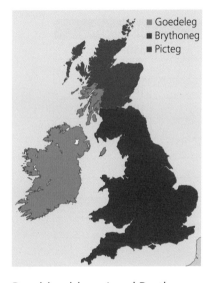
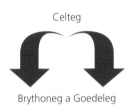

Roedd pobl yn siarad Brythoneg ar dir mawr Prydain.

Roedd pobl yn siarad Goedeleg yn Iwerddon a rhan fach o ogledd Prydain.

1   Dewiswch yr ateb cywir.

a   Ar y dechrau, roedd y Celtiaid yn byw
  i   yn Ewrop   ii   ym Mhrydain   iii   yn America

b   Roedd y Celtiaid yn siarad
  i   Saesneg   ii   Ffrangeg   iii   Celteg

c   Symudodd y Celtiaid o Ewrop i
  i   Affrica   ii   Asia   iii   Prydain

ch   Roedd pobl yn siarad Brythoneg
  i   yn Iwerddon   ii   ym Mhrydain   iii   yn Ewrop

Y Rhufeiniaid

Tua 43 OED CRIST, daeth y Rhufeiniaid i ynysoedd Prydain. Roedd y Rhufeiniaid yn bobl bwerus.

Lladin oedd iaith y Rhufeiniaid. Mae rhai o ieithoedd mawr Ewrop fel Ffrangeg, Sbaeneg ac Eidaleg yn dod o'r iaith Ladin.

Dechreuodd y Brythoniaid fenthyg geiriau o'r iaith Ladin.

Daeth y geiriau yma yn rhan o eirfa'r iaith Gymraeg.

2   Pa eiriau Cymraeg sy'n mynd gyda'r geiriau Ffrangeg, Sbaeneg neu Eidaleg?

 lleidr   papillon   puente   pysgodyn   cannwyll   eglwys   candela

 ladro   libro   pont   llyfr   iglesia   poisson   pili pala

Brythoneg yn troi'n Gymraeg

Rhwng y 5ed a'r 10fed ganrif, roedd brwydrau mawr rhwng y Brythoniaid a'r Sacsoniaid.

O ganlyniad i'r brwydrau, holltodd yr iaith Frythoneg yn dair iaith newydd: Cymraeg, Cernyweg a Llydaweg.

ymfudo *(to) migrate*

gororau *borders*

cyfandir *continent*

■ Trefedigaethau Brythoneg

3   a   Ewch ar y we i gael rhagor o wybodaeth am y Gernyweg a'r Llydaweg:
- faint o siaradwyr heddiw
- statws
- addysg
- traddodiadau
- anthemau
- baneri

b   Mae llawer o eiriau tebyg i'r Gymraeg yn y Gernyweg a'r Llydaweg, er enghraifft:

Cymraeg	Llydaweg	Cernyweg
Ci	Ki	Ki

Beth ydy'r geiriau Cernyweg a Llydaweg am y creaduriaid yma:
- pysgodyn
- gafr
- gwenynen
- mochyn
- cwningen

Aneirin

Bardd llys oedd Aneirin. Roedd e'n byw yn y 6ed ganrif yn Yr Hen Ogledd.

Gwaith bardd llys oedd canmol pobl bwysig a disgrifio brwydrau.

Tua'r flwyddyn 595, roedd brwydr fawr rhwng Brythoniaid Manaw Gododdin a llwyth y Bernicia.

Roedd y frwydr yn ardal Catraeth.

Aeth Aneirin i'r frwydr gyda milwyr Manaw Gododdin.

bardd llys *court poet*

canmol *(to) praise*

cyfansoddi *(to) compose*

Y Gododdin

Cyfansoddodd Aneirin gerdd am y frwydr. 'Y Gododdin' ydy enw'r gerdd.

Mae'r gerdd yn Gymraeg.

Roedd Cymraeg yn iaith fyw yn y 6ed ganrif!

Dyma bennill o'r gerdd:

> Gwŷr aeth Gatraeth oedd ffraeth eu llu
> Glasfedd eu hancwyn a gwenwyn fu
> Trychant trwy beiriant yn cattau
> A gwedy elwch, tawelwch fu
> Cyd elwynt i lannau i benydu
> Dadl diau, angau i eu treiddu

Mae'r gerdd yn hen ond mae'n bosibl adnabod llawer o'r geiriau.

4   Cysylltwch y Gymraeg â'r Saesneg.

Cymraeg	Saesneg
glas	was / were
aeth	blue / green / fresh
oedd	three hundred
a	silence
tawelwch	went
trychant	and

Doedd y beirdd ddim yn ysgrifennu'r cerddi. Roedden nhw'n cofio'r cerddi ac yn adrodd y cerddi i eraill.

Roedd hi'n bwysig bod y cerddi'n swnio'n dda. Roedd technegau fel ailadrodd, odli a chyflythreniad yn bwysig iawn.

ailadrodd *repetition*

odli *rhyming*

cyflythreniad *alliteration*

5   Pa eiriau yn y pennill sy'n odli â:

- **aeth** (x 2)
- hanc**wyn**
- ll**u**

- trych**ant**
- **elwch**
- di**au**

Llyfr Aneirin

Mae'n bosibl gweld cerdd 'Y Gododdin' heddiw yn Llyfr Aneirin. Mae Llyfr Aneirin yn Llyfrgell Genedlaethol Cymru, Aberystwyth.

Mynachod gopïodd y gerdd tua chanol y 13eg ganrif.

6   Rydych chi'n fynach. Copïwch y darn o'r Gododdin ar bapur. Ysgrifennwch fel yn y 13eg ganrif.

7   *Cyn*, *yn ystod* neu *ar ôl* y Rhufeiniaid? Copïwch y grid; ticiwch y golofn gywir.

Ffaith	Cyn	Yn ystod	Ar ôl
Brythoniaid yn benthyg geiriau o'r iaith Ladin			
Mynachod yn copïo cerdd Aneirin			
Y Celtiaid yn byw yn Ewrop			
Yr iaith Gelteg yn hollti'n ddwy			
Aneirin yn cyfansoddi 'Y Gododdin'			
Pobl yn dechrau siarad Cymraeg, Cernyweg a Llydaweg			

Pedair cainc Y Mabinogi

Chwedlau Cymraeg o'r 11eg ganrif ydy'r Mabinogi. Mae'r chwedlau'n llawn o hud a lledrith, arwyr a chymeriadau uwchnaturiol.

Mae un cymeriad yn cysylltu'r pedair cainc: Pryderi.

Stori bywyd ydy ystyr Mabinogi – bywyd Pryderi efallai?

Dyma hanes y ddwy gainc gyntaf.

Pwyll Pendefig Dyfed

Pwyll ydy brenin Dyfed. Mae llys Pwyll yn Arberth. Mae Pwyll yn newid lle gydag Arawn, brenin Annwfn (yr arall fyd). Ar ôl dychwelyd, mae e'n priodi Rhiannon, duwies y ceffylau. Maen nhw'n cael plentyn. Mae'r plentyn yn mynd ar goll ond mae Teyrnon, brenin Gwent Is-coed, yn ei ffeindio. Mae Pwyll a Rhiannon yn rhoi'r enw Pryderi i'r plentyn. Ar ôl marwolaeth Pwyll, Pryderi ydy brenin Dyfed.

Branwen ferch Llŷr

Bendigeidfran y cawr ydy brenin Prydain. Mae ei chwaer Branwen yn priodi Matholwch, brenin Iwerddon. Dydy Efnisien, eu hanner brawd, ddim yn hapus. O ganlyniad, mae llawer o drais yn digwydd ac mae Matholwch yn carcharu Branwen.

Mae Bendigeidfran a'i filwyr yn croesi'r môr er mwyn achub Branwen.

Mae Bendigeidfran a Branwen yn marw ar ddiwedd y chwedl.

hud a lledrith *magic and mystery*

uwchnaturiol *supernatural*

dychwelyd *(to) return*

marwolaeth *death*

trais *violence*

carcharu *(to) imprison*

achub *(to) save*

byddin *army*

8 Pa gainc/chwedl? Copïwch y grid isod; ticiwch y bocs cywir.

Gosodiad	Pwyll Pendefig Dyfed	Branwen ferch Llŷr
Chwaer y cawr yn priodi		
Brenin Dyfed yn colli plentyn		
Brenin Prydain yn marw		
Hanner brawd y cawr yn achosi problemau		

9 **a** Gwnewch symudiadau ar gyfer pob llun.

1 Bendigeidfran

7 Efnisien

13 Bendigeidfran

19 Bendigeidfran

2 Brenin

8 Dim yn hapus

14 Croesi

20 Branwen

3 Chwaer

9 Trais

15 Môr

21 Marw

4 Priodi

10 Matholwch

16 Milwyr

5 Brenin

11 Branwen

17 Achub

6 Iwerddon

12 Carcharu

18 Branwen

b   Mae'ch athro yn mynd i ailadrodd y stori. Copïwch eich athro.

c   Nawr defnyddiwch y symudiadau i ddweud y stori wrth eich partner.
Ydych chi'n gallu dweud y stori mewn munud?

10 Cynlluniwch daith i un o'r lleoedd yn yr uned. Edrychwch ar fap Prydain
uchod a map y Mabinogi yma.

a   Gwnewch ymchwil ar y we.

b   Trafodwch gyda phartner/grŵp.

c   Ysgrifennwch stori'r daith.

4 Y Gymraeg ym mhobman

1 Darllenwch y canlynol a chwblhewch y tasgau sy'n dilyn.

Konnichi wa! Tanaka ydw i a dw i'n byw yn Tokyo. Dw i'n mynd i Brifysgol Tokyo a dw i'n astudio ieithoedd fel Cymraeg. Cymraeg yn Siapan! Yn bendant! Dw i'n hoffi astudio'r Gymraeg achos mae'n llawer o hwyl. Hefyd, dw i'n mwynhau dysgu am Gymru.

Shwmae! Tammy ydw i a dw i'n byw yn America. Dw i'n 19 oed a dw i'n mynd i'r brifysgol yn Ohio. Dw i'n dwlu ar y brifysgol achos dw i'n dysgu llawer. Ar hyn o bryd, dw i'n dysgu Cymraeg a dw i wrth fy modd yn dysgu am hanes yr iaith Gymraeg yn ogystal â siarad Cymraeg yn America!

Helo. Geraint ydw i, dw i'n naw oed a dw i'n byw yn Llundain. Mae fy mam a fy nhad yn dod o Gymru ond nawr rydyn ni'n byw yma yn Llundain. Dw i'n mynd i Ysgol Gymraeg Llundain gyda fy mrawd. Yn yr ysgol, dw i'n siarad Cymraeg bob munud o bob dydd gyda fy ffrindiau a gyda fy athrawon. Ysgol Gymraeg yn Llundain? Anhygoel!

¡Hola! Catrina ydw i a dw i'n byw ym Mhatagonia. Mae teulu gyda fi yng Nghymru ac mae fy mam yn siarad Cymraeg felly dw i'n mynd i Ysgol yr Hendre a rydyn ni'n dysgu popeth trwy gyfrwng y Gymraeg. Fy hoff bwnc ydy Cymraeg achos dw i'n hoffi siarad ieithoedd gwahanol. Dw i'n gallu siarad Cymraeg, Sbaeneg a Saesneg. Dw i'n lwcus iawn!

Dw i mewn penbleth! Hoffwn i astudio yn Rhydychen ar ôl y Chweched Dosbarth ond dw i ddim yn siwr beth i astudio. Ar hyn o bryd dw i'n astudio Cymraeg, mathemateg a ffiseg, a dw i wrth fy modd yn astudio'r tri phwnc. Felly, beth ydw i'n mynd i astudio? Newyddion da! Mae'n bosibl astudio Cymraeg yn Rhydychen ac mae cymdeithasau Cymreig, felly mathemateg, ffiseg a Chymraeg amdani!

2 Edrychwch ar fap o'r byd ar-lein. Edrychwch ar ble allwch chi astudio neu siarad Cymraeg ar y map.

Beth ydych chi'n meddwl o astudio a siarad Cymraeg ar draws y byd?

3 Darllenwch y gosodiadau canlynol. Ydyn nhw'n gywir neu'n anghywir?

Gosodiad	Cywir	Anghywir
1 Mae'n bosibl astudio'r Gymraeg yn Siapan.		
2 Allwch chi ddim dysgu Cymraeg yn America.		
3 Rydych chi'n gallu astudio'r Gymraeg yn Rhydychen.		
4 Gallwch chi ddysgu am hanes yr iaith Gymraeg yn Ohio ond allwch chi ddim dysgu siarad Cymraeg yno.		
5 Does dim ysgol Gymraeg ym Mhatagonia.		

4   Darllenwch y proffiliau isod. Maen nhw eisiau astudio'r Gymraeg.
     Trafodwch gyda phartner ble hoffen nhw fynd, gan ddefnyddio'r proffiliau
     a'r swigod siarad.

     Er enghraifft:

> Mae Gareth yn hoffi teithio a dysgu ieithoedd felly bydd e'n hoffi mynd i Siapan.

> Dw i'n cytuno ac efallai bydd e'n hoffi mynd i America hefyd.

Enw: Gareth	Enw: Dareen	Enw: Huw
Byw: Cymru	Byw: De Cymru	Byw: Awstralia
Hoffi: teithio a dysgu ieithoedd	Hoffi: mathemateg a ffiseg	Hoffi: Cymraeg, hanes Cymraeg a'r bobl
Ddim yn hoffi: mathemateg	Ddim yn hoffi: teithio	Ddim yn hoffi: cemeg a mathemateg

5   Beth amdanoch chi? Beth ydych chi'n ei hoffi a ble hoffech chi fynd?

Beth ydy'r Eisteddfod?

Eisteddfod ydy gŵyl sy'n dathlu Cymreictod.

Gallwch chi gystadlu neu gallwch chi fwynhau gwylio a gwrando ar berfformiadau yn y Gymraeg.

Yng Nghymru, mae tair Eisteddfod fawr – Eisteddfod yr Urdd, yr Eisteddfod Genedlaethol ac Eisteddfod Llangollen. Mae Eisteddfod yr Urdd ar gyfer pobl ifanc fel chi. Beth am gystadlu ar y llwyfan fel dysgwr?

Mae'r Eisteddfod Genedlaethol yn digwydd bob blwyddyn a gallwch chi fwynhau llawer gan gynnwys stondinau diddorol, bwyd blasus a bandiau gwych!

6   a   Hoffech chi fynd i Eisteddfod? Pam?
     b   Hoffech chi gystadlu? Beth hoffech chi ei wneud?

7   Edrychwch ar fap o'r byd ar-lein eto. Chwiliwch am ble mae'r Eisteddfodau ar draws y byd.

> Eisteddfod yn America? Wrth gwrs! Mae Ohio yn dathlu diwylliant Cymru bob blwyddyn. Dewch i gystadlu a dewch i fwynhau!

> Hoffech chi fynd i Eisteddfod pan fydd hi'n heulog? Cystadlaethau a pherfformiadau yn yr haul? Awstralia ydy'r lle gorau i chi! Gallwch chi ddathlu Cymreictod a mwynhau gwlad anhygoel.

> Beth am Eisteddfod gyda gwahaniaeth? Dathlwch eich Cymreictod ym Mhatagonia. Gallwch chi ddysgu llawer am ein hanes yn ogystal â mwynhau llawer o berfformiadau gwahanol.

> Am wythnos! Dewch i Eisteddfod Llangollen. Gallwch chi fwynhau diwylliant gwledydd gwahanol yng Nghymru. Mae pobl yn dod i Langollen o bobman. Gallwch chi fwynhau dawnswyr o India a Zimbabwe neu grŵp canu o America. Beth am ganu o Rwsia? Llangollen ydy'r lle i chi!

8   Rydych chi'n gweithio i'ch Menter Iaith leol ac maen nhw eisiau i chi fynd dramor am 6 mis i ymchwilio i gyrsiau Cymraeg ac Eisteddfodau tramor.

Trafodwch gyda phartner ble hoffech chi fynd a pham. Er enghraifft:

Partner un: A bod yn onest, hoffwn i fynd i America yn gyntaf achos dw i'n meddwl bod America yn ddiddorol. Gallwch chi astudio a gallwch chi fynd i Eisteddfodau.

Partner dau: Wel, yn gyntaf, hoffwn i fynd i Awstralia achos mae'r tywydd yn braf!

9   Gwyliwch y clip fideo 'Patagonia' ac atebwch y cwestiynau.

a   Ble mae Patagonia?

b   Beth mae pobl yn ei siarad?

c   Pryd aeth y 153 o bobl i Batagonia?

ch Sut mae cyrraedd Patagonia?

d   Beth sy'n bwysig i bobl Patagonia?

dd Beth mae pobl Patagonia yn ei fwynhau?

e   Sut allwch chi ddysgu mwy am Batagonia?

10 Cysylltwch y wybodaeth o'r clip gyda'r lluniau.

A

B

C

D

E

11 Dewiswch un o'r ffeithiau o'r clip. Mae'n rhaid i'ch grŵp ddyfalu beth rydych chi wedi ei ddewis gan ddweud y frawddeg. Er enghraifft:

Mae Patagonia yn yr Ariannin.
Da iawn … ond na …

12 Pa gwestiynau hoffech chi eu gofyn i Catrina yn y clip? Siaradwch gyda phartner am Batagonia. Gallwch chi siarad am y daith / siarad Cymraeg a Sbaeneg a hobïau ym Mhatagonia. Gallwch chi gymharu Patagonia â Chymru. Er enghraifft:

Partner un: Beth ydy dy hobïau di?
Partner dau: Beth wyt ti'n ei hoffi am Batagonia?

13 Cyflwynwch wybodaeth i'ch athro daearyddiaeth (sy'n dysgu Cymraeg) am Batagonia.

- y bwyd
- diwylliant
- sefydlu'r wladfa (hanes)?
- chwaraeon

Defnyddiwch y pwyntiau isod i'ch helpu chi i gynllunio.

> **Topig:**
>
> **Beth wyt ti'n ei hoffi?**
>
> **Beth dwyt ti ddim yn ei hoffi?**
>
> **Beth hoffet ti drio?**
>
> **Barn:**
>
> **Ffeithiau diddorol:**

14 Defnyddiwch eich gwaith ymchwil i berswadio'ch athro Cymraeg i drefnu trip i Batagonia. Gallech chi fynegi eich barn, cyflwyno gwybodaeth a sôn am y manteision o fynd i Batagonia.

15 Tasgau estynedig.

EFYDD	
Rydych chi'n gwneud cyflwyniad i Flwyddyn 6 am siarad Cymraeg dramor. Cofiwch gynnwys: • dechrau priodol • o leiaf pedair ffaith ddiddorol, e.e. ble yn y byd • diwedd priodol	*You are doing a presentation to Year 6 about speaking Welsh abroad.*
ARIAN	
Rydych chi'n cyflwyno beth rydych chi'n gwybod am Gymraeg ar draws y byd i Flwyddyn 6. Cofiwch gynnwys: • dechrau priodol • o leiaf chwe ffaith ddiddorol, e.e. ble/astudio/Eisteddfodau • eich barn am ble hoffech chi fynd • diwedd priodol	*You are presenting what you know about Welsh around the world to Year 6.*
AUR	
Rydych chi'n cynnal gwasanaeth i Flwyddyn 7 am Gymraeg ar draws y byd. Cofiwch gynnwys: • dechrau priodol • o leiaf wyth ffaith ddiddorol, e.e. astudio/siarad/Eisteddfod • eich barn am yr iaith Gymraeg ar draws y byd • eich barn am ble hoffech chi fynd a pham • crynodeb	*You are holding an assembly for Year 7 about Welsh around the world.*

5 Beth sydd i'w mwynhau?

1 a Edrychwch ar y lluniau. Beth maen nhw'n ei ddangos? Ydych chi'n gallu dod o hyd i luniau eich hunain sy'n dangos mwy o ddiwylliant Cymru?

Beth am greu arddangosfa gyda'ch barn ar gyfer yr ystafell ddosbarth?

Mae'r Ŵyl Geltaidd yn Llydaw yn digwydd bob blwyddyn ac yn dathlu pum iaith wahanol. Mae dros gant o sioeau a mwy na hanner miliwn o ymwelwyr.

Beth ydy'r pum iaith?

Ydych chi wedi bod i Sioe Frenhinol Cymru yn Llanelwedd? Mae pob diwrnod yn y sioe yn dathlu rhywbeth.

Mae'r cobiau Cymreig yn boblogaidd iawn. Dydd Mercher ydy diwrnod y cobiau Cymreig.

Yn Sbaen maen nhw'n dathlu ceffylau traddodiadol Sbaen yn Feria Del Caballo ym mis Mai.

- Ewch ar-lein i chwilio am yr ŵyl hon.
- Beth ydych chi'n ei feddwl o'r ceffylau?

b Dewiswch ddau lun (o'r llyfr neu o'ch gwaith ymchwil).

Mewn grwpiau, astudiwch y lluniau ac yna ysgrifennwch 'meme' i ddweud rhywbeth am yr eitem. Dyma enghraifft.

c Ydych chi'n gallu creu calendr gyda dathliadau pwysig Cymru? Dylech chi ddewis mis a dod o hyd i wybodaeth bwysig am beth sy'n digwydd yn ystod y mis hwnnw.

Mae misoedd Mawrth, Mai, Gorffennaf, Hydref a Tachwedd yn llawn digwyddiadau diddorol.

ch Ydych chi'n gallu defnyddio meme i addurno'ch calendr?

Pan mae lafa ar lawr y disgo, mae'n amser dawnsio gwerin!

2 Rydych chi wedi creu calendr am ddathliadau i fwynhau yn ystod y flwyddyn. Dewiswch galendr un o aelodau'r grŵp.

- Beth ydy eich hoff ddathliad ar y calendr?
- Ble hoffech chi fynd, a pham?
- Beth hoffech chi ei brofi?
- Beth fyddech chi'n osgoi?

digwyddiad(au) *event(s)*

profi *(to) experience*

osgoi *(to) avoid*

addurno *(to) decorate*

3 a Gwrandewch ar y perfformiadau. Nawr, trafodwch mewn parau.

Cwestiynau i'w hystyried isod:

EFYDD	ARIAN	AUR
Beth oedd eich hoff berfformiad? A pham?	Hoffech chi weld perfformiad yn fyw?	Pa fand hoffech chi ei weld yn fyw, ac oes hoff gân gyda chi? Beth fasech chi'n ei awgrymu mewn rhestr chwarae?

b Gwyliwch y clip fideo. Beth ydych chi'n ei feddwl am y ddawns olaf? Dysgwch y ddawns. Beth am gael cystadleuaeth? Cofiwch gyfri a rhoi cyfarwyddiadau yn Gymraeg!

ymlaen *forward*

nôl *back*

dal dwylo *hold hands*

neidio *jump*

newid lle *change place*

uno breichiau gyda *link arms with*

cylch *circle*

4

Mae llawer o fwydydd traddodiadol i'w mwynhau yng Nghymru. Ydych chi wedi blasu pice ar y maen? Ydych chi'n hoffi bwyta cig oen Cymru? Ydych chi'n mwynhau bwyta bara brith?

Mae'r Eisteddfod yn un o'r lleoedd gorau i fwynhau bwydydd traddodiadol Cymru achos mae llawer o gwmniau yn gwerthu bwyd traddodiadol yno.

Hefyd mae Gŵyl Fwyd a Diod Caerdydd yn y Bae yn brofiad unigryw i flasu'r holl fwydydd gwahanol sydd ar gael yng Nghymru.

Beth ydych chi wedi ei flasu, tybed?

Pa fath o stondin hoffech chi weld yng Ngŵyl Fwyd a Diod Caerdydd?

Cacen hawdd iawn i'w choginio ydy bara brith. Edrychwch ar y rysáit isod. Mae'r dull yn y drefn anghywir: ail-ysgrifennwch y rysáit yn y drefn gywir.

Cynhwysion

8 owns o ffrwythau cymysg

6 owns o de oer

8 owns o flawd codi

pinsed o halen

4 owns o siwgr brown

1 wy wedi'i guro

Dull (yn y drefn anghywir)

Cymysgwch y blawd a'r halen yn dda.

Bwytewch efo haenen dew o fenyn!

Llenwch dun bara 2 bwys a'i bobi am awr ar 150°C.

Mwydwch y ffrwythau yn y te dros nos.

Y diwrnod wedyn, cymysgwch yr wy i mewn i'r ffrwythau.

Gwnewch baned o de cryf a mawr a'i adael i oeri.

Ychwanegwch y siwgr.

cymysgu *(to) mix*

ychwanegu *(to) add*

mwydo *(to) soak*

llenwi *(to) fill*

Beth amdani? Mae pawb yn gallu coginio bara brith. Mae'n flasus iawn!

5   Ewch ar wefan yr Urdd. Beth sydd ar gael yno?

Gwyliwch y clipiau fideo am Eisteddfod yr Urdd, Gwyliau'r Urdd a Chwaraeon yr Urdd. Atebwch y cwestiynau isod.

a   Edrychwch ar y rhestr isod. Gwnewch grid o'r gweithgareddau sydd ar gael yn y gwersylloedd gwahanol. Defnyddiwch y grid isod fel enghraifft.

Gwersyll Llangrannog	Gwersyll Caerdydd	Gwersyll Glan-llyn

- sgio
- gwibgartio
- gwylio rygbi
- merlota
- canŵio
- wal ddringo

- saethyddiaeth
- bowlio deg
- mynydda
- trip i'r theatr
- ymweld â'r stadiwm
- gwylio gêm rygbi

- gwylio gêm pêl-droed
- gweithdy drama
- gweithdy gramadeg
- cwrdd â sêr Cymru

Ydych chi'n gallu meddwl am fwy o syniadau?

b   Atebwch y cwestiynau isod.
- Ydych chi wedi bod i wersyll Caerdydd?
- Ydych chi wedi bod i wersyll Llangrannog?
- Hoffech chi fynd i wersyll Glan-llyn? Pam?

c   Mae'r ysgol eisiau trefnu penwythnos i ffwrdd yn un o ganolfannau'r Urdd. Ble hoffech chi fynd am y penwythnos? Pam? Trafodwch mewn grŵp a chytuno ble i fynd.

ch Ysgrifennwch baragraff byr at eich athro/athrawes yn awgrymu ble i fynd am y penwythnos. Cofiwch y rhesymau rydych chi wedi eu trafod gyda ffrindiau. Rhaid i chi:
- gyfarch eich athro/athrawes
- dweud ble hoffech chi fynd
- dweud pam
- gorffen yn briodol

6   Yn yr haf, mae llawer o ffyrdd gwahanol i fwynhau diwylliant Cymru, e.e. yr Eisteddfod Genedlaethol, Eisteddfod Gerddorol Ryngwladol Llangollen, Tafwyl.

a   Edrychwch am y tair gŵyl yma ar-lein a nodwch fanylion amdanynt.

b   Nodwch y pethau positif.

c   Nodwch unrhyw broblemau.

Beth am edrych ar un o'r cystadlaethau? Mae digon yno!

7   Rydych chi wedi derbyn ebost gan Luis Jones yn Ysgol y Gaiman ym Mhatagonia. Darllenwch yr ebost gan Luis ac ysgrifennwch ebost yn ôl gyda thaflen wybodaeth.

Shwmae bawb! Luis sy yma!

Dw i'n byw yn Chubut yn agos at y caffi – Tŷ Te Caerdydd ac voy a Ysgol y Gaiman, **yn Patagonia**. Me gustaría ir a Gales con mi colegio y mis amigos blwyddyn nesa!

Mae'n ddrwg 'da fi am español a Chymraeg. A veces dw i'n stryglo. Me gustaría ir a Gymru am tres semanas ac **mae'n pwysig** ein bod ni'n profi cymaint â phosib **am diwylliant** Cymru.

Daeth **hen perthnasau** i fyw ym Mhatagonia yn 1865 ar long o Lerpwl. Felly mae cymuned Gymreig yma. Dw i'n mynd i Ysgol Gymraeg ond hablo español con una parte de la familia a dw i'n siarad Cymraeg gydag ochr Dad. Felly, mae cwestiynau gyda fi…

Pryd ddylen ni ddod? Pryd mae'r pethau gorau ymlaen? **Hoffwn i mynd** i ddawnsio fel y bobl ifanc ar y fideo. Rydw i wedi clywed am yr Urdd. Dw i'n hoffi pêl-droed wrth gwrs ac mae pawb yn hoff iawn o chwaraeon.

Bydd angen rhywle i aros hefyd. Ble ydych chi'n awgrymu?

Dw i'n edrych ymlaen at glywed oddi wrthot ti a dod a Gales.

Hwyl am y tro,

Luis Jones

a   Mae Luis wedi gwneud pum camgymeriad treiglo yn y Gymraeg. Edrychwch ar dudalen 287 am help gyda'r treigladau. Cywirwch y pum gwall isod.

- yn Patagonia
- mae'n pwysig
- am diwylliant
- hen perthnasau
- hoffwn i mynd

b   Ydych chi'n gallu helpu Luis gyda'r darnau Sbaeneg i helpu ei Gymraeg? Cyfieithwch y Sbaeneg i'r Gymraeg.

c   Anfonwch neges at Luis. Cofiwch ateb ei gwestiynau.

EFYDD	ARIAN	AUR
Ysgrifennwch neges yn ymateb i Luis gyda'ch hoff ddigwyddiadau a pham, ac un dydych chi ddim yn ei hoffi.	Ysgrifennwch neges yn ymateb i Luis gyda'r digwyddiadau gorau i fwynhau dros y flwyddyn.	Ysgrifennwch neges yn ymateb i Luis gyda'r digwyddiadau gorau ac awgrymu rhai rhaid iddo fe eu profi.

8   Ydych chi wedi mwynhau dysgu am lawer o bethau dros y tudalennau yma?

- Fel dosbarth, cynlluniwch ŵyl gyda'ch hoff bethau am ddiwylliant Cymru.
- Rhannwch eich syniadau.

6 Calon lân

Crefydd

1 Darllenwch am Fyd Mari Jones. Darllenwch hanner y bocsys yr un gyda phartner.

> Roedd Mari Jones eisiau copi o'r Beibl ond roedd y teulu yn dlawd.

> Cynilodd hi arian am chwe mlynedd. Yna yn 1800 roedd ganddi hi ddigon i brynu Beibl.

> Cerddodd Mari 25 milltir heb esgidiau o Lanfihangel-y-Pennant i'r Bala i brynu Beibl gan Thomas Charles.

> Sefydlwyd Cymdeithas y Beibl yn 1804. Mae'n sicrhau bod Beibl ar gael i bawb ar draws y byd yn eu hiaith eu hunain.

> Agorwyd canolfan Byd Mari Jones ger y Bala yn 2014.

> Mae llawer o bethau diddorol i'w gweld yn y ganolfan!

2 Rydych chi eisiau perswadio'r Adran Addysg Grefyddol i drefnu trip i Fyd Mari Jones. Meddyliwch am:

- beth sydd yno
- beth allech chi ei ddysgu yno
- manteision tripiau ysgol

3 a Darllenwch y tri ffeil-o-ffaith yn sôn am emynwyr Cymru.

pregethu *(to) preach*

Enw: William Williams Pantycelyn

Dyddiad geni: 11 Chwefror 1717. (Roedd e'n byw ar fferm o'r enw Pantycelyn pan oedd e'n blentyn.)

Man geni: Llanymddyfri, Sir Gaerfyrddin

Gwaith:

- Roedd e'n teithio o gwmpas y wlad yn pregethu.
- Roedd e'n ysgrifennu emynau.

Emyn enwog:

- 'Arglwydd, arwain drwy'r anialwch'. Mae'r emyn yn enwog yng Nghymru heddiw, hyd yn oed mewn gemau rygbi!

Enw: Ann Griffiths (née Thomas)

Dyddiad geni: Ebrill, 1776

Man geni: Fferm o'r enw Dolwar Fach, Llanfihangel-yng-Ngwynfa, Powys

Gwaith:

● Roedd hi'n gweithio yn y tŷ.

● Roedd hi'n briod â Thomas Griffiths – roedd e'n ysgrifennu barddoniaeth.

● Roedd hi'n ysgrifennu emynau a barddoniaeth hefyd.

Emyn enwog:

● 'Diolch byth a chanmil ddiolch'. Mae emynau Ann Griffiths yn boblogaidd mewn priodasau ac angladdau hyd heddiw!

angladd(au) *funeral(s)*

priodas(au) *wedding(s)*

Enw: Arfon Jones

Dyddiad geni: 20 Mawrth 1953

Man geni: Gellioedd (rhwng Cerrig-y-Drudion a'r Bala) cyn i'r teulu symud i Ddinbych pan oedd yn saith oed

Gwaith:

● Mae e'n gweithio gydag eglwysi a chapeli ar draws Cymru, yn cynnwys gweithio gyda phobl ifanc.

● Mae e wedi gweithio i Beibl.net i greu Beibl fydd pawb yn ei ddeall heddiw.

● Mae'r ap ar gael i bawb.

Emynau enwog:

● Cyfieithu ac ysgrifennu emynau cyfoes i blant, e.e. 'Mor fawr yw cariad Duw y Tad' a 'Rym ni am weld Iesu'n uchel fry'.

Pam mae ei waith yn bwysig?

Y Beibl ydy'r llyfr mwyaf dylanwadol yn y byd i gyd. Gan fod ieithoedd eu hunain yn newid, mae'n bwysig cael cyfieithiad cyfoes sy'n ddealladwy i bobl ifanc a dysgwyr.

dylanwadol *influential*

b   Ydyn nhw'n debyg? Rhaid i chi greu diagram Venn.

c   Copïwch y grid isod. Ticiwch gywir neu anghywir.

Gosodiad	Cywir	Anghywir
1 Roedd Ann Griffiths yn ifancach na William Williams.		
2 Roedd William Williams yn dod o Dde Cymru.		
3 Cafodd Arfon Jones ei eni yng Ngogledd Cymru.		
4 Ym marn Arfon, dylai pawb ddarllen y Beibl yn iaith William Morgan.		
5 Mae cysylltiad gyda William Williams a'r byd chwaraeon heddiw.		

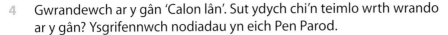

4 Gwrandewch ar y gân 'Calon lân'. Sut ydych chi'n teimlo wrth wrando ar y gân? Ysgrifennwch nodiadau yn eich Pen Parod.

5 Chwiliwch am gân arall i'w defnyddio fel cân o ddathlu. Recordiwch fideo cerdd byr o'r perfformiad, gyda phobl yn cytuno neu'n anghytuno â'ch dewis gyda rhesymau.

yn ôl *according to*	**dim o gwbl** *not at all*
dw i'n debyg *I'm similar*	**faswn i ddim yn** *I wouldn't*
dw i'n wahanol *I'm different*	**canais i** *I sang*
does dim dwywaith amdani *there's no two ways about it*	**darllenais i** *I read*
	gwyliais i *I watched*

6 Cristnogaeth ydy prif grefydd Cymru heddiw, ond mae crefyddau eraill yma hefyd.

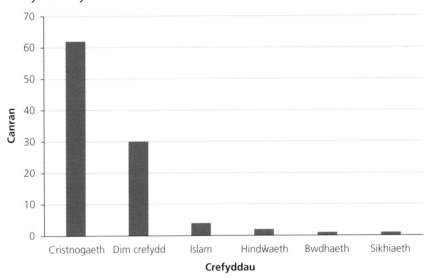

Mae pob un o'r crefyddau yma yn meddwl bod y pethau hyn yn bwysig:

CARIAD   HELPU ERAILL /   BYW'N IACH   GOFALU AM Y BLANED
                BOD YN GAREDIG

a Atebwch y cwestiynau isod:

- Sut mae crefyddau yn gallu dangos y pethau yma?

- Ydy'r pum peth yma yn bwysig yn eich barn chi? Pa un ydy'r pwysicaf?

- Beth arall sy'n bwysig?

b Rhaid i chi greu recordiad am gyflwyniad newyddion yn ymateb i'r gosodiad: 'Mae crefydd yng Nghymru yn dal yn fyw.'

7 Llywio ein llên

1 Darllenwch y cerddi.

a Dewiswch yr ateb cywir yn y gridiau isod.

Detholiad o 'Stafell Gynddylan', *c.* 800–900

Stafell Gynddylan ys tywyll heno,
Heb dân, heb wely,
Wylaf dro, tawaf wedyn.

Stafell Gynddylan ys tywyll heno,
Heb dân, heb gannwyll,
Ond am Dduw, pwy 'rydd im bwyll?

Canu Heledd

Cwestiynau	Atebion		
1 Ble mae'r ailadrodd?	wedyn	heb	pwy
2 Ble mae'r adferf yn y gerdd?	heno	ys	dân
3 Ble mae'r odl yn y gerdd?	dân/dro	tywyll/heno	gannwyll/bwyll

stafell – cyfeirio at 'neuadd' *hall*

heb *without*

wylo *(to) cry*

tawelu *(to) quieten*

rydd – rhyddhau *(to) release*

gwae *woe (damn)*

ais – asen *rib*

disyn – dis *dice*

claf *patient*

udo *(to) howl*

penáig (yn benáig) *chieftain (boss)*

Detholiad o 'Marwnad Siôn y Glyn', *c.* 1425–90

Un mab oedd degan i mi;
Dwynwen! Gwae'i dad o'i eni!
Gwae a edid, o gudab,
I boeni mwy heb un mab!
Fy nwy ais, farw fy nisyn,
Y sy'n glaf am Siôn y Glyn.
Udo fyth yr ydwyf fi
Am benáig mabinogi.

Gan Lewys Glyn Cothi

Cwestiynau	Atebion		
4 Ble mae'r ailadrodd?	mab	gwae	farw
5 Ble mae'r odl?	nisyn/Glyn	udo/fyth	benáig/mabinogi
6 Ym 'Marwnad Siôn y Glyn', ble mae'r trosiad?	tegan	dad	poeni

b Sut ydych chi'n teimlo ar ôl darllen y cerddi?

2 Gwrandewch ar yr anthem genedlaethol. Darllenwch y wybodaeth isod ac atebwch y cwestiynau.

1 Dw i'n symud i America at ein brawd!

2 Pam? Dylet ti aros yma, mae Cymru yn hyfryd.

3 Hwyl fawr!

4 Dw i'n caru Afon Rhondda, mae'n heddychlon. Dw i'n caru byw ym Mhontypridd, mae'n rhan odidog o Gymru.

5 Dyma gerddoriaeth i chi, dad. Oes geiriau gyda chi?

6 HEN WLAD FY NHADAU

7 Dyma ti. 'Glan Rhondda' ydy'r enw. Dw i wedi canu am yr iaith, hanes, y wlad a bod yn falch o Gymru. Bydd fy mrawd yn caru'r gân!

8 Diolch dad, dw i'n ei charu hi!

a   Cysylltwch y pen â'r gynffon:

Cyfansoddwyd yr anthem yn	berswadio brawd Evan i aros yng Nghymru.
Cyfansoddwyd yr anthem ym	Ionawr, 1856.
Cyfansoddwyd yr anthem gan	Evan a James James.
Cyfansoddwyd yr anthem i	Mhontypridd.

ein *our*

godidog (yn odidog) *glorious*

cyndeidiau *ancestors*

balchder *pride*

b   Mae anthem unigryw gyda ni yng Nghymru. Rhaid i chi greu fideo dwy funud. Bydd eisiau:

•   defnyddio'r anthem – y geiriau a'r gerddoriaeth

•   defnyddio hanes yr anthem

•   recordio'r fideo

3   Darllenwch y ffeil-o-ffeithiau. Mae'r ddwy yn enwog yng Nghymru am ysgrifennu.

Enw: Kate Roberts

Dyddiadau: 13 Chwefror 1891–4 Ebrill 1985.

Man geni: Cae'r Gors, Rhosgadfan, Gwynedd

Gwaith:

● Astudiodd Gymraeg ym Mhrifysgol Bangor (1910–13).

● Athrawes yn ardal Abertawe a'r Rhondda.

● Rhedeg Gwasg Gee gyda Maurice (ei gŵr).

● Ysgrifennu am: y teulu, tlodi a merched.

Enwog am:

● Ysgrifennu nofelau a straeon byrion.

● Mae ei gwaith heddiw:

•   ar gwrs TGAU

•   ar gael yn y Saesneg, e.e. *Feet in Chains* (*Traed mewn Cyffion*)

•   ar gael mewn ffilmiau, e.e. *Mynydd Grug*

Enw: Menna Elfyn

Dyddiad geni: 1 Ionawr 1951

Man geni: Abertawe

Gwaith:

- Mae hi'n ffeminist ac yn caru hawliau merched.
- Wedi teithio'r byd yn perfformio ei gwaith.
- Wedi gweithio gyda beirdd mewn ieithoedd eraill, e.e. Llydaweg, Gwyddeleg, Saesneg.
- Y ferch gyntaf i gael cadair fel Athro Barddoniaeth.
- Ysgrifennu am: digwyddiadau go-iawn, fel rhyfel yng ngogledd Iwerddon, plentyndod a natur.

Enwog am:

- Mae hi'n fardd, dramodydd, colofnydd a golygydd Cymreig.
- Gwaith Menna Elfyn heddiw:
  - ar gyrsiau Lefel A
  - ar gael mewn 20 iaith wahanol
- Protestio.
- Mam i'r gantores Fflur Dafydd.

a   Pwy sy'n ysgrifennu am genedlaetholdeb?

b   Mewn sawl iaith wahanol mae gwaith Menna?

c   Beth yw'r tair thema yng ngwaith Kate Roberts?

ch   Beth sy'n debyg rhwng y ddwy?

d   Beth sy'n wahanol rhwng y ddwy?

dd   Gwaith pwy hoffech chi ei ddarllen, a pham?

4   Darllenwch y ddwy gerdd.

Detholiad o 'Aber-fan'

A'r pibydd creulon hwnnw
A aeth â'r plant i gyd
A'u cloi, yn ôl yr hanes,
O fewn y mynydd mud. …

Distawodd chwerthin llawen
Y plant wrth chwarae 'nghyd,
Pob tegan bach yn segur,
A sŵn pob troed yn fud.

Trist iawn fu hanes colli
Y plant diniwed, gwan –
Yn Hamelin erstalwm,
Heddiw yn Aber-fan.

Gan T. Llew Jones

Detholiad o 'Enfys yn y Ffenest'

Mae enfys yn y ffenest,
pob ffenest yn y stryd
ag enfys fach i ddiolch
i'r gweithwyr gorau i gyd. ...

Llond gwlad o guro dwylo
a chanu'r anthem fach
llond gwlad o aros adref
i gadw pawb yn iach. ...

A phan gaf unwaith eto
fynd allan i gwrdd â'r criw,
bydd enfys dros y cyfan
a bydd y byd mewn lliw.

Gan Tudur Dylan Jones

creulon (yn greulon) *cruel*
cloi *(to) lock*
mud (yn fud) *mute*
segur *idle*
diniwed *innocent*
gweithwyr *workers*
curo dwylo *(to) clap*
llond *filled*
cyflythrennu *alliteration*
delwedd estynedig *extended imagery*

a Nodwch:

- odl o'r gerdd 'Enfys yn y Ffenest'
- personoli o'r gerdd 'Aber-fan'
- ailadrodd o'r gerdd 'Aber-fan'
- y ddelwedd estynedig o'r gerdd 'Enfys yn y Ffenest'

b Nodwch ddau beth sy'n debyg neu'n wahanol yn y cerddi.

c Ysgrifennwch gerdd fach gyda phartner. Dylech gynnwys:

- am beth rydych chi'n ddiolchgar
- rhai o'r nodweddion arddull yn y bennod hon

Gramadeg

Use adjectives to make comparisons. The ending '-af' means 'the most':

cynnar = **cynharaf** (*earliest*)
pwysig = **pwysicaf** (*most important*)
diweddar = **diweddaraf** (*most recent*)

5 Tasgau estynedig.

EFYDD
Rhaid i chi greu addasiad clywedol o un o'r cerddi astudioch chi yma.
Cofiwch:
  ynganu clir
  lliwio'r adrodd
  cynnwys cyflwyniad am y bardd/awdur
	Create an audio adaptation of one of the poems studied here.

ARIAN
Dewiswch unrhyw fardd/awdur astudioch chi yma a'u cyflwyno nhw, eu gwaith a neges y darn.
Cofiwch:
  gynnwys ffeithiau am y bardd/awdur a'i waith
  dyfynnu o'r gerdd/stori
  sôn am neges y gerdd/stori
	Choose any poet/author studied here and introduce them, their work and message.

AUR
Dewiswch unrhyw fardd/awdur astudioch chi yma a pharatowch gyflwyniad arno gan gymharu gydag eraill.
Cofiwch:
  gynnwys ffeithiau am y bardd/awdur a'i waith
  dyfynnu o'r gerdd/stori
  cymharu gyda bardd/awdur arall – rhaid cael ffeithiau hefyd
	Choose any poet/author studied here and prepare a presentation on them while comparing with another.

8 Dysgu Cymraeg

1 Darllenwch y ffeil-o-ffeithiau isod.

Enw'r mudiad: Mudiad Ysgolion Meithrin

Dyddiad dechrau: 1971

Man sefydlu: Amherthnasol

Gwneud beth:

● Sefydlu Cylchoedd Meithrin.

● Cefnogi a hyrwyddo addysg Gymraeg yn y blynyddoedd cynnar.

Enw'r mudiad: Ysgol Gymraeg Dewi Sant (ysgol gynradd)

Dyddiad dechrau: 1 Mawrth 1947

Man sefydlu: Llanelli, Sir Gaerfyrddin

Gwneud beth:

● Cynnig addysg Gymraeg am y tro cyntaf i blant 3–11 oed.

● Ysgol gyfrwng Cymraeg gyntaf i gynnal addysg Gymraeg.

● Cefnogi a hyrwyddo addysg Gymraeg oed cynradd.

Enw'r mudiad: Ysgol Uwchradd Glan Clwyd (ysgol uwchradd)

Dyddiad dechrau: 1956

Man sefydlu: Y Rhyl (ond symud i Lanelwy yn 1969)

Gwneud beth:

● Cynnig addysg Gymraeg i blant 12–18 oed.

● Ysgol uwchradd gyntaf erioed i gynnig addysg Gymraeg.

● Cefnogi a hyrwyddo addysg Gymraeg oed uwchradd.

Enw'r mudiad: Ysgol Gymraeg Llundain (ysgol gynradd breifat yn Llundain)

Dyddiad dechrau: *c.* 1957

Man sefydlu: Hanwell, Llundain

Gwneud beth:

● Cynnig addysg ddwyieithog i blant 3–11 oed.

● Cynnig addysg ddwyieithog i blant gyda rhieni'n byw/gweithio yn Llundain.

● Cefnogi a hyrwyddo addysg Gymraeg oed cynradd.

Enw'r mudiad: Ysgol yr Hendre (ysgol gynradd ym Mhatagonia)

Dyddiad dechrau: 6 Mawrth 2006

Man sefydlu: Trelew, Chubut, Patagonia

Gwneud beth:

● Cynnig addysg ddwyieithog i blant 3–11 oed.

● Addysgu'r Gymraeg a Sbaeneg.

● Cefnogi a hyrwyddo addysg Gymraeg oed cynradd.

Nawr atebwch y cwestiynau:

a   Mudiad hynaf – pwy a phryd?
c   Ysgolion dwyieithog – pwy?

b   Mudiad ifancaf – pwy a phryd?
ch Addysg gynradd – pwy?

2   Darllenwch y dyddiadur isod. Mae Tom yn siarad am ysgol yn ystod
cyfnod y *Welsh Not*.

Hydref, 1847

Annwyl Ddyddiadur,

Wel am ddiwrnod trist. Anghofiais i am beidio â siarad Cymraeg yn yr
ysgol ac roedd Sam wedi dweud wrth yr athro! Roedd yn rhaid i mi wisgo'r
Welsh Not o gwmpas fy ngwddw; sôn am embaras! Roeddwn i eisiau cael
person arall i'w gwisgo hi ar ddiwedd y dydd, ond doedd neb yn dwp fel fi.
Roeddwn i'n nerfus iawn, doeddwn i ddim yn edrych ymlaen.

Digwyddodd hyn oherwydd tri dyn o Loegr. Daethon nhw yma i wneud
arolwg a gofyn cwestiynau twp am addysg – ond yn Saesneg! Dydy fy
Saesneg i, na Saesneg fy ffrindiau, ddim yn dda iawn. Dywedon nhw ein
bod ni'n dwp ac yn methu siarad na darllen! Dydy hynny ddim yn wir – dw
i'n gallu darllen a siarad yn dda iawn yn y Gymraeg. Enw hyn oedd Brad y
Llyfrau Gleision achos roedd yr adroddiad mewn llyfr glas.

Does neb yn siarad Cymraeg yn yr ysgol erbyn hyn – a'r gosb: gwisgo'r
Welsh Not. Roeddwn i'n ei gwisgo hi ar ddiwedd y dydd heddiw ac felly
roeddwn i wedi cael fy nharo gan y Prifathro. Dydy hyn ddim yn deg!
Gobeithio fydda i ddim yn ei gwisgo hi eto 'fory – hoffwn i ddim cael fy
nharo eto am siarad iaith fy ngwlad!

Hwyl am y tro!

Tom

anghofio *(to) forget*

rhaid i mi *I had to/must*

gwddw *throat*

digwydd *(to) happen*

arolwg *survey*

methu *(to) fail/not able to*

adroddiad *report*

cosb *punishment*

taro *(to) hit*

a   Gwrandewch ar y gân 'Cân yr Ysgol' gan Dafydd Iwan (1972).
Ysgrifennwch nodiadau am beth mae'r gân yn sôn:

•   pynciau ysgol
•   iaith ffrindiau

•   iaith y cartref
•   problem yn yr ysgol

•   iaith y capel

b   Dewiswch yr atebion cywir:

Pa flwyddyn digwyddodd y *Welsh Not*?
i   un wyth saith pedwar
ii un wyth pedwar saith
iii un saith pedwar wyth

Beth oedd Brad y Llyfrau Gleision?
i   arolwg
ii llyfr darllen o Loegr
iii parti yn Lloegr

Faint o bobl oedd wedi gwneud yr arolwg?
i   saith
ii pedwar
iii tri

Beth oedd y gosb am siarad Cymraeg yn y 19eg ganrif?
i   cael fferins
ii cael llythyr adref
iii cael y gansen

3   Darllenwch y llythyr isod.

17 Ffordd Derwen

Hwlffordd

SA62 7HF

Mehefin 8fed 2020

Y Pennaeth

Ysgol Caer Elen

Heol Llwyn Helyg

Hwlffordd

SA62 4BQ

Annwyl Mr Jones

Hoffwn i ddiolch i chi am agor yr ysgol wych yma. Dw i'n caru'r syniad bod ysgol Gymraeg yn y sir o'r diwedd. Rydyn ni angen mwy o ysgolion Cymraeg i helpu ein plant i ddysgu am ein gwlad, yr iaith a'r traddodiadau. Doeddwn i ddim yn siŵr ar y dechrau am anfon Seren i'r ysgol ond dw i'n falch fy mod i wedi penderfynu gwneud.

Bydd Seren yn ddwyieithog ar ôl gorffen yn yr ysgol – anhygoel. Bydd llawer mwy o gyfleoedd iddi hi nawr. Bydd mwy o gyfleoedd gyda hi wrth geisio am swyddi; dw i'n dwlu ar y syniad. Yn enwedig yn ein byd modern, mae gan y Gymraeg mwy o le. Mae llawer mwy o bobl yn derbyn y Gymraeg heddiw.

Dw i'n edrych ymlaen at weld Seren yn dod adref bob nos ac yn siarad Cymraeg. Mae ei hyder yn datblygu bob dydd ac rydyn ni fel teulu yn hapus iawn. Mae'n braf i glywed fy merch yn siarad iaith fy mhlentyndod i. Mae hi'n dechrau deall pwysigrwydd yr iaith a manteision yr iaith yn y dyfodol.

Yn gywir

Mrs B Williams

a   Rhestrwch y chwe phwynt cadarnhaol (positif) mae Mrs Williams yn eu dweud am ddysgu Cymraeg.

b   Cysylltwch y pen â'r gynffon:

Hoffai'r fam ddiolch	o anfon Seren i ysgol Gymraeg.
Bydd y Gymraeg yn rhoi	am agor ysgol Gymraeg.
Mae hi'n hoffi clywed	mwy o gyfleoedd i gael swyddi.
Mae hi'n falch	iaith ei phlentyndod.

4   Edrychwch ar y mat iaith 'Cymru' (ar-lein ar Boost).

> **Cofiwch!**
>
> Cofiwch ddilyn y pedwar cam!
> - Cam 1: cyfeirio, e.e. mae'r llun yn dangos ...
> - Cam 2: cytuno/anghytuno, e.e. dw i'n wahanol i .... achos ...
> - Cam 3: mynegi barn, e.e. dw i'n casáu ...
> - Cam 4: amseroedd eraill y ferf, e.e. dysgais i ...

5 Gan ddefnyddio'r ap rhyngweithiol, rhaid i chi greu fideo (tua dwy funud o hyd) ar gyfer S4C. Dylech chi gynnwys:

- manteision dysgu'r Gymraeg
- pwysigrwydd dysgu'r Gymraeg
- swyddi fydd yn helpu at y dyfodol
- ymateb i fideo eich partner

6 Sut mae eich ysgol chi yn cefnogi'r Siarter Iaith? Pa bethau maen nhw'n eu gwneud i helpu pobl i ddysgu'r iaith? Ysgrifennwch nodyn at eich Prifathro yn ateb hyn. Dylech chi gynnwys:

- manylion y Siarter Iaith
- yr ysgol a'r siarter
- targed yr ysgol
- chi a'r siarter
- barn bersonol

7 Mae Elen wedi gofyn: 'Sut mae pobl yn dysgu am Gymru a'r iaith?'

Trafodwch gwestiwn Elen gyda phartner. Cofiwch:

- gyfeirio at glipiau addas, e.e. Iaith ar Daith, Cariad@Iaith
- trafod beth mae Cymru yn ei olygu i chi
- pwysigrwydd hanes a cherddoriaeth fel rhan o'r cwricwlwm
- trafod beth ddylen ni ei ddysgu am Gymru a'r Gymraeg yn yr ysgol
- annog pobl i ddysgu'r iaith
- mynegi barn am ddysgu'r iaith

> **Cofiwch!**
>
> Gallwch ddefnyddio amseroedd eraill y ferf gyda'i gilydd i gryfhau eich barn, e.e.:
>
> *Roeddwn i'n arfer casáu dysgu Cymraeg, ond rŵan hoffwn i fod yn athro Cymraeg.*
>
> Dylech chi geisio defnyddio hyn yn eich gwaith.

8 Tasgau estynedig.

EFYDD
 	
Rhaid i chi greu gwers feicro yn addysgu agwedd benodol ar yr iaith i rywun arall.
 	
Cofiwch gynnwys:
  nod clir   tasgau rhyngweithiol
  ffocws iaith
	Create a micro lesson, teaching a specific aspect of the Welsh language to someone else.

ARIAN Rydych chi'n westai ar sioe deledu ar S4C. Yn defnyddio'r cwestiynau, rhaid i chi sôn am hanes addysg yng Nghymru ac yna addysgu agwedd benodol ar yr iaith i rywun arall. Cofiwch gynnwys: ● ffeithiau am addysg Gymru ● tasgau rhyngweithiol ● ffocws iaith a nod clir	*You are a guest on a TV show on S4C. Using the questions, talk about the Welsh language referring to the history of education in Wales.*
AUR Rydych chi'n westai ar sioe deledu ar S4C. Rhaid i chi greu ac ateb cwestiynau yn sôn am hanes addysg yng Nghymru, ac yna addysgu agwedd benodol ar yr iaith i rywun arall. Cofiwch gynnwys: ● ffeithiau am addysg Gymru ● ffocws iaith a nod clir ● tasgau rhyngweithiol	*You are a guest on a TV show on S4C. Create and answer questions about the history of education in Wales and then teach a specific aspect of the language to someone else.*

9 Ymgyrchu

Terfysgoedd Beca 1839–1845

9 Daeth y system newydd yn 1843. Stopiodd y terfysgoedd.

1 Roedd y terfysgoedd yn Sir Benfro, Sir Gaerfyrddin a Sir Aberteifi.

2 Roedd y meistri yn codi arian am deithio yn y wlad.

8 Roedd y terfysgoedd yn ofnadwy. Bu farw hen fenyw mewn ymosodiad yn 1843 yn yr Hendy, ger Abertawe.

3 Roedd ffermwyr yn protestio achos doedd dim arian gyda nhw.

7 Pam Beca? Mae'r stori yn dweud bod Beca wedi rhoi benthyg dillad i Twm Carnabwth.

4 Roedd 11 tollborth rhwng Pontarddulais a Chaerfyrddin – 18 milltir!

6 Roedd y dynion yn gwisgo fel merched ac roedden nhw'n duo eu hwynebau.

5 Twm Carnabwth oedd enw'r arweinydd cyntaf.

---

terfysg(oedd) *riot(s)*	**duo** *(to) blacken*
meistri *masters*	**eu hwynebau** *their faces*
teithio *(to) travel / travelling*	**rhoi benthyg i** *(to) lend*
tollborth *tollgate*	**ymosodiad(au)** *attack(s)*
arweinydd *leader*	

1 Darllenwch y wybodaeth uchod. Dewiswch yr ateb cywir:

   a Pryd oedd terfysgoedd Beca?
     i 1829–32   ii 1839–45   iii 1848–52

   b Pwy oedd yr arweinydd cyntaf?
     i Dylan John   ii Huw Jones   iii Twm Carnabwth

   c Beth oedd y broblem gyda'r tollborth?
     i Roedden nhw'n costio arian i'r ffermydd   ii Roedden nhw'n hyll   iii Roedden nhw'n fawr

   ch Ble oedd y terfysgoedd?
     i De Cymru   ii Gogledd Cymru   iii Lloegr

   d Beth oedd y dynion yn ei wisgo?
     i trowsus   ii sgert   iii siaced

2   Darllenwch y swigod.

    a   Ydy'r bobl yma'n hapus gyda'r tollau, yn eich barn chi?

> Huw Jones ffermwr o Sir Benfro ydw i. Mae llawer o gwsmeriaid gyda ni yn y pentref.

> Lloyd Thomas ydw i a dw i'n ddyn busnes. Dw i wedi helpu adeiladu sawl tyrpeg ar draws Sir Benfro. Mae tollau yn syniad da yn fy marn i achos dw i'n ennill llawer o arian.

> Dylan John ydw i a dw i'n gweithio mewn ffatri tecstilau yn Sir Gaerfyrddin. Rydyn ni'n gweithio gyda siopau dillad yn ardal Abertawe, tua 25 milltir i ffwrdd.

    b   Meddyliwch: pwy hoffech chi ei gefnogi? Rhowch reswm. Er enghraifft:

> Hoffwn i gefnogi Huw Jones achos mae e'n ffermwr a does dim llawer o arian gyda ffermwyr.

    c   Trafodwch mewn grŵp. Ydy pawb yn cytuno?

Yr ymgyrch fawr

3   Dyma stori y Beasleys. Mae'r gosodiadau isod yn y drefn anghywir:

- Aeth Eileen i'r coleg yng Nghaerdydd.
- Cafodd Eileen Beasley ei geni ar 4 Ebrill 1921.
- Roedden nhw'n byw yn Llangennech, Llanelli – ardal Gymraeg iawn.
- Athrawes oedd Eileen Beasley.
- Roedd mab a merch gyda nhw – Elidyr a Delyth.
- Priododd Eileen a Trefor yn 1951.

    a   Copïwch a llenwch y grid isod. Trefnwch y pwyntiau bwled dan y teitl cywir.

Byw	Coleg	Gwaith	Teulu

Hanes yr ymgyrch

- Yn 1952, cafodd y Beasleys fil treth yn Saesneg. Roedden nhw'n grac. Roedden nhw'n gwrthod talu'r bil – roedden nhw eisiau bil Cymraeg.
- Roedd 16 achos llys a 4 ymweliad gan y beilïaid rhwng 1952 a 1960.
- Doedd merched ddim yn protestio yn ystod yr amser hynny. Roedd Eileen Beasley yn ddewr iawn.
- Daeth y bil Cymraeg yn 1960. Roedd pobl ar draws y byd yn cefnogi'r Beasleys.
- Dyma ddechrau tegwch i'r Gymraeg. Daeth arwyddion dwyieithog yn y 60au ac wedyn S4C yn yr 80au.

b   Copïwch a llenwch y bylchau gyda'r geiriau cywir.

| siarad | bil | grac | 1952 | Eileen | felly | diwrnod | Saesneg |

Yn .... roedd problem. Daeth Trefor adre o'r pwll glo un .... Roedd .... treth yno – bil yn y .... , dim Cymraeg. Roedd Trefor ac .... yn .... iawn. Roedd pawb yn Llangennech yn .... Cymraeg. .... , roedden nhw eisiau bil Cymraeg. Gwrthododd y teulu dalu'r bil Saesneg!

c   Darllenwch y gosodiadau isod. Copïwch y grid. Ticiwch gywir neu anghywir.

Gosodiad	Cywir	Anghywir
1 Roedd Trefor Beasley yn athro.		
2 Roedd dau o blant gyda nhw.		
3 Dim ond y Beasleys oedd yn siarad Cymraeg yn Llangennech.		
4 Roedd un deg dau achos llys.		
5 Roedd pawb yn grac gyda'r Beasleys.		
6 Roedd S4C ar gael yn 1952.		

geni *born*	**achos llys** *court case*	**arwyddion** *signs*
bil treth *tax bill*	**beilïaid** *bailiffs*	**dwyieithog** *bilingual*
gwrthod *(to) refuse*	**cefnogi** *(to) support*	
ymgyrch *campaign*	**tegwch** *fairness*	

4   Darllenwch y paragraff isod.

Yn 1959, daeth y beilïaid a chlirion nhw'r parlwr o'r carped, y piano (hoff beth Delyth), cwpwrdd llyfrau, anrhegion priodas … bron popeth! Dim ond bwrdd a 4 cadair oedd ar ôl.

Collodd Delyth biano – ei hoff beth! Beth ydy eich hoff beth chi yn eich cartref? Rhowch reswm. Er enghraifft:

Hoffwn i ddim colli fy meic achos dw i'n dwlu ar fynd allan gyda fy ffrindiau ar y penwythnos. Mae'n llawer o hwyl!

5 a Cyfieithiwch y neges hon i'r Gymraeg.

Can you help the Beasley family? There is a meeting in the chapel on Friday at six o'clock – it is important.

b Yn amlwg, roedd yr iaith Gymraeg yn bwysig dros ben i Eileen a Trefor Beasley. Ydy'r Gymraeg yn bwysig i chi? Pam? Rhowch ddau reswm.

6 Ydych chi wedi clywed am Rosa Parks? Chwiliwch amdani ar y we. Wedyn copïwch a llenwch y cerdyn ar gyfer y carchar.

> **Enw:**
> **Cyfenw:**
> **Blwyddyn y protestio:**
> **Amser yn y carchar:**
> **Rheswm:**

7 Eileen Beasley ydy 'Rosa Parks Cymru'.
- Beth sy'n debyg rhwng Rosa Parks ac Eileen Beasley?
- Beth sy'n wahanol rhwng Rosa Parks ac Eileen Beasley?

8 Mae'r Llywodraeth eisiau cofio'r bobl bwysig yn hanes Cymru gan godi cerflun. Penderfynwch pwy hoffech chi ei gofio. Rhaid rhoi rhesymau. Cofiwch gynnwys:
- enw
- enwog am beth
- eich rheswm chi

9 Tasg estynedig.

EFYDD	*Choose one of the Welsh campaigns that you have learned about and write a letter of support to the government which explains the problem.*
Dewiswch un o'r ymgyrchoedd Cymraeg ac ysgrifennwch lythyr o gefnogaeth at y Llywodraeth sy'n esbonio'r broblem. Cofiwch: • ddechrau yn briodol • mynegi barn • rhoi rheswm am ysgrifennu • gorffen yn briodol • esbonio'r sefyllfa	
ARIAN	*Write a letter in support of one of the Welsh campaigns that you have learned about, giving facts and opinions.*
Ysgrifennwch lythyr o gefnogaeth am un o'r ymgyrchoedd Cymraeg yn rhoi ffeithiau a barn. Cofiwch: • ddechrau yn briodol • rhoi ffeithiau a mynegi barn • rhoi rheswm am ysgrifennu • gorffen yn briodol • esbonio'r sefyllfa	
AUR	*Write a letter to the Government asking that either Eileen and Trefor Beasley, or Twm Carnabwth are recognised in some way for the positive effects that their campaign has had on society today.*
Ysgrifennwch lythyr at y Llywodraeth yn gofyn bod naill ai Eileen a Trefor Beasley neu Twm Carnabwth yn cael adnabyddiaeth o ryw fath am yr effeithiau positif a gafodd eu hymgyrch ar gymdeithas heddiw. Cofiwch: • ddechrau yn briodol • sôn am effaith yr ymgyrch • rhoi rheswm am ysgrifennu • gorffen yn briodol • esbonio'r sefyllfa a mynegi barn	

10 Cymraeg yn y gymuned

Yr Urdd

Croeso! **Mr Urdd** ydw i, y dyn coch, gwyn a gwyrdd. Dw i yma i siarad am Urdd Gobaith Cymru.

Beth ydy'r Urdd? Mudiad leuenctid ydy'r Urdd gyda dros 55,000 o aelodau rhwng 8 a 25 oed. Mae'r Urdd yn helpu pobl ifanc i ddysgu a defnyddio'r Gymraeg.

Y dechrau. Dechreuodd yr Urdd yn 1922, diolch i Ifan ab Owen Edwards.

Canolfannau preswyl. Mae pum canolfan preswyl gan yr Urdd: Llangrannog, Glan-llyn, Pentre Ifan yn Sir Benfro a Chanolfan yr Urdd, Caerdydd. Mae'r canolfannau yn trefnu cyrsiau llawn hwyl, a'r cyfan drwy'r Gymraeg.

Eisteddfod yr Urdd. Mae dros 90,000 o bobl yn mynd i Eisteddfod yr Urdd bob blwyddyn. Mae llawer o gystadlaethau i bobl ifanc dan 25 oed fel canu, dawnsio ac actio.

1   Darllenwch y gosodiadau isod. Copïwch y grid. Ticiwch gywir neu anghywir.

Gosodiad	Cywir	Anghywir
1 Dechreuodd yr Urdd yn 1912.		
2 Mae tua phum deg pum mil o aelodau gan yr Urdd.		
3 Mae pedwar canolfan preswyl gan yr Urdd heddiw.		
4 Mae cystadlaethau'r Eisteddfod i blant ysgol gynradd yn unig.		
5 Mae mwy na 90,000 pobl yn mynd i'r Eisteddfod bob blwyddyn.		
6 Mae Mr Urdd yn goch, gwyn a gwyrdd.		

mudiad *organisation*

aelodau *members*

cystadlu *(to) compete*

preswyl *residential*

2   Mae'r ysgol yn trefnu trip i Lan-llyn eleni ar gyfer Blwyddyn 9. Rhaid i chi gyfieithu'r nodyn yma.

Good news!

The school are arranging a trip to Glan-llyn in June.

A week of water sports – fun for everyone!

Talk to Mrs Jones in room 12 on Wednesday morning.

3   Darllenwch baragraff Aled yn sôn am wythnos yng Nglan-llyn.
Rhaid i chi aildrefnu'r paragraff yn nhrefn yr wythnos:
1 = Dydd Llun, 5 = Dydd Gwener.

Shwmae, Aled ydw i. Es i i Langrannog wythnos diwethaf gyda'r ysgol ac roedd yn anhygoel! Os oes cyfle i chi fynd – ewch, yn bendant! Aethon ni o ddydd Llun i ddydd Gwener a gwnaethon ni lawer o weithgareddau cyffrous, fel reidio ceffylau ddydd Iau. Gwnes i ffrindiau newydd achos mae'n bwysig i weithio mewn tîm yn aml. I fi, y peth gorau oedd y beiciau cwad ddydd Llun achos dw i'n hoffi mynd yn gyflym. Ond roeddwn i'n hoff iawn o'r sgïo hefyd, a gwnaethon ni sgïo ar y diwrnod olaf. Ar y llaw arall, doeddwn i ddim yn hoff iawn o nofio ddydd Mawrth … dw i ddim yn gallu nofio yn dda. Yna, roedden ni'n gwneud saethyddiaeth y diwrnod nesaf, ac roeddwn i'n anobeithiol! Mae angen sbectol arna i.

4 a   Darllenwch yr adolygiad am wersyll Caerdydd.

Trip Caerdydd 2019

Wel, diolch yn fawr iawn i wersyll yr Urdd, Caerdydd am wythnos fendigedig gyda phlant Blwyddyn 10, Ysgol Gwernant. Gwnaeth pawb fwynhau'r gweithgareddau yn fawr, yn enwedig canolfan dŵr gwyn Caerdydd! Mae'n rhaid i fi ddweud, roedd y staff yn arbennig o dda gyda'r plant – yn enwedig Rhys. Roedd e mor frwdfrydig ac yn barod i helpu bob amser. Diolch enfawr Rhys! Hefyd, roedd y bwyd yn rhagorol! Cawson ni dri phryd o fwyd poeth bob dydd; hyfryd ar ôl diwrnod yn yr awyr agored, a'r glaw! Dim ond dau beth bach negyddol: roedd y plant yn cwyno am ddiffyg signal i fynd ar y we yn y nos. Dim problem i'r staff ond problem fawr i bobl ifanc. Yn ail, roedd y llety yn oer yn y nos oherwydd yr hen ffenestri. Fodd bynnag, ar y cyfan, cawson ni amser gwych!

Diolch eto!

Staff a phlant Ysgol Gwernant

b   Nodwch y pwyntiau positif a'r pwyntiau negyddol mewn grid, a gofynnwch ddau gwestiwn. Er enghraifft:

Pwyntiau positif	Pwyntiau negyddol
Dau gwestiwn am y Ganolfan:	
1	
2	

5   Edrychwch ar luniau o'r Eisteddfod. Mae'r ysgol yn cymryd rhan yn yr Eisteddfod eleni. Ym mha gystadleuaeth hoffech chi gystadlu? Rhaid i chi esbonio sut bydd hyn yn helpu gwella eich Cymraeg.

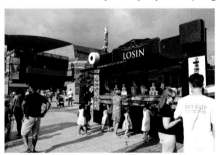

Y Mentrau Iaith

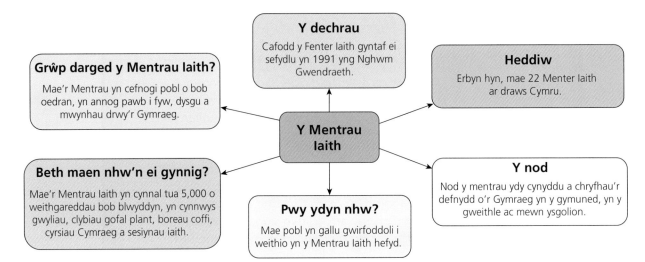

Y dechrau
Cafodd y Fenter Iaith gyntaf ei sefydlu yn 1991 yng Nghwm Gwendraeth.

Grŵp darged y Mentrau Iaith?
Mae'r Mentrau yn cefnogi pobl o bob oedran, yn annog pawb i fyw, dysgu a mwynhau drwy'r Gymraeg.

Heddiw
Erbyn hyn, mae 22 Menter Iaith ar draws Cymru.

Y Mentrau Iaith

Beth maen nhw'n ei gynnig?
Mae'r Mentrau Iaith yn cynnal tua 5,000 o weithgareddau bob blwyddyn, yn cynnwys gwyliau, clybiau gofal plant, boreau coffi, cyrsiau Cymraeg a sesiynau iaith.

Pwy ydyn nhw?
Mae pobl yn gallu gwirfoddoli i weithio yn y Mentrau Iaith hefyd.

Y nod
Nod y mentrau ydy cynyddu a chryfhau'r defnydd o'r Gymraeg yn y gymuned, yn y gweithle ac mewn ysgolion.

6   Atebwch y cwestiynau isod gan ddefnyddio brawddegau llawn.
   a   Sawl gweithgaredd sydd gan y Fenter Iaith bob blwyddyn?
   b   Pwy mae'r Fenter Iaith yn eu cefnogi?
   c   Ble a phryd cafodd y Fenter Iaith gyntaf ei sefydlu?
   ch   Sawl Menter Iaith sydd yng Nghymru erbyn hyn?
   Chwiliwch ar y we am wybodaeth am Fenter Iaith eich ardal chi. Pob lwc!

7   Mae Menter Iaith Caerdydd yn recriwtio gwirfoddolwyr. Mae deg camgymeriad yn y poster yma. Gwnewch restr o gywiriadau.

> **sefydlu** *(to) establish*
>
> **gwirfoddoli** *(to) volunteer*
>
> **cynyddu** *(to) increase*
>
> **cryfhau** *(to) strengthen*
>
> **gweithgareddau** *activities*

---

bore Coffi Ysgol Gynradd Mari Sant

Hoffech chi wella eich CV.

Mae Menter Iaith Caerdydd eisiau person ifanc i **help**.

Dod i Ysgol Gynradd Mari Sant **bôb** bore Llun, **Merched** a Gwener.

Bydd te a **biscedi** am ddim a bydd cyfle i ymarfer siarad **Cymreag!**

Ffonio Alun Owens am fwy o wybodaeth.

Bydd e'n **happus** i helpu.

Clwb Ffermwyr Ifanc

8   Darllenwch ddeialog y ddau ffrind.

Hannah	Shwmae Aled, beth sy'n bod? Wyt ti wedi blino?
Aled	O ydw, dw i wedi bod yn brysur ofnadwy dros y penwythnos gyda'r ffermwyr ifanc.
Hannah	Yn gwneud beth? Ffermio?
Aled	Na! Dw i ddim yn byw ar ffrem. Does dim rhaid i ti fod yn ffermwr. Mae ffermwyr ifanc yn wahanol.
Hannah	Wel, beth wyt ti'n gwneud yn y 'ffermwyr ifanc' 'te? Efallai bydd yn apelio ata i.

> **Sioe Frenhinol Cymru** *Royal Welsh Show*
>
> **cyfnewid** *exchange*
>
> **dwyieithog** *bilingual*
>
> **podlediad** *podcast*
>
> **llenyddiaeth** *literature*

Aled	Bydd, yn bendant! Mae llawer o bethau i'w gwneud – rydyn ni'n cynnal Eisteddfod Ffermwyr Ifanc, cystadlu yng nghystadlaethau Sioe Frenhinol Cymru, mwynhau diwrnodau chwaraeon, tripiau, barbeciws yn yr haf … mae llawer o bethau i bobl gystadleuol fel ti a fi! Rydych chi'n dysgu llawer o sgiliau newydd a dw i'n mynd ar daith gyfnewid eleni.
Hannah	Mae'n swnio'n wych! Ond dydy fy Nghymraeg i ddim yn berffaith. Fydd problem?
Aled	Dim o gwbl, mae'n hollol ddwyieithog. Cer ar y wefan, mae Cornel Gymraeg gyda nhw. Dyna beth roeddwn i'n ei wneud ar y penwythnos, creu podlediad newydd ar gyfer y wefan.
Hannah	Podlediad? Waw! Beth arall sydd yn y Gornel Gymraeg?
Aled	Llawer: mae adran gwaith cartref; mae llwyfan llenyddiaeth; rydyn ni wedi creu cân newydd (sydd ar iTunes!) – mae'n ardderchog! I ddysgwyr, mae aps defnyddiol yno ac mae 'Gair Yr Wythnos'. Bydd rhaid i ti ddod, basai'n wych i ti, Hannah.
Hannah	Dw i'n sicr! Pryd wyt ti'n mynd nesa? Hoffwn i fod yna!

Dewiswch yr ateb cywir:

a Mae'r Ffermwyr Ifanc yn glwb

   i Cymraeg   ii dwyieithog   iii Saesneg

b Mae'r Ffermwyr Ifanc wedi creu

   i cerdd newydd   ii dawns newydd   iii cân newydd

c Mae Aled wedi blino ar ôl creu

   i podlediad   ii vlog   iii ap defnyddiol

9 Mae arian gyda Llywodraeth Cymru ar gyfer dau fudiad yn unig. I bwy hoffech chi roi'r arian a pham? Trafodwch.

10 Tasgau estynedig.

EFYDD
 	
Rhaid i chi greu poster i hybu'r Clwb Ffermwyr Ifanc.
 	
Dylech chi gynnwys:
  • hanes y Ffermwyr Ifanc
  • cystadlaethau posibl
  • y gweithgareddau sydd ar gael
  • newyddion am y gân newydd
  • manylion cyswllt
	Create a poster to promote the Young Farmers Club.

ARIAN
 	
Ysgrifennwch golofn ar gyfer cylchgrawn y Ffermwyr Ifanc.
 	
Dylech chi gynnwys:
  • cyflwyniad
  • canlyniadau'r cystadlaethau
  • newyddion am y gân newydd
  • gwybodaeth am y Gornel Gymraeg
  • gwybodaeth am weithgareddau'r dyfodol
	Write a column for the Young Farmers magazine.

AUR
 	
Ysgrifennwch erthygl yn hybu'r Clwb Ffermwyr Ifanc.
 	
Dylech chi gynnwys:
  • hanes y Ffermwyr Ifanc
  • cystadlaethau posibl a'r gweithgareddau sydd ar gael
  • gwybodaeth am y wefan
  • iaith berswadiol
  • manylion cyswllt
	Write an article to promote the Young Farmers Club.

11 Fo a fe

1 Edrychwch ar y map isod. Ydych chi'n gwybod beth ydy 'tafodiaith'?

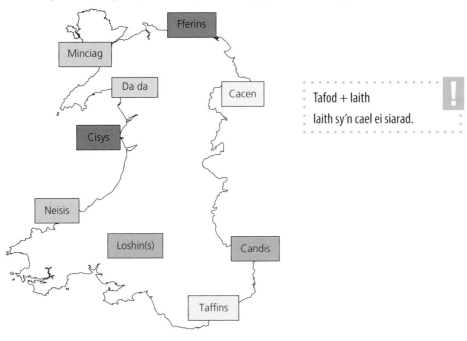

Tafod + Iaith

Iaith sy'n cael ei siarad.

a Gyda phartner, copïwch y grid isod ac ysgrifennwch y geiriau tafodiaith yn y golofn gywir:

Geiriau y gogledd	Geiriau y de
fyny	lan

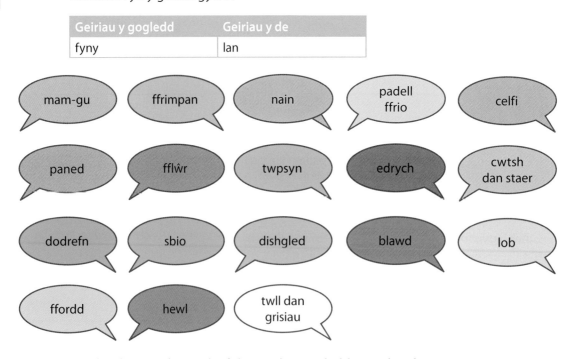

b Gwyliwch Rownd 1 o'r clip fideo 'Iaith y gogledd ac iaith y de'. Ysgrifennwch y geiriau tafodiaith yn eich grid hefyd.

2   Edrychwch ar y rhestr isod. Rhaid i chi gysylltu geiriau'r gogledd
    a geiriau'r de gyda'r Saesneg. Mae'r Saesneg wedi'i liwio yn barod.

    Pa eiriau sy'n dod o'r gogledd a pha rai o'r de? Ysgrifennwch G am y
    gogledd a D am y de wrth y geiriau.

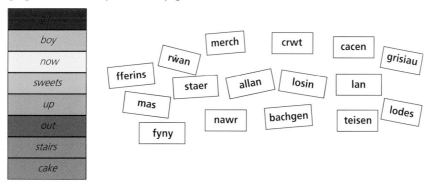

girl	
boy	
now	
sweets	
up	
out	
stairs	
cake	

merch   crwt   cacen   grisiau

rŵan   fferins   staer   allan   losin   lan

mas   nawr   bachgen   teisen   lodes

fyny

3   a   Darllenwch y ddau gerdyn post isod yn trafod gwyliau yng Nghymru.
        Mae un o'r gogledd a'r llall o'r de:

S'mae!

Dw i ar wyliau ym Mhwllheli ar y funud **efo'r** teulu. **Dw i
wedi mopio ar** y lle – gwelais i **ferch** fach brydferth wrth
y llyn hefyd. Hoffwn i weld hi eto'n fuan! Dw i am fynd
i'r siop dwristiaid 'fory i gael anrhegion i fy ffrindiau cyn
dod adref. Bydda i'n prynu llawer o **fferins. Mae'n ddrwg
gen i** ond rhaid i mi fynd **rŵan**, mae **Nain** yn galw! Siarada
i'n fuan **efo chdi**.

Sam x

Helo,

Dw i ar fy ngwyliau yn Ninbych-y-Pysgod **gyda'r** teulu.
Mae'n gas gyda fi dreulio amser gyda nhw achos maen
nhw'n ddiflas. Mae **Tad-cu** yn **conan** bob eiliad am y
tywydd **twym** – ond dw i'n caru **fe**! Yfais i **laeth** ddoe
ond roedd yn **dwym** achos y tywydd – ych a fi! Rhedais
i i'r **tŷ bach** achos roeddwn i'n teimlo'n **dost**; roeddwn
i'n **becso** llawer! Siarad yn fuan.

Seren x

    b   Ar ôl i chi ddarllen y cardiau post, newidiwch y geiriau sydd wedi
        eu huwcholeuo i'r dafodiaith arall. Copïwch a llenwch y grid isod.

Cerdyn post 1 – y gogledd	Cerdyn post 2 – y de
1	1
2	2

4 a Gyda phartner, edrychwch yn y geiriadur i wneud rhestr o eiriau sy'n:
  - dechrau gyda 'ch'
  - dechrau gyda 'h'
  - gorffen gyda 's'
  - gorffen gydag 'au'
  - cynnwys 'ae' neu 'oe' yn y canol

 b Ysgrifennwch y geiriau mewn grid.

 c Sut mae pobl y gogledd a'r de yn ynganu'r geiriau yma yn wahanol?
   Recordiwch y geiriau: person 1 = gogledd, person 2 = de.

 ch Nawr edrychwch ar y map o Gymru. Gwnewch waith ymchwil i
   chwilio am wahanol dafodieithoedd Cymru. Dylech eu nodi nhw ar y map
   gydag enghreifftiau.

5 Beth ydy'r gwahaniaeth yn ystyr y geiriau isod yn y gogledd a'r de?
  - blin
  - llaeth
  - brwnt
  - disgwyl
  - sefyll

Cofiwch!

Dylech geisio defnyddio ychydig o iaith achlysurol i swnio'n
fwy naturiol weithiau, e.e.:

Ti'n gwbod   S'gen ti ...?

Dw i'm eisiau   Oes ... 'da ti?

6 Gwyliwch Rownd 2 o'r clip fideo 'Iaith y gogledd ac iaith y de'.
  Defnyddiwch y geiriau o Rownd 1 a 2 i gael sgwrs gyda ffrind.

7 Darllenwch y blog isod gan athro o'r gogledd. Mae e wedi symud i'r de i
  ddysgu. Atebwch y cwestiynau sy'n dilyn.

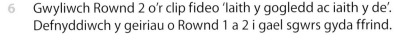

P'nawn da,

Mr Jenkins yma – dw i wedi symud o'r Bala i ddysgu ym Merthyr Tudful.
Mae'n anodd iawn dysgu yn y de. Dw i'n cymysgu fy ngeiriau bob amser –
'mae'n well gen i ...' NA! 'Mae'n well gyda fi' rŵan ... NAWR! Rhaid dysgu'r
geiriau iawn i'r plant. Cymraeg ydy Cymraeg ond mae tafodiaith yn bwysig.

Symudais i i'r ardal ychydig yn ôl – dw i wedi bod yn dysgu geiriau newydd
fel 'llaeth' nid 'llefrith' a mynd 'mas' yn lle mynd 'allan'. Mae'n bwysig bod yn
naturiol.

Pan dw i'n dysgu 'fory, bydda i'n trïo defnyddio geiriau fel 'moyn' a 'ffwrn' a
nid geiriau fel 'cur pen' na 'Nain'. Bydda i'n ysgrifennu'n fuan ar ôl gweld sut
fydd 'fory'n mynd.

Hwyl am y tro!

a   Darllenwch y gosodiadau isod. Copïwch y grid. Ticiwch gywir neu anghywir.

Gosodiad	Cywir	Anghywir
1 Mae dysgu mewn ardal newydd yn hawdd.		
2 Mae Mr Jenkins wedi symud i'r ardal chwe mis yn ôl.		
3 Roedd Mr Jenkins yn byw yn y gogledd.		
4 Dydy Mr Jenkins ddim yn cymysgu tafodiaith.		

b   Beth ydy ystyr y geiriau isod? Dewiswch yr ateb cywir:

'moyn'

i   eisiau   ii   menyn   iii   mis

'ffwrn'

i   fferins   ii   fferm   iii   popty

'cur pen'

i   pen mawr   ii   pen tost   iii   curo pen

'Nain'

i   Mam-gu   ii   9   iii   nawr

8   Gwyliwch weddill y clip fideo yn siarad am dafodiaith. Rhaid i chi ysgrifennu drama fach mewn grwpiau o bedwar.

Rydych chi mewn caffi yn siarad. Mae un cymeriad o'r gogledd; un o'r de; un o'r Alban ac un o Lundain sy'n dysgu Cymraeg. Rhaid i chi ddefnyddio geiriau o'r uned – beth am nodi eich hoff air newydd?

Dylech chi berfformio'r darn i weddill y dosbarth.

12 Iaith fyw

1   Diolch i bobl fel y Beasleys a Saunders Lewis, mae'n rhaid i gwmnïau yng Nghymru ddarparu gwasanaethau yn Saesneg a Chymraeg.

Dyma sut mae un banc yn darparu gwasanaeth Cymraeg.

> Mae llawer iawn o'r staff yn y banc yn siarad Cymraeg, ac yn gwisgo'r bathodyn oren. Mae llawer o'r cwsmeriaid yn hoffi siarad Cymraeg gyda'r staff. Hefyd, mae arwyddion a phosteri dwyieithog ar y waliau ac mae'r peiriannau arian yn cynnig gwasanaeth yn Saesneg ac yn Gymraeg.

Sut mae'r banc yn defnyddio'r Gymraeg? Dewiswch dri llun.

A   B   C   Ch   D

2   Mae Cymraeg yn ddefnyddiol iawn yn y gweithle, a dyma pam:

> Dysgais i Gymraeg yn yr ysgol ac yn y coleg, a nawr dw i'n dysgu Cymraeg i blant. Mae'n wych!

> Dw i wedi cael llawer o waith ar y llwyfan ac ar y teledu gyda S4C achos dw i'n gallu siarad Cymraeg a Saesneg.

> Dw i'n hapus fy mod i'n siarad Cymraeg achos dw i'n siarad Cymraeg gyda'r hen bobl yn yr ysbyty.

> Mae'r cwsmeriaid yn dwlu ar siarad tipyn bach o Gymraeg gyda fi tra maen nhw'n bwyta eu bwyd. Maen nhw bob tro yn gadael tip bach i fi hefyd!

> Dw i ar y ffôn trwy'r dydd, bob dydd, ond yn siarad ar y llinell Gymraeg a'r llinell Saesneg. Mae'r cwmni yn recriwtio achos mae cymaint o'r cwsmeriaid eisiau siarad yn Gymraeg.

Rhowch y swydd gyda'r swigen gywir:

- actor
- gweithiwr caffi
- canolfan alwadau
- nyrs
- athro

3   Ydych chi'n gwybod bod ysgol gynradd Gymraeg yn Llundain?

Mae'r pennaeth yn chwilio am athro neu athrawes newydd. Rhaid i chi gyfieithu'r hysbyseb isod.

> Do you live in London and speak Welsh?
>
> Would you like to work with children?
>
> **WANTED:** Year 4 Teacher
>
> E-mail: info@ysgolgymraegllundain.co.uk

4   Edrychwch ar y lluniau isod. Hoffai'r perchennog wella'r defnydd o Gymraeg yn y siop.

A    B    C

Ch    D 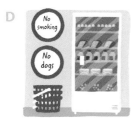   Dd

a   Yn eich llyfrau, nodwch y problemau yn y siop.

b   Mewn grwpiau, trafodwch eich cyngor i berchennog y siop ar sut i wella Cymraeg yn y gweithle.

c   Rhaid i chi greu fideo byr yn dysgu ymadroddion Cymraeg hanfodol i staff eu defnyddio gyda chwsmeriaid yn y gweithle, ac ar y ffôn.

5   Darllenwch am sut mae siarad Cymraeg wedi helpu Amanda a Harriet yn y gweithle.

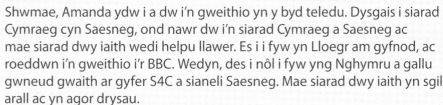

Shwmae, Amanda ydw i a dw i'n gweithio yn y byd teledu. Dysgais i siarad Cymraeg cyn Saesneg, ond nawr dw i'n siarad Cymraeg a Saesneg ac mae siarad dwy iaith wedi helpu llawer. Es i i fyw yn Lloegr am gyfnod, ac roeddwn i'n gweithio i'r BBC. Wedyn, des i nôl i fyw yng Nghymru a gallu gwneud gwaith ar gyfer S4C a sianeli Saesneg. Mae siarad dwy iaith yn sgil arall ac yn agor drysau.

Shwmae, fy enw i ydy Harriet a dw i'n gweithio i'r Heddlu. Dysgais i Gymraeg yn yr ysgol, y coleg ac yn y brifysgol, a nawr dw i'n siarad Cymraeg yn fy swydd bob dydd hefyd. Mae siarad Cymraeg yn helpu achos dw i'n siarad â phobl yn y gymuned ac maen nhw'n teimlo'n gyfforddus yn rhoi gwybodaeth yn Gymraeg weithiau. Mae merch fach gyda fi ac mae hi'n mynd i ysgol Gymraeg achos dw i eisiau iddi hi fod yn ddwyieithog hefyd, achos mae siarad iaith yn gwella sgiliau datrys problemau a chyfathrebu.

a   Copïwch y grid isod yn eich llyfrau ac atebwch y cwestiynau.

	Amanda	Harriet
Wedi dysgu Cymraeg. Pryd?		
Sut mae Cymraeg wedi helpu yn y gweithle?		
Beth ydy manteision dysgu Cymraeg?		

b   Ydy'r Gymraeg yn helpu yn y byd gwaith? Rhowch ddau reswm.

Cymraeg yn y gymuned

6 Darllenwch sgwrs rhwng ffrindiau gwaith, Rhian ac Abinaya.

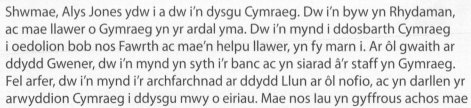

Abinaya	Reit te, amser cinio. Ble ydyn ni'n bwyta heddiw, Rhian?
Rhian	Beth am Harbwrfeister? Es i penwythnos diwethaf, roedd yn fendigedig!
Abinaya	Ble mae'r Harbwrfeister?
Rhian	Rili? Ar yr harbwr yn Aberaeron, Abinaya. Mae cliw yn yr enw.
Abinaya	Pwynt da. Ond mae tri pheth yn bwysig i fi … y bwyd wrth gwrs, y staff a'r pris.
Rhian	Wel, mae'r staff i gyd yn yr Harbwrfeister yn ddwyieithog, ac yn broffesiynol iawn.
Abinaya	Sut? Ydy e'n lle ffansi?
Rhian	Dim rili, ond maen nhw'n gweithio'n galed ac maen nhw bob tro yn cael sgwrs gyda'r cwsmeriaid ac yn gwneud i chi deimlo'n gyfforddus iawn.
Abinaya	Gwych. Beth am y bwyd?
Rhian	Mae'r bwyd yn arbennig o dda. Ces i bysgod a sglodion penwythnos diwethaf … roedd y pysgod mor ffres, yn syth o'r harbwr. Maen nhw'n cefnogi busnesau lleol y dref – pwysig iawn.
Abinaya	Dw i'n cytuno'n llwyr, Rhian. A beth am y pris?
Rhian	Mae'r pris yn rhesymol iawn! Talais i £13 am bysgod syth o'r harbwr. Mae'r fwydlen yn Gymraeg a Saesneg hefyd. Dw i'n dysgu geiriau Cymraeg newydd bob tro!
Abinaya	Perffaith! Bant â ni te!

a Nawr, copïwch y grid isod yn eich llyfrau. Ticiwch gywir neu anghywir.

Gosodiad	Cywir	Anghywir
1 Mae'r Harbwrfeister yn Aberdaron.		
2 Mae staff yr Harbwrfeister yn gyfeillgar.		
3 Mae rhai o staff yr Harbwrfeister yn siarad Cymraeg.		
4 Mae'r fwydlen yn ddwyieithog.		
5 Mae'r pysgod a sglodion yn gostus iawn yn ôl Rhian.		

b Ysgrifennwch restr o bethau mae Rhian yn eu hoffi am yr Harbwrfeister.

7 a Darllenwch baragraff Alys am ei defnydd o Gymraeg.

Shwmae, Alys Jones ydw i a dw i'n dysgu Cymraeg. Dw i'n byw yn Rhydaman, ac mae llawer o Gymraeg yn yr ardal yma. Dw i'n mynd i ddosbarth Cymraeg i oedolion bob nos Fawrth ac mae'n helpu llawer, yn fy marn i. Ar ôl gwaith ar ddydd Gwener, dw i'n mynd yn syth i'r banc ac yn siarad â'r staff yn Gymraeg. Fel arfer, dw i'n mynd i'r archfarchnad ar ddydd Llun ar ôl nofio, ac yn darllen yr arwyddion Cymraeg i ddysgu mwy o eiriau. Mae nos Iau yn gyffrous achos mae *Pobol y Cwm* ar S4C am wyth o'r gloch … llawer gwell na *Coronation Street*! Ond fy hoff beth ydy ymarfer côr yn y capel ar nos Fercher. Dw i'n dwlu ar ganu!

b Nawr, mae'n rhaid i chi gopïo a llenwi amserlen yr wythnos yn eich llyfrau.

Llun	Mawrth	Mercher	Iau	Gwener

8   Mae Alys wedi ysgrifennu poster ar gyfer y dosbarth Cymraeg newydd yn yr ardal.

Mae deg gair ar goll yn y poster yma. Copïwch a llenwch y bylchau gyda'r geiriau cywir:

dechrau	Chwefror	gloch	bawb	hwyl
dim	Cymraeg	chi	dydd	ar

hapus i siarad
Cymraeg!

Dosbarth Cymraeg newydd!

Ydych .... eisiau dysgu .... ?
Mae dosbarth newydd yn .... bob .... Mercher (1 o'r ....)
ym mis Ionawr a ....
Fydd .... cost a bydd yn ....
Croeso cynnes i ....
Cysylltwch â Wendy neu Gareth am fwy o wybodaeth .... 01685437982.

9   Tasgau estynedig.

EFYDD Rhaid i chi greu cyfres o bosteri dwyieithog i gefnogi gwaith y 'Criw Cymraeg'. Dylech chi gynnwys: • lluniau a geiriau • manylion am y Criw Cymraeg • gorchmynion • manteision siarad Cymraeg • iaith berswadiol	*Create a series of posters to support the work of the 'Welsh Crew'.*
ARIAN Ysgrifennwch hysbyseb i recriwtio 'Criw Cymraeg' eich ysgol. Byddan nhw'n gyfrifol am hybu Cymraeg yn yr ysgol. Dylech chi gynnwys: • iaith berswadiol • pwysigrwydd y Gymraeg • gwybodaeth am y rôl • manylion am sut i ymgeisio • rhesymau tu ôl y Criw Cymraeg	*Write an advert to recruit a 'Welsh Crew' for your school. They will be responsible for promoting Welsh in the school.*
AUR Ysgrifennwch lythyr at bennaeth yr ysgol yn awgrymu ffyrdd i gryfhau Cymraeg yng nghymuned yr ysgol. Dylech chi gynnwys: • dechrau priodol • pwysigrwydd y Gymraeg • problemau o ran y Gymraeg ar draws yr ysgol • ffyrdd i gryfhau'r Gymraeg ar draws yr ysgol • diwedd priodol	*Write a letter to the headteacher of the school suggesting ways to strengthen Welsh in the school community.*

13 Cyfryngau Cymru

Teledu Cymraeg

Mae llawer o raglenni da ar S4C. Dechreuodd sianel S4C yn 1982. Roedd Gwynfor Evans yn hollbwysig yn datblygu'r sianel.

Ers hynny mae llawer o raglenni wedi ymddangos. Mae pob math o raglen ar gael – cartwnau fel *Spynjbob*, rhaglenni comedi, rhaglenni dogfen, rhaglenni i helpu i ddysgu Cymraeg fel *Ffeil* a hefyd rhaglenni drama ac operâu sebon. Mae *Pobol y Cwm* yn boblogaidd iawn.

1   Pa raglenni ydych chi wedi eu gweld ar S4C?

   a   Ymchwiliwch ar S4C Clic. Chwiliwch am enghraifft o:

   •   raglen ddogfen   •   cartŵn   •   rhaglen ddrama

   •   opera sebon   •   rhaglen gwis

   b   Nawr, dewiswch raglen i'w gwylio ar Clic. Mae llawer o ddewis.
       Defnyddiwch y swigod isod i drafod eich rhaglen.

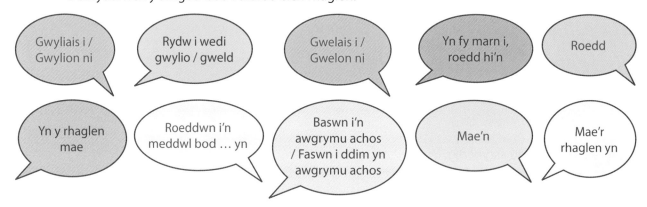

Gwyliais i / Gwylion ni

Rydw i wedi gwylio / gweld

Gwelais i / Gwelon ni

Yn fy marn i, roedd hi'n

Roedd

Yn y rhaglen mae

Roeddwn i'n meddwl bod … yn

Baswn i'n awgrymu achos / Faswn i ddim yn awgrymu achos

Mae'n

Mae'r rhaglen yn

   c   Recordiwch adolygiad o raglen ar S4C.

EFYDD: 30 eiliad	ARIAN: 45 eiliad	AUR: 1 munud
Beth ydych chi wedi ei wylio ar S4C? Beth ydych chi'n ei feddwl o'r rhaglen/rhaglenni?	• Beth ydych chi wedi ei wylio ar S4C? • Beth ydych chi'n ei feddwl o'r rhaglen/rhaglenni? • Beth fasech chi'n awgrymu ei wylio?	• Beth ydych chi wedi ei wylio ar S4C? • Beth ydych chi'n ei feddwl o'r rhaglen/rhaglenni? • Beth fasech chi'n awgrymu ei wylio? • Beth ydy cynnwys y rhaglen?

2   Ydych chi wedi gweld Eleri Siôn ar raglen Gymraeg? Mae Eleri Siôn yn gyflwynydd radio a theledu. Mae hi'n ymddangos yn aml iawn ar S4C.
Chwiliwch am wybodaeth am Eleri ar y we i wneud y cwis isod amdani hi:

   a   Faint ydy oed Eleri?

   b   Enwch dair rhaglen mae Eleri wedi'u cyflwyno ar S4C.

   c   Eleri oedd y ferch gyntaf i wneud beth?

   ch O ble mae Eleri yn dod?

   d   I ba orsaf radio mae Eleri yn gweithio?

   dd Mae hi wedi ymddangos mewn sawl rhaglen fel gwestai. Ydych chi'n gallu enwi'r rhaglenni?

3   Ydych chi'n gallu enwi unrhyw bobl eraill sy'n gweithio ar y radio a'r teledu Cymraeg?

4   Mae llawer o bobl yn defnyddio cyfryngau cymdeithasol yn Gymraeg nawr. Mae Efa a Jac wedi postio ar Instagram. Edrychwch ar y negeseuon.

> Dyma fi, Efa yn darllen cylchgrawn IAW mis Medi. Dw i'n mwynhau darllen IAW achos mae llawer o erthyglau da am fywyd bob dydd. Fy hoff erthygl y mis yma ydy'r erthygl am goginio. Dw i'n hoffi coginio yn enwedig pobi a hefyd blasu ryseitiau newydd.... ac mae rysáit arbennig y mis yma.

> HeloJacsymayn darllen fyhoffgylchgrawn IAW maellaweroerthyglaudayn IAW dwinmwynhauerthyglauchwar aeonfelarfermaeerthyglymisymaamygemaugwylltrhaglenars4c

a   Chwiliwch am yr eirfa yma yn y post gan Efa: *reading, cooking, article, programme, baking, magazine, recipe.*

b   Ysgrifennwch bost Jac yn gywir. Mae e wedi defnyddio hashnod yn lle brawddegau. Cofiwch mae atalnodi yn bwysig (! ' / ?).

c   Gwnewch bost i Instagram y dosbarth. Bydd eisiau llun, brawddegau, geirfa newydd, hashnod addas.

Ffilmiau Cymraeg

5   Mae llawer o ffilmiau yn Gymraeg. Beth ydy'ch hoff fath o ffilm? Dyma enghreifftiau:

Y Syrcas	Eldra	Hedd Wyn
Mae'r ffilm hon am syrcas sy'n teithio o gwmpas Cymru. Mae'r syrcas yn dod o Iwerddon.	Dyma ffilm am ferch ifanc sy'n byw ar fferm gyda'i theulu. Ei ffrind gorau ydy llwynog.	Bardd ydy Hedd Wyn ac enillodd e gadair yr Eisteddfod Genedlaethol yn 1917. Bu farw Hedd Wyn yn y Rhyfel Byd Cyntaf.
Fasech chi'n mwynhau ffilm fel hon?	Hoffech chi weld y ffilm yma?	Beth am ddysgu am hanes Hedd Wyn gan wylio'r ffilm yma?

6   Gwyliwch un o'r ffilmiau Cymraeg. Gwnewch broffil o'ch hoff gymeriad. Gallwch chi gynnwys:

- enw
- oed
- byw
- teulu

- sut mae'n edrych
- personoliaeth
- hoffi / ddim yn hoffi

7   Gwnewch dudalen wybodaeth am y cyfryngau sydd ar gael. Cofiwch gynnwys eich gwaith ymchwil. Dylech chi gynnwys manylion:

- radio
- teledu

- ffilm
- cyfryngau cymdeithasol

14 Heddiw a 'fory

Mae Cymru'n wlad ddwyieithog. Mae'r Gymraeg yn iaith fyw, iaith sy'n ffynnu, iaith sy'n tyfu. Diolch i Gymdeithas yr Iaith Gymraeg a Llywodraeth Cymru, mae'r iaith Gymraeg ym mhobman.

ffynnu *(to) thrive*

1   Ble gallwch chi weld a chlywed yr iaith Gymraeg? Rhowch ddeg enghraifft mewn grid. Er enghraifft:

Ble	Enghraifft
Yn yr ysgol	Posteri ac arwyddion

Arwyddion

2   Mae llawer o arwyddion dwyieithog o'n cwmpas. Ydych chi'n adnabod yr arwyddion yma?

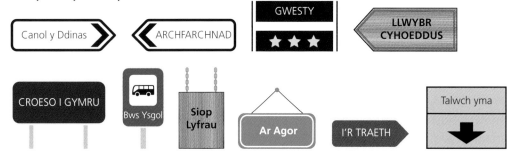

Mae tudalen ar Weplyfr o'r enw 'Arwyddion Cymraeg Gwael'. Ar y dudalen, mae enghreifftiau o gyfieithu gwael. Mae rhai arwyddion doniol iawn.

3   Pam mae'r arwyddion yma'n anghywir? Defnyddiwch eiriadur.

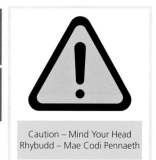

Caution – Mind Your Head
Rhybudd – Mae Codi Pennaeth

cynnydd *increase*

cwymp *fall*

Siaradwyr Cymraeg: cyfrifiad 2001 a 2011

Blwyddyn	2001		2011	
Categori oed	Nifer	Canran (%)	Nifer	Canran (%)
Pawb	582,368	20.8	562,016	19
3–4 oed	13,239	18.8	16,495	23.3
5–15 oed	171,168	40.8	152,255	40.3
16–19 oed	40,548	27.6	43,651	27
20–44 oed	146,227	15.5	150,742	15.6
45–64 oed	112,742	15.6	107,941	13.3
65–74 oed	47,692	18.1	45,112	15
75+ oed	50,752	21.1	45,820	17.5

4   Darllenwch y ffigurau uchod.

   a   Copïwch a llenwch y gridiau isod. Pa gategori oed?

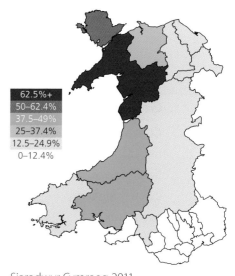

Siaradwyr Cymraeg 2011

Categori oed		
	2001	2011
Canran fwyaf		
Canran leiaf		
Nifer mwyaf		
Nifer lleiaf		
2001 > 2011 categori oed		
Cynnydd mwyaf		
Cynnydd lleiaf		
Cwymp mwyaf		
Cwymp lleiaf		

Map legend:
- 62.5%+
- 50–62.4%
- 37.5–49%
- 25–37.4%
- 12.5–24.9%
- 0–12.4%

   b   Trafodwch y ffigurau yn eich grwpiau. Defnyddiwch y
        cwestiynau yma:

        •   Pa gategorïau oed sy'n gryf?

        •   Beth ydy'r rhesymau yn eich barn chi?

        •   Pa gategorïau oed sy'n wan?

        •   Beth ydy'r rhesymau yn eich barn chi?

Yr iaith Gymraeg yn fy ardal i

5   a   Ewch ar y wefan yma:
        http://statiaith.com/cymraeg/demograffig/cyfrifiad/2011/LC2106/
        siart_LC2106Cymuned.html
        Edrychwch am eich tref/pentref ar y gwymplen.

    b   Copïwch a llenwch y grid am eich tref/pentref.

gwan *weak*

cwymplen *dropdown
list*

Categori oed	Enw'r dref/pentref	
	Siarad Cymraeg – nifer	Siarad Cymraeg – canran (%)
Pawb		
3–4 oed		
5–15 oed		
16–19 oed		
20–44 oed		
45–64 oed		
65–74 oed		
75+ oed		

    c   Atebwch y cwestiynau:

        •   Ym mha gategori oed mae'r ganran fwyaf?

        •   Ym mha gategori oed mae'r ganran leiaf?

        •   Ym mha gategori oed mae'r nifer mwyaf?

        •   Ym mha gategori oed mae'r nifer lleiaf?

- Ydy'r ffigurau'n uwch neu'n is na'r ffigurau cenedlaethol?
- Beth ydy'r rhesymau yn eich barn chi?
- Oes ffrindiau neu deulu gyda chi sy'n siarad Cymraeg? Ym mha gategori oed maen nhw?

Gramadeg

Comparing adjectives

mwyaf = *most*

lleiaf = *least*

uwch = *higher*

is = *lower*

For more information see page 259 in the grammar section.

ch Trafodwch yn eich grwpiau. Defnyddiwch yr awgrymiadau yma.

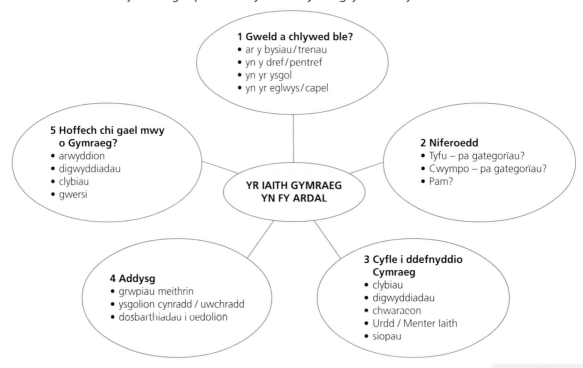

1 Gweld a chlywed ble?
- ar y bysiau / trenau
- yn y dref / pentref
- yn yr ysgol
- yn yr eglwys / capel

5 Hoffech chi gael mwy o Gymraeg?
- arwyddion
- digwyddiadau
- clybiau
- gwersi

YR IAITH GYMRAEG YN FY ARDAL

2 Niferoedd
- Tyfu – pa gategorïau?
- Cwympo – pa gategorïau?
- Pam?

4 Addysg
- grwpiau meithrin
- ysgolion cynradd / uwchradd
- dosbarthiadau i oedolion

3 Cyfle i ddefnyddio Cymraeg
- clybiau
- digwyddiadau
- chwaraeon
- Urdd / Menter Iaith
- siopau

Dyfodol yr iaith Gymraeg

Mae targed gyda Llywodraeth Cymru o filiwn o siaradwyr Cymraeg erbyn y flwyddyn 2050 – bron dwbl nifer siaradwyr 2011 a tua 33% o'r boblogaeth.

6   a   Beth ydy'ch barn chi? Ydy'r targed yn realistig?

    b   Beth sy ei angen er mwyn cyrraedd miliwn o siaradwyr Cymraeg erbyn 2050? Rhowch y gosodiadau yn nhrefn pwysigrwydd:

deunydd(iau) *materials*

cyfle(oedd) *chance(s)*

cael gwared â *(to) get rid of*

cymhelliant *incentive*

Gosodiad	Rhif
Mwy o wersi i oedolion	
Addysg feithrin Gymraeg i bob plentyn	
Cadw siaradwyr Cymraeg yng Nghymru	
Mwy o ddeunyddiau dysgu Cymraeg ar y we	
Mwy o raglenni Cymraeg ar y teledu a'r radio	
Mwy o weithgareddau Cymraeg yn yr ardal, e.e. gyda'r Urdd a'r Fenter Iaith	
Mwy o gyfleoedd i ddefnyddio'r iaith, e.e. mewn tai bwyta a siopau	
Mwy o statws i'r iaith Cymraeg, e.e. Cymraeg o flaen y Saesneg ar arwyddion a ffurflenni	
Cael gwared ar Gymraeg ail iaith mewn ysgolion – addysg Gymraeg i bawb	
Mwy o wasanaethau yn Gymraeg	
Mwy o gymhelliant i ddysgu Cymraeg, e.e. swyddi / mwy o arian	

c   Ysgrifennwch eich syniadau chi am gyrraedd y targed.

7   Ysgrifennwch baragraff am sut i gyrraedd miliwn o siaradwyr Cymraeg erbyn 2050. Defnyddiwch y geiriau yma:

Bydd eisiau (mwy o) …

Does dim digon o …

Hoffwn i gael …

Dylai fod llawer o …

Arolwg poblogaeth blynyddol

8   Mae Llywodraeth Cymru'n cynnal arolwg poblogaeth bob blwyddyn. Yn ôl arolwg Mehefin 2020, mae 28.6% (866,600) o boblogaeth Cymru'n dweud eu bod nhw'n gallu siarad Cymraeg – bron 10% yn fwy nag yn y cyfrifiad!

Ydyn ni'n agosach at y filiwn nag rydyn ni'n meddwl, tybed?

arolwg *survey*

yn ôl *according to*

blynyddol *annual*

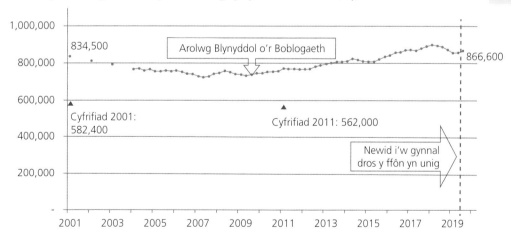

Nifer y bobl tair oed a throsodd sy'n gallu siarad Cymraeg, o 2001 i fis Mehefin 2020

Adnodd adolygu

1 Atebwch y cwestiwn, 'Beth ydy Cymru i mi?'

Dylech chi gasglu gwybodaeth mewn grwpiau yn gyntaf. Hefyd, dylech chi ddefnyddio'r mat iaith 'Cymru' (ar-lein ar Boost) i helpu.

2 Atebwch y cwis isod.

Rownd 1 – Cywir/Anghywir

Gosodiad	Cywir	Anghywir
a William Salisbury ysgrifennodd y Beibl yn y Gymraeg.		
b Roedd Trefor ac Eileen Beasley yn byw yn Llangennech.		
c Aeth Mari Jones i'r Bala i brynu Beibl.		
ch Ysgrifennodd Aneirin ei farddoniaeth yn y 7fed ganrif.		
d Enw'r ysgol uwchradd Gymraeg gyntaf oedd Ysgol Dewi Sant.		
dd Saesneg ydy'r iaith hynaf yn Ewrop.		

Rownd 2 – Aml-ddewis

e Beth ydy enw'r ardal yn yr Ariannin *(Argentina)* sy'n siarad Cymraeg?
   i Patagonia   ii Mesopotamia   iii Cuyo

f Ble mae Sioe Frenhinol Cymru yn cael ei chynnal?
   i Bangor   ii Llanfyllin   iii Llanelwedd

ff Faint o ganolfannau preswyl sydd gan yr Urdd?
   i 8   ii 5   iii 3

g Pryd ddechreuodd S4C?
   i 1989   ii 1982   iii 1972

ng Pwy oedd y ffigwr hollbwysig gyda datblygiad y sianel?
   i Gwynfor Evans   ii Gwynfor William   iii Gwynfor Wyn

h Pwy oedd arweinydd cyntaf Merched Beca?
   i Tim Carnesbath   ii Beca Jones   iii Twm Carnabwth

Rownd 3 – Atebwch y cwestiynau:

i Faint o siaradwyr Cymraeg hoffai'r Llywodraeth eu gweld erbyn 2050?

j Pwy ysgrifennodd yr anthem genedlaethol?

l Ym mha flwyddyn oedd y Ddeddf Uno?

ll Sawl cainc sydd i'r Mabinogi?

m Beth oedd ystyr y tri gair yma? (3 marc)
   - ffowlyn
   - gwitiad
   - nawr

n Ydy hi'n bosibl astudio'r Gymraeg yn Siapan?

0–4 marc – Oeddech chi yn y gwersi?   **11–15 marc** – Gwych, bron yna!

5–10 marc – Ar y ffordd.   **16–20 marc** – Ardderchog, llongyfarchiadau!

3 Edrychwch ar y gosodiadau isod. Rhaid i chi ymateb i'r gosodiadau gyda phartner.

Shwmae! Aled ydw i a hoffwn i ddechrau busnes fy hun yma yng Nghaerdydd. Fodd bynnag, mae problem gyda fi! Ddylwn i gael polisi dwyieithog – ydy e'n syniad da?

Bore da! Fy enw i ydy Niamh. Bydda i'n symud o'r Preseli i Gaernarfon fis nesaf. Dw i'n poeni achos dw i ddim yn siŵr a fydd y Gymraeg yn wahanol. Oes cyngor gyda chi?

Iawn? Siôn dw i o'r Bala. Dw i angen 'chydig o gyngor plîs. Dw i eisiau gwella fy Nghymraeg a phrofi tipyn bach mwy o'r 'sîn' Cymraeg – pa apiau neu gerddoriaeth fedrwch chi awgrymu?

4 Gan ddefnyddio'r gwaith o'r uned, rhaid i chi recordio cyflwyniad yn ateb y cwestiwn 'Beth ydy Cymru i ni?'

Dylech chi gyfeirio at ffeithiau o Gymru:

- y gorffennol
- y presennol
- y dyfodol

1 Hamdden hwylus

Mynegi barn

Dw i'n hoffi *I like*	**Dw i ddim yn hoffi** *I don't like*
Dw i'n mwynhau *I enjoy*	**Dw i ddim yn mwynhau** *I don't enjoy*
Dw i'n dwlu ar *I love* (SW)	**Mae'n gas gyda fi** *I despise* (SW)
Dw i'n gwirioni ar *I love* (NW)	**Mae'n gas gen i** *I despise* (NW)
Dw i wrth fy modd yn *I'm in my element*	**Dw i'n casáu** *I hate*
	Dw i'n cytuno *I agree*
Mae'n well gyda fi *I prefer* (SW)	**Dw i ddim yn cytuno** *I don't agree*
Mae'n well gen i *I prefer* (NW)	**Dw i'n anghytuno** *I disagree*

Gramadeg

Look at where *yn* goes in the negative (*yn* = '*n*):

Dw i**'n**

Dw i ddim **yn**

Dw i**'n** hoffi mynd i'r sinema gyda ffrindiau ond dw i ddim **yn** hoffi gwneud gwaith cartref.

Gwallau cyffredin

✗ Dw i'n ddim yn

✓ Dw i ddim yn

1 Tasg amseru. Sawl brawddeg allwch chi ei chreu heb stopio? Er enghraifft:

Partner un: Dw i'n hoffi siopa. Dw i'n dwlu ar …

Partner dau: Stopiwch!

2 Beth ydych chi'n hoffi? Trafodwch gyda phartner, fel yn yr enghraifft isod:

Cwestiwn: Beth wyt ti'n ei hoffi?

Ateb: Dw i'n dwlu ar siopa gyda ffrindiau.

3 Gwrandewch ar y clip. Copïwch y tabl a rhowch ✓ neu ✗ ar beth mae Dylan a Gareth yn ei hoffii neu ddim yn ei hoffi.

	Dylan		Gareth	
	✓	✗	✓	✗
Chwarae rygbi				
Chwarae pêl-droed				
Siopa				
Nofio				
Rhedeg				

neithiwr *last night*

rwyt ti'n wallgof *you're mad*

weithiau *sometimes*

4 Ydych chi'n cytuno neu anghytuno gyda Gareth a Dylan? Trafodwch gyda phartner, fel yn yr enghraifft isod:

Cwestiwn: Wyt ti'n hoffi … fel Gareth/Dylan?

Ateb: Fel Gareth, dw i'n mwynhau chwarae gemau cyfrifiadur.

Cwestiwn: Mae Dylan/Gareth yn hoffi … Wyt ti'n cytuno?

Ateb: Ydw/Nac ydw. Dw i'n cytuno/anghytuno gyda …

ydw *yes (I do)*

nac ydw *no (I don't)*

5   Mae'n gas gyda Gareth siopa am fwyd. Ydych chi'n hoffi'r
     gweithgareddau yn y tabl isod? Rhowch ddau reswm am bob un.

ymlacio	gwylio	gwylio'r teledu	siopa	mynd i'r sinema	darllen	mynd allan gyda ffrindiau
chwarae gemau cyfrifiadur	chwarae pêl-droed	chwarae rygbi	chwarae pêl-rwyd	dawnsio	nofio	rhedeg

6   Defnyddiwch y groes/tic wrth ymyl y lluniau isod i'ch helpu chi i ddweud
     beth ydych chi'n ei hoffi neu ddim yn ei hoffi. Er enghraifft:

    ✗   Dw i ddim yn mwynhau dawnsio

a ✓   b ✗   c ✗   ch ✓

7   Rhaid i chi greu brawddegau llawn am beth ydych chi'n
     ei fwynhau neu ddim yn ei hoffi, i ennill O neu X yn erbyn eich partner.
     Er enghraifft:

    = Dw i'n mwynhau darllen = O / X ?

8   Gyda phwy ydych chi'n cytuno? Pam?

Dw i wrth fy modd yn nofio gyda ffrindiau.
Carys, 13 oed

Dw i'n mwynhau mynd i'r sinema. **Iolo, 13 oed**

Dw i ddim yn mwynhau siopa gyda mam. **Heledd, 12 oed**

Mae'n gas gen i chwarae gemau cyfrifiadur. **Hefin, 14 oed**

Dw i'n dwlu ar ddawnsio bob dydd gyda ffrindiau. **Megan, 15 oed**

9 Ysgrifennwch eich barn am:

   a   fynd i'r sinema

   b   pêl-droed

   c   gemau cyfrifiadur

   ch mynd allan efo ffrindiau

   d   rygbi

10 Trafodwch y proffiliau isod gyda phartner. Beth mae Khalid ac Amira yn ei hoffi, neu ddim yn ei hoffi?

Enw: Khalid
Oed: 13
Byw: Abersoch
Hoffi: chwarae rygbi, mynd i'r sinema gyda ffrindiau a nofio
Ddim yn hoffi: siopa, cerdded a darllen

Enw: Amira
Oed: 12
Byw: Aberteifi
Hoffi: ymlacio, gwylio'r teledu a dawnsio
Ddim yn hoffi: gwylio chwaraeon, gwaith ysgol a bwyta afalau

11 Darllenwch yr hysbyseb isod a siaradwch am beth rydych chi'n ei hoffi a ddim yn ei hoffi.

Croeso i Ganolfan Chwaraeon Eithafol Cymru

Ydych chi'n hoffi chwarae pêl-droed? Beth am **sorbio pêl-droed**?

Ydych chi'n mwynhau neidio? Beth am **neidio bynji**?

Rafftio dŵr gwyn? Dewch i Ganolfan Eithafol Cymru.

Mae'r **wifren wib** yn 400m o hyd!

Ydych chi'n hoffi reslo? Beth am **reslo mewn siwt sumo**?

**Dewch i Ganolfan Eithafol Cymru. Mae'n wych! Mae'n hwyl!
Pris: £20 am y dydd.**

Mae caffi gyda ni a gallwch chi brynu ffrwythau, pasta, brechdanau, sglodion, pitsa a diodydd fel dŵr, ysgytlaeth a sudd ffrwythau fel sudd afal.

Ffoniwch 067889283 am fwy o wybodaeth.

12   Tasgau estynedig.

EFYDD
 	
Rydych chi'n siarad ar radio yr ysgol yn cyflwyno'ch hunan ac yn sôn am beth rydych chi'n ei hoffi a ddim yn ei hoffi. Mae slot 90 eiliad gyda chi!
 	
Cofiwch gynnwys:
    cyfarchiad
    enw, oed, enw ysgol
    barn bositif wahanol
    barn negyddol wahanol
	You have a 90-second slot on the school radio to talk about your opinions, what you like and dislike.

ARIAN
 	
Mae'ch athro wedi gofyn i chi recordio sgwrs fel enghraifft i ddosbarth arall ar sut i siarad am beth rydych chi'n ei hoffi a ddim yn ei hoffi.
 	
Cofiwch gynnwys:
   ● dechrau priodol
   ● manylion personol
   ● o leiaf 2 gwestiwn
   ● barn bositif/negyddol wahanol
   ● pwyslais, e.e. 'bobl bach!'
   ● diwedd priodol
	Record a conversation to show another class how to discuss what you like and don't like.

AUR
 	
Rydych chi'n casglu gwybodaeth yn eich ardal yn darganfod barn pobl wahanol am chwaraeon gwahanol. Rydych chi'n gofyn sawl cwestiwn, derbyn atebion ac ymateb iddynt. Cofiwch gynnwys:
   ● dechrau priodol
   ● manylion personol
   ● o leiaf 4 cwestiwn am farn chwaraeon
   ● barn bositif/negyddol
   ● os ydych chi'n cytuno/anghytuno
   ● pwyslais, e.e. 'bobl bach!'
   ● diwedd priodol
	Collect information in your area to discover different people's opinions about sport.

2 Ysgol? S'dim byd gwell!

Cymharu a chyferbynnu

Edrychwch ar y mat iaith 'Ysgol' (ar-lein ar Boost).

1   Trafodwch y gosodiadau gyda phartner. Er enghraifft:

> Mae pynciau creadigol yn well na gwyddoniaeth. **Huw 12 oed**

> Dw i'n cytuno gyda Huw achos dw i'n mwynhau celf a dw i'n dwlu ar baentio. Wyt ti'n cytuno?

> Mae ieithoedd mor bwysig â dyniaethau. **Sara 13 oed**

> Mae darllen yn well nag ysgrifennu. **Amin 12 oed**

> Mae chwaraeon mor ddiflas â phynciau creadigol. **Carys 11 oed**

> Mae mathemateg yn waeth na gwyddoniaeth. **Maisha 14 oed**

2   a   Gwyliwch y clip fideo 'Pynciau ysgol'. Defnyddiwch y mat iaith 'Ysgol'.
         Pa bynciau allwch chi eu clywed yn y clip fideo?

     b   Dewiswch ddau o'r pynciau yn y clip fideo:
         • un rydych chi'n ei hoffi
         • un dydych chi ddim yn ei hoffi
         Siaradwch gyda phartner. Beth sy'n well gyda chi? Ydych chi'n cytuno?

     c   Gwyliwch y clip fideo eto. Copïwch y grid isod; ticiwch pwy sy'n dweud beth.

	Ffion	Gareth	Jenna
Hoff ddiwrnod ydy dydd Iau			
Barn am fathemateg			
Ddim yn hoffi mathemateg			
Mathemateg yn bwysig			
Sgiliau mathemateg yn bwysig			
Barn am hanes			
Hoffi technoleg, hanes a chwaraeon			
Ddim yn hoffi hanes			
Barn am gerddoriaeth			
Hoffi cerddoriaeth			
Ddim yn gallu canu			
Barn am chwaraeon			
Hoff bwnc ydy chwaraeon			
Cadw'n heini yn bwysig			

3   Trafodwch farn Ffion, Gareth a Jenna gyda phartner. Rhowch eich barn gyda rhesymau.
      Er enghraifft:

Dw i'n cytuno gyda Ffion achos mae hi'n hoffi …Wyt ti'n cytuno?

Wel, yn fy marn i …

Gramadeg

Modifying an adjective

rhy (*too*) / eitha (*quite*) / iawn (*very*):

Mae gwersi mathemateg yn **rhy** hir.

Mae Ffrangeg yn **eitha** heriol.

Mae hanes yn ddiddorol **iawn**.

4   Trafodwch y lluniau gyda phartner. Er enghraifft:

A bod yn onest, mae gwneud gwaith cartref yn well na gwylio'r teledu achos dw i'n mwynhau astudio gyda ffrindiau ac mae'n hwyl dros ben yn dysgu sgiliau newydd. Wyt ti'n cytuno?

a   rheolau   c   amser cinio

b   athrawon   ch   sgiliau ysgrifennu

5   Darllenwch y gosodiadau isod. Trafodwch: beth ydy'r pwysicaf?
      Er enghraifft:

Partner A: Yn fy marn i, 'Cinio ysgol ydy'r gorau' ydy'r pwysicaf.

Partner B: Dw i'n anghytuno. Cinio ysgol ydy'r gwaethaf! Y pwysicaf
               ydy 'dechrau ysgol am ddeg o'r gloch yn well na dechrau am
               naw o'r gloch'.

Partner A: Dw i'n cytuno. Nesaf, beth am 'mae athrawon
               yn well na ffrindiau'?

1 Mae dechrau ysgol am ddeg o'r gloch yn well na dechrau am naw o'r gloch.

2 Mae'n well gyda fi wersi hanner awr na gwersi awr.

3 Cinio ysgol ydy'r gorau.

4 Mae gwisg ysgol yn waeth na gwisgo jïns i'r ysgol.

5 Mae dysgu sgiliau newydd yn yr ysgol yn well na chwarae gemau fideo.

6 Rheolau ysgol ydy'r gwaethaf. Mae'n well gyda fi wneud beth dw i eisiau.

7 Mae gwersi ffiseg yn well na gwersi mathemateg.

8 Mae athrawon yn well na ffrindiau.

9 Mae banio ffonau symudol yn yr ysgol yn waeth na banio treinyrs.

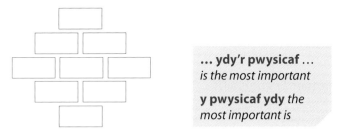

… ydy'r pwysicaf …
is the most important

y pwysicaf ydy *the most important is*

6 Gêm y dis: chwaraewch gyda phartner. Gweithiwch gyda'ch gilydd i gwblhau'r tasgau. Darllenwch y cyfarwyddiadau yn y grid isod, a roliwch y dis.

Er enghraifft:

Mae gormod o reolau yn yr ysgol fel dim gwisgo treinyrs. Yn fy marn i mae treinyrs yn gyfforddus ac yn smart.

⚀	Brawddeg bositif am ddysgu sgiliau newydd.	⚁	Siarad ieithoedd neu wyddoniaeth?
⚁	Brawddeg negyddol am reolau ysgol.	⚄	Barn a rheswm am ddysgu iaith newydd.
⚂	Barn a rheswm am ddysgu pynciau creadigol.	⚅	Gwisgo tracwisg neu wisg ysgol?

7 Trafodwch gyda phartner. Defnyddiwch frawddegau llawn.

Brechdanau	**neu** ginio ysgol?
Trip ysgol	**neu** wyliau gyda'r teulu?
Amser cinio am hanner awr	**neu** amser cinio am awr?
Ffonau yn yr ysgol	**neu** fanio ffonau yn yr ysgol?
Dysgu Ffrangeg	**neu** ddysgu Sbaeneg?

8 Bywyd ysgol yn Siapan. Edrychwch ar y graff isod.

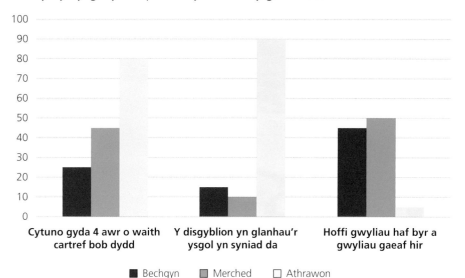

Bechgyn   Merched   Athrawon

Edrychwch ar y mat iaith 'Cymharu' (ar-lein ar Boost).

a Siaradwch am beth rydych chi'n ei weld yn y graff.

b Gyda phwy rydych chi'n cytuno? Dylech chi sôn am bob elfen o'r graff.

Er enghraifft:

> Yn y graff, mae 45% o ferched Siapan yn cytuno gyda phedair awr o waith cartref bob dydd ond mae 25% o fechgyn Siapan yn cytuno gyda phedair awr o waith cartref bob dydd. Dw i'n cytuno gyda'r merched achos dw i'n dwlu ar waith cartref. Mae'n well gen i wneud gwaith cartref na gwylio'r teledu.

9 Mae 80% o athrawon yn cytuno gyda phedair awr o waith cartref bob dydd.
   • Ydych chi'n cytuno?
   • Rhowch ddau reswm.

10 a Rydych chi a'ch partner yn byw yn Siapan. Rydych chi'n siarad am beth rydych chi'n ei hoffi a beth dydych chi ddim yn ei hoffi am yr ysgol yn Siapan.

Yn Siapan, mae pobl ifanc yn:	Yng Nghymru, mae pobl ifanc yn:
• aros yn yr un dosbarth	• symud o ddosbarth i ddosbarth
• gwisgo 'sliperi' yn yr ysgol	• gwisgo treinyrs/esgidiau i'r ysgol
• bwyta cinio yn y dosbarth	• bwyta cinio yn y cantîn
• cael dril daeargryn	• cael dril tân
• glanhau'r dosbarth ar ddiwedd y dydd	• dibynnu ar bobl eraill i lanhau'r ysgol
• mynd i glybiau bob dydd ar ôl ysgol	• mynd i glybiau chwaraeon weithiau
• gwneud 3 neu 4 awr o waith cartref bob dydd.	• gwneud peth gwaith cartref bob dydd.

b   Newidiwch bartner. Mae disgybl o Siapan yn cwrdd â disgybl o Gymru. Siaradwch am yr ysgolion gwahanol. Beth ydych chi'n ei feddwl o'ch ysgolion?

c   Tasgau estynedig. Rydych chi'n gwneud gwaith prosiect yn cymharu ysgolion Cymru gydag ysgolion Siapan. Beth sy'n well – ysgol yn Siapan neu ysgol yng Nghymru? Trafodwch gyda'ch grŵp beth rydych chi'n ei hoffi a ddim yn ei hoffi am ysgolion yn Siapan a Chymru.

> Mae ysgol yn Siapan yn well nag ysgol yng Nghymru achos mae pobl ifanc yn … Wyt ti'n cytuno?

Er enghraifft:

EFYDD Beth sy'n debyg a beth sy'n wahanol rhwng ysgolion yng Nghymru (person 1), yn Ffrainc (person 2) ac yn Sbaen (person 3)? Recordiwch eich gwybodaeth fel grŵp ar gyfer y dosbarth. Cofiwch gynnwys: 　　o leiaf 3 ffaith yr un 　　eich ymchwil 　　o leiaf 3 barn 　　o leiaf 2 gymhariaeth	*Discuss what is similar and what is different between schools in Wales (person 1), France (person 2) and Spain (person 3).*
ARIAN Mae ysgolion yn wahanol … ond ble? Fel grŵp, chwiliwch am beth sy'n debyg a beth sy'n wahanol rhwng ysgolion yng Nghymru (person 1), yn Awstralia (person 2) ac yn Seland Newydd (person 3). Trafodwch eich gwybodaeth fel grŵp. Cofiwch gynnwys: 　　o leiaf 4 ffaith yr un 　　eich ymchwil 　　o leiaf 4 barn 　　o leiaf 3 cymhariaeth 　　1 cwestiwn rhethregol	*As a group, find out what is different between schools in Wales (person 1), Australia (person 2) and New Zealand (person 3).*
AUR Mae prosiect Erasmus wedi gofyn i chi i ymchwilio ysgolion yng Nghymru (person 1), yn Hwngari (person 2) ac yn Slofacia (person 3). Beth sy'n debyg a beth sy'n wahanol? Recordiwch eich sgwrs ar gyfer y prosiect. Cofiwch gynnwys: 　　o leiaf 5 ffaith yr un 　　eich ymchwil 　　o leiaf 5 barn 　　barn bositif/negyddol 　　o leiaf 4 cymhariaeth 　　2 gwestiwn rhethregol 　　casgliad	*Research schools in Wales (person 1), schools in Hungary (person 2) and schools in Slovakia (person 3).*

3 Y 'bobl' bwysig

Disgrifio

1 Edrychwch ar y lluniau ar yr ochr ac yna darllenwch y swigod isod.

  a Pwy ydy pwy? Ysgrifennwch enw wrth y swigen.

  b Cyfieithwch y brawddegau isod i'r Gymraeg.

  c Meddyliwch am swydd addas i'r bobl. Dewiswch o'r rhestr:

- ffrind annwyl
- actores gomedi
- gofalwr
- awdur

  ch Meddyliwch am swyddi eraill i'r bobl.

> Elle est bert iawn. Mae cheveux hir gyda hi ac elle a les yeux glas. Mae personoliaeth hyfryd gyda hi, mae hi'n gymeriad et demi. Mae hi wastad yn sourire.

> Il est très tal. Il a gwallt brun sy'n assez byr. Dw i'n meddwl ei fod e'n homme très arbennig achos il est gentil iawn.

> Mae e'n minuscule avec gwallt golau ac yn hoffi jouer gyda Sioned. Mae e'n gymeriad ac mae ma mère yn meddwl ei fod e'n amusant iawn. Il aime bisgedi.

> Mae e wedi dysgu llawer am y byd. Mae e'n eitha byr. Mae barbe grise gyda fe. À mon avis, il est ysbrydoledig parce que mae e'n gwybod beaucoup am lawer et mae e'n très ddychmygus.

Carwyn

Sioned

Geraint

Rocco

2 Defnyddiwch ddis i drafod y cwestiynau isod. Rydych chi'n ennill pwyntiau am ofyn ac ateb cwestiwn. Dewiswch liw.

- pinc: cyfieithu
- glas: gwella
- melyn: ateb cwestiwn

1 He's got black hair.	**2** She likes helping others.
3 He isn't very tall.	**4** She's got an amazing personality.
5 I think that he is very kind.	**6** Mam thinks that she is crazy.
1 Mae e'n hoffi chwaraeon.	**2** Mae llygaid glas gyda fe.
3 Mae hi'n oriog.	**4** Dw i'n meddwl bod Elis yn gystadleuol.
5 Mae meddwl creadigol gyda hi.	**6** Dydy e ddim yn gwenu llawer.
1 Beth mae e'n ei hoffi?	**2** Pa fath o berson ydy e / hi?
3 Beth ydy dy farn di amdano fe / amdani hi?	**4** Ydy e'n / hi'n ysbrydoli eraill?
5 Sut mae e'n / hi'n edrych?	**6** Oes (llygaid brown) gyda fe / hi?

Sut i wella

Beth am ychwanegu cymhariaeth?

Mae llygaid glas gyda hi fel y môr ar ddiwrnod braf.

Beth am roi rheswm?

Achos ...

Beth am idiom?

Bob amser ...

3 Edrychwch ar y lluniau. Mewn grwpiau, ydych chi'n gallu disgrifio'r bobl? Defnyddiwch y rhestr ar dudalen 72 i ennill marciau.

1

2

3

4  5  6

Casglwch bwyntiau gyda'r cynnwys isod:

Gwallt a llygaid	2
Taldra	1
Personoliaeth / cymeriad	2
Swydd	1
Barn	2
Hoffi / ddim yn hoffi	1
Hoffi / casáu bwyd	1

Casglwch bwyntiau gyda'r iaith isod:

Brawddeg gadarnhaol	1
Brawddeg negyddol	1
Idiom	2
Cysylltair	1
Ansoddeiriau ansbaradigaethus	1
Cymhariaeth	2
Amser gwahanol y ferf	2

Sawl pwynt ydych chi wedi ennill?

4 a   Defnyddiwch y mat iaith 'Pobl' (ar Icin ar Boost) i drafod eich teulu chi.

    b   Gwnewch fap meddwl gyda chwestiynau defnyddiol a geirfa i helpu creu sgwrs.

5   Edrychwch ar y grid isod.

Enw	Oed	Byw	Swydd rhan-amser	Hobïau
Dyfan	23	Aberystwyth	Achubwr bywyd yn y pwll nofio lleol	Nofio a seiclo
Elinor	21	Llanelli	Gweithio mewn noddfa anifeiliaid	Canu'r piano
Betsan	19	Caerdydd	Gweini mewn caffi yng nghanol y ddinas	Celf a chrefft
Rhys	23	Abertawe	Prentis adeiladu gyda Dad	Syrffio

a   Cywir neu anghywir?

Gosodiad	Cywir	Anghywir
1 Betsan ydy'r ifanca.		
2 Mae Dyfan yn iau nag Elinor.		
3 Mae pawb yn byw yn y de ond Dyfan.		
4 Dydy Dyfan ddim yn gweithio yn Aberystwyth.		
5 Mae'n well gyda Betsan arlunio na chwaraeon dŵr.		

b   Gyda phwy hoffech chi fod yn ffrindiau, a pham?

c   Ydych chi'n debyg i un o'r pedwar person yn y grid?

Dyma fy athrawes, Mrs Williams. Mae hi'n dysgu ieithoedd.
Hoff iaith Mrs Williams ydy Ffrangeg. Mae hi'n gallu siarad
pum iaith. Ei thaldra ydy pum troedfedd, pedair modfedd.
Mae ganddi wallt coch cyrliog a llygaid brown.

Dw i'n meddwl ei bod hi mor ddoniol. Mae ganddi
bersonoliaeth hyfryd - dw i'n hoffi siarad â Mrs Williams.
Mae Mrs Williams yn hoffi pobi cacennau a mynd am dro
ddwywaith y dydd gyda'r ci, Buttons.

Cockapoo brown ydy Buttons. Mae hi'n ddeg mis oed,
yn ifanc iawn. Mae hi'n cysgu mewn basged yn y gegin
ac yn bwyta bisgedi ci ond mae hi'n hoffi cig hefyd.
Weithiau, mae hi'n trio bwyta esgidiau Mr Williams.
Dydy hi ddim yn hoffi mynd at y milfeddyg. Mae
Buttons yn hoffi rhedeg a chwarae pêl ar y cae.

6   Darllenwch y paragraffau yn uchel i ffrind (e.e. Megan). Chi ydy'r athrawes. Rhowch adborth.
✓ wedi cynnwys
☆ angen gwella
Er enghraifft:

Ydy Megan wedi:	
Darllen yn glir?	✓✓☆☆
Ynganu yn dda?	✓✓☆
Cynnal diddordeb?	✓✓☆
Amrywio tôn llais?	✓☆☆
Defnyddio'r atalnodi?	✓✓✓

7 Mae llawer o anifeiliaid anwes yn y noddfa anifeiliaid. Rhaid i chi:

  a ddewis anifail

  b cyflwyno'r anifail ar wefan y noddfa

  c gofyn am berson i fabwysiadu'r anifail

mabwysiadu *(to) adopt*

eisiau *(to) want*

angen *(to) need*

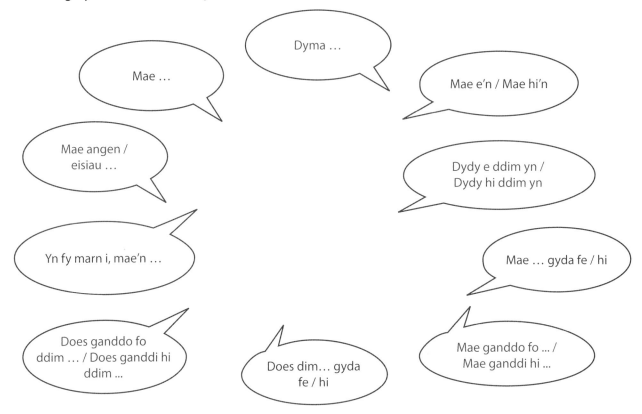

Pethau i ystyried:

- Oes gardd? Oes digon o le?
- Oes plant yn y cartref?
- Sut fath o gartref sydd eisiau? Ble maen nhw'n byw, e.e. fflat, tŷ, fferm?

8 Gwrandewch ar y bobl yn siarad am arwyr. Copïwch y grid yn eich llyfrau. Llenwch y grid gyda'r wybodaeth gywir.

Enw'r arwr	Perthynas	Pwyntiau da

Dewiswch un disgrifiad. Ydych chi'n gallu gwella'r paragraff? Beth am ychwanegu:

- idiomau
- brawddegau negyddol
- ansoddeiriau ansbaradigaethus?

9   a   Beth ydy 'arwr' yn eich barn chi? Trafodwch.

      b   Beth ydy'ch syniadau pwysicach? Gwnewch siart deiamwnt 9.

10   Mae S4C yn cyflwyno sioe newydd yn rhannu arwyr Cymru. Maen nhw'n edrych am enillydd. Mae gyda chi un funud i gyflwyno'ch arwr. Rydych chi eisiau i'ch arwr ennill y gystadleuaeth.

Meddyliwch am:

- Pwy ydy e/hi?
- Pam mae'n bwysig i chi?
- Pam mae'n haeddu ennill?
- Pa fath o berson ydy e/hi?

> **cyflwyno** *(to) introduce*
>
> **rhannu** *(to) share*
>
> **enillydd** *winner*
>
> **cystadleuaeth** *competition*
>
> **haeddu** *(to) deserve*

11   Nawr, mae eich arwr wedi llwyddo i gael lle yn y rownd nesa. Yn y rownd yma, mae angen llythyr i enwebu'ch arwr. Ysgrifennwch lythyr cais yn enwebu eich arwr. Rhaid i chi ddweud:

- pwy ydych chi a pham ydych chi'n ysgrifennu
- manylion y person (e.e. enw, oed, teulu)
- disgrifiad o'r person
- pwyntiau da am y person
- beth ydy diddordebau eich arwr / beth mae'n ei hoffi

4 Ble ydw i?

Cyfarwyddiadau

1   Darllenwch y pum brawddeg. Cywirwch y camgymeriadau.

Cymraeg yn y dosbarth

- Ga i **mynd** i'r tŷ bach?
- **Darllennwch** y stori.
- Dewch i **fewn**.
- Ble **mae** llyfr?
- **Ysgrifenna** yn Gymraeg

Gramadeg

Note the difference between singular and plural commands:

Eisteddwch, Flwyddyn 7!   Eistedda, Samad!

Darllenwch, bawb!   Darllena, Rhian!

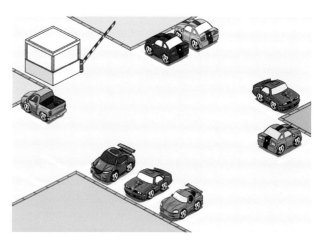

2   Edrychwch ar y map ac esboniwch ble mae'r ceir gwahanol.

Er enghraifft:

Partner 1   Ble mae'r car mawr coch?

Partner 2   Mae'r car mawr coch gyferbyn â'r car bach glas.

3   Gwyliwch y clip fideo 'Taith i'r dref'. Copïwch y grid isod. Ticiwch pwy sy'n dweud beth.

	Ella	Lois	Cefin
Parti			
Parti Jac mewn tŷ bwyta			
Parti Jac yn well na pharti nofio			
Barn am y tŷ bwyta?			
Bwyd yn flasus			
Dewis da ar y fwydlen			
Ble?			
Rhaid mynd ar y bws i'r parti			
Troi i'r chwith wrth y sinema			
Tŷ bwyta Todaro ar y dde, gyferbyn â Becws Blod			
Barn am Becws Blod?			
Hoff le mam-gu Ella			

4   Gwyliwch y clip fideo eto.
    Defnyddiwch y map a dilynwch
    gyfarwyddiadau Ella.

5   Ble mae eich hoff le chi? Pam?

6   Rydych chi wedi bod yn nofio
    a nawr rydych chi eisiau siopa.
    Gofynnwch i'ch partner 'Ble
    mae …?'

    Er enghraifft:

    Partner A: Dw i eisiau prynu crys
                  pêl-droed newydd.
                  Ble mae'r siop
                  chwaraeon?

    Partner B: Dw i'n gwybod! Mae
                  siop chwaraeon
                  hyfryd yn y dre.

7   Ffoniwch eich ffrind i gwrdd ger y
    siop sglodion.

    •   Mae partner un ar bwys y
        sinema.

    •   Mae partner dau ar bwys Becws
        Blod.

8   Tasgau estynedig.

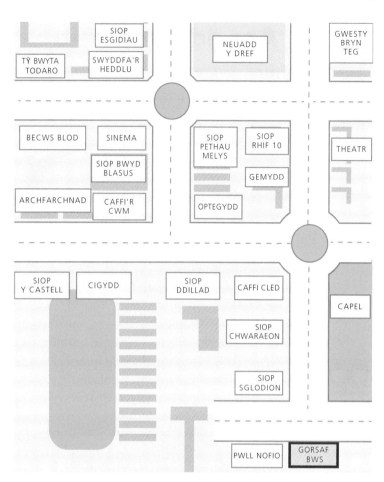

EFYDD	You are telling your new friend in school where the toilet is, but hurry!
Rydych chi'n dweud wrth ffrind newydd yn yr ysgol ble mae'r tŷ bach ond brysiwch! Mae amser brêc wedi gorffen! Cofiwch gynnwys: cyfarwyddiadau manwl	
ARIAN	Your friend has to take a message from the Welsh teacher to the biology teacher.
Mae'n rhaid i'ch ffrind fynd â neges oddi wrth eich athro Cymraeg at yr athro bioleg. Gofynnwch am help. Partner A = chi; Partner B = ffrind. Cofiwch gynnwys: ● cyfarchiad ● esboniad wrth yr athro arall ble rydych chi'n mynd ● cyfarwyddiadau	
AUR	You have to take lots of messages from the Welsh teacher. The deputy headteacher stops you!
Mae problem gyda'r ffonau yn yr ysgol felly mae'n rhaid i chi fynd â nifer o negeseuon oddi wrth eich athro Cymraeg. Mae'r dirprwy yn eich stopio! Partner A = disgybl; Partner B = dirprwy. Cofiwch gynnwys: ● cyfarchiad ● cwestiwn ● esboniad ble rydych chi'n mynd ● cyfarwyddiadau	

5 Am ddewisiadau

Trefnu

1 a Darllenwch y poster. Mae'ch partner yn trefnu'r disgo ond mae problem gyda'r poster. Rydych chi eisiau gwybod mwy am y disgo. Gofynnwch i'ch partner am fwy o wybodaeth.

Dathlwch gyda ni!

▬ Disgo Santes Dwynwen
▬ Ionawr 25
▬ Neuadd Ysgol
▬ £2 y person
Ebostiwch missg@gmail.com am fwy o fanylion

Gramadeg

Conditional tense

Hoffen ni fynd i America.

Gallen ni drefnu parti hwyl a sbri.

Dylen ni ofyn cwestiwn am y parti.

Basen ni'n mwynhau mynd gyda ffrindiau.

   b Nawr rydych chi'n gwybod mwy am y disgo. Siaradwch gyda phartner am fynd i'r disgo. Rhaid trefnu, e.e.

   • faint o'r gloch
   • gwisgo beth
   • dod adre sut
   • cwrdd ble
   • gorffen am faint o'r gloch

2 Rydych chi'n trefnu trip diwedd tymor i Flwyddyn 7 ar gyfer eich Bagloriaeth Cymreig. Rydych chi wedi casglu gwybodaeth o Flwyddyn 7 yn barod a dyma beth rydych chi'n ei wybod:

Sawl blwyddyn 7?	Diddordebau blwyddyn 7
100 merch, 120 bachgen	Reidiau (58%)
Eisiau gwario faint?	Canolfan ddringo (59%)
£10 y pen	Siopa (35%)
	Sinema (23%)
	Nofio (43%)

   a Darllenwch yr hysbysebion isod.
   b Siaradwch gyda phartner am y lle gorau i Flwyddyn 7 gan ddewis un o'r lleoedd canlynol. Ble fyddwch chi'n trefnu? Pam?

Y Rhyl ydy'r lle i chi!

Mae digon o siopau yn y dref, neu beth am y traeth?

Hoffi nofio? Nofiwch yn y môr am ddim!

Hoffi hufen iâ? Mae llawer o ddewis ar gael!

Hoffi reidiau? Y ffair ydy'r lle i chi. £3 y reid.

Canolfan Antur, Caerfyrddin

Am £12 y person gallwch chi:

● ddringo yn y goedwig
● nofio mewn pwll nofio twym
● mwynhau saethyddiaeth
● saethu yn y ganolfan laser.

Ffoniwch 01267 987654 am fwy o fanylion.

Dewch i Ynys y Barri!

Am le i nofio, bwyta sglodion, mwynhau'r traeth a mwynhau reidiau.

Mae popeth yn Ynys y Barri.

Am £10 gallwch chi fwynhau pob reid ym mharc Ynys y Barri.

3   Darllenwch y poster a chywirwch y camgymeriadau:

Teitl: Trip i EuroDisney

Pam: i **dathlu** Dydd Gŵyl Dewi

Gyda phwy: Menter Iaith Blaenau Gwent

Pryd: **mawrth** 1–3

Faint o'r gloch: Bws am 7 **or** gloch y bore tu allan i 'Sglods'

Pris: £150 (tocyn i EuroDisney, gwesty a'r bws)

Ebostwch Hannah erbyn Mehefin 12 – hannah@miblaenaugwent.com

Dewch gyda ni i **dathlu** Dydd Gŵyl Dewi yn EuroDisney.

Bydd yn hwyl.

4   Siaradwch gyda phartner am y trip EuroDisney.
   • Ydy'r trip yn syniad da? Pam?
   • Hoffech chi fynd? Pam?
   Gallech chi drafod manylion fel ble, pryd a beth er enghraifft.

5   a   Darllenwch yr ebost.

Wrth: mrhuws@ysgolcwmglas.com

At: ben@blwyddyn9ygc.com

Am: Ffair Nadolig

Helo!

Diolch am yr ebost. Newyddion da! Dw i'n hapus iawn gyda gwaith Blwyddyn 9 eleni felly gallwch chi drefnu ffair Nadolig i bawb ym mis Rhagfyr. Yn y ffair Nadolig, gallwch chi gael stondinau bwyd, stondinau crefft a stondinau gemau. Gallwch chi gael cerddoriaeth hefyd, neu beth am gael côr yr ysgol i ganu? Bydd neuadd yr ysgol ar gael bob dydd ym mis Rhagfyr felly dewiswch ddiwrnod addas.

Rydych chi eisiau codi llawer o arian achos byddwn ni'n defnyddio'r arian i drefnu trip i Flwyddyn 9 ar ddiwedd y flwyddyn. Hoffwn i weld eich syniadau felly ebostiwch fi erbyn Hydref 10.

Cofion,

Mr Huws

Pennaeth Ysgol Cwm Glas

b   Rydych chi'n trefnu ffair Nadolig i bawb. Trafodwch beth hoffech chi ei gael, ond cofiwch beth mae Mr Huws yn ei ddweud yn ei ebost a chofiwch hefyd am y grid isod.

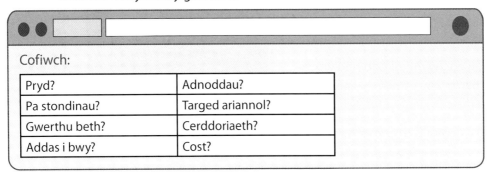

Cofiwch:

Pryd?	Adnoddau?
Pa stondinau?	Targed ariannol?
Gwerthu beth?	Cerddoriaeth?
Addas i bwy?	Cost?

6   Gwyliwch y clip fideo 'Taith fythgofiadwy'. Copïwch a llenwch y grid gyda beth mae Rob a Sara yn ei ddweud.

Trip ble?	Barn am y bwyd?	Gwneud beth?	Barn?	Hoff beth Rob?

cyd-weithio *(to) work together*

ffosydd *trenches*

milwyr *soldiers*

Rhyfel Byd Cyntaf *First World War*

beddau *graves*

profiad ysgytwol *a moving experience*

cymeriadau *characters*

7   Gwyliwch y clip fideo eto. Copïwch y grid isod. Ticiwch gywir neu anghywir.

Gosodiad	Cywir	Anghywir
1 Cafodd Rob amser gwych.		
2 Mae Sara yn anturus gyda'i bwyd.		
3 Dysgon nhw am fywyd yn y ffosydd.		
4 Maen nhw'n dysgu am yr Ail Ryfel Byd yn yr ysgol.		
5 Defnyddiodd Sara ei sgiliau iaith ar y trip.		

a   Mae Rob yn dweud bod tripiau ysgol yn bwysig. Ydych chi'n cytuno? Rhowch ddau reswm.

b   Rydych chi'n siarad gyda Rob a Sara am y trip achos hoffech chi fynd.

Partner un – Rob/Sara

Partner dau – chi

Cofiwch! !

Ble / Pryd / Sut / Gyda phwy est ti?

Faint oedd y gost?

Beth wnest ti?

Beth fwynheuaist ti?

Hoffet ti fynd eto?

8   Ar ôl gwylio'r clip gyda Rob a Sara yn siarad am eu trip i Ffrainc, rydych chi eisiau trefnu trip tebyg gyda'r adran hanes. Trafodwch eich syniadau ar fynd i Ffrainc gyda'ch athro hanes.

Partner A = athro

Partner B = chi

9   Tasgau estynedig.

EFYDD
 	
Rydych chi'n cynllunio hysbyseb trip ysgol ar gyfer sianel YouTube yr ysgol. Rhaid i chi drafod eich syniadau gyda'ch grŵp.
 	
Cofiwch gynnwys:
    ble mae'r trip
    faint mae'n ei gostio
    pryd mae'r trip
    barn
    casgliad
	Plan an advert for a school trip for the school's YouTube channel.

ARIAN Mae'r Criw Cymraeg wedi ennill gwobr o £500. Rhaid i chi drafod sut rydych chi'n mynd i wario'r arian. Cofiwch gynnwys: ● dechrau priodol ● barn ● ble/pryd/costio ● casgliad ● diwedd priodol	*The Criw Cymraeg has won a prize of £500. Discuss how you are going to spend the money.*
AUR Rydych chi ar gyngor ysgol sy'n gyfrifol am drefnu syrpréis i Flwyddyn 9. Mae dewis gyda chi rhwng gwestai arbennig neu drip ysgol. Rhaid i chi drafod eich syniadau a dod i gasgliad. Cofiwch gynnwys: ● dechrau priodol ● barn am y 2 opsiwn ● ble/pryd/costio ● trafodaeth ar y 2 opsiwn ● casgliad ● diwedd priodol	*You are on the school council who is responsible for organising a surprise for Year 9. You have a choice between a special guest or a trip.*

6 Taclo technoleg

Cwestiynu

Edrychwch ar y mat iaith 'Cwestiynu' (ar-lein ar Boost)

1 Dyfalwch beth mae'ch partner yn mynd i'w ddweud.

Partner un: dewiswch air o focs 1

Partner dau: dyfalwch beth sydd nesaf o focs 2 a 3

Bocs 1
Beth
Pryd
Hoffet ti
Wnest ti
Pam

→

Bocs 2
wyt ti'n
faset ti'n
nofio
ddawnsio
siopa

→

Bocs 3
gyda ffrindiau?
chwarae rygbi?
ar y penwythnos?
hoffi?
bob amser?

Cofiwch!

Mae sawl ffordd i ddefnyddio 'sut':

Sut wyt ti?   Sut mae'r tywydd?   Sut fath o berson ydy hi?

---

2 a Meddyliwch am gwestiynau ar gyfer y llun. Er enghraifft:

- Hoffet ti ddawnsio fel fy hen nain?
- Wyt ti wedi gweld Anti Blod yn dawnsio ger y caffi?

b Dewiswch dri llun. Meddyliwch am ddau gwestiwn hoffech chi eu gofyn ar gyfer bob llun.

Baban yn darllen

Deinosor yn y parc

Dyn ar y lleuad

Dyn yn chwerthin

3   Rydych chi'n gweld llun o ffôn newydd. Rydych chi eisiau prynu'r ffôn newydd. Rydych chi'n mynd i'r siop gyda sawl cwestiwn.

Gyda'ch partner, meddyliwch am eich cwestiynau. Rydych chi eisiau gwybod am:

- y pris
- camera
- batri
- lliw
- apiau a gemau

4   Oes rhaid cael y ffôn diweddaraf bob tro?

Rydych chi eisiau gwybod mwy am ffôn eich partner. Cymharwch eich ffôn chi gyda ffôn eich partner.

5   Rydych chi'n creu hysbyseb radio ar gyfer ffôn newydd. Mae 45 eiliad gyda chi i hysbysebu. Defnyddiwch gwestiynau rhethregol wrth hysbysebu'r ffôn newydd.

Er enghraifft:

- Hoffech chi ffôn newydd?

6   Gwyliwch y clip fideo 'Y bobl dw i'n eu hedmygu'.

Dewiswch yr atebion cywir:

a   Mae llawer o fy ffrindiau yn edmygu pobl fel Ed Sheeran am ei fod yn
   i   gallu coginio   ii   gallu canu offerynnau   iii   awdur

b   Sefydlodd Bill Gates Microsoft pan oedd yn
   i   ifanc   ii   hen   iii   blentyn

c   Mae Bill Gates yn meddwl am
   i   ei hunan yn unig   ii   eraill   iii   ei ffrindiau yn unig

ch Amelia Earhart oedd y ferch gyntaf i
   i   nofio yn yr Atlantic   ii   hwylio dros yr Atlantic   iii   hedfan dros yr Atlantic

d   Mae Amelia Earhart wedi dangos bod merched yn gallu
   i   gwneud unrhyw beth   ii   astudio unrhyw beth   iii   dweud unrhyw beth

dd Mae'r gweithwyr allweddol wedi
   i   gweithio nawr ac yn y man   ii   gweithio'n galed   iii   gweithio weithiau

sefydlodd *established*

ffroenuchel *stuck-up*

gwneud gwahaniaeth *(to) make a difference*

hedfan *(to) fly*

penderfynol (yn benderfynol) *determined*

amgylchiadau anodd *difficult conditions*

7 Pa gwestiynau fasech chi'n eu gofyn i Bill Gates, Amelia Earhart neu un o'r gweithwyr allweddol? Dewiswch UN o'r bobl rydych chi'n eu cyfweld.

Gallwch chi ofyn:

- dau gwestiwn am y teulu / bywyd y cartref
- dau gwestiwn am y gwaith / swydd
- dau gwestiwn am eu gobeithion i'r dyfodol

Partner un = cyfwelydd

Partner dau = Bill Gates, Amelia Earhart neu un o'r gweithwyr allweddol.

8 Dewiswch berson enwog o Gymru.

Mae'n rhaid i'ch partner ddyfalu pwy ydych chi gan ofyn cwestiynau.

9 Darllenwch yr hysbyseb isod, ac ysgrifennwch gais.

Hoffech chi gystadlu?

Hoffech chi ennill y cyfle i gwrdd â pherson enwog?

Ysgrifennwch rhwng 120 a 150 o eiriau yn ateb y cwestiwn:

'Hoffech chi gwrdd â phwy? Pam?'

Bydd yr enillydd yn rhoi rhesymau dros y person o'i ddewis.

Pob lwc!

10 Rydych chi'n recriwtio person enwog ar gyfer eich sioe o'r enw *O Dan Bwysau!*.

Rydych chi eisiau recriwtio person enwog sy'n anturus, llawer o hwyl, yn hoffi chwaraeon eithafol ac yn hoffi her.

a   Fel grŵp, meddyliwch am o leiaf pum cwestiwn ar gyfer y bobl enwog.

b   Meddyliwch am eich atebion diddorol.

c   Rhannwch eich syniadau gyda'r dosbarth

O DAN BWYSAU!

Sorbio

Gwifren wib

Bwyta pryfed

Hoffech chi antur? Allech chi fyw yn y jyngl am fis?
Fasech chi'n bwyta unrhyw beth?
Cysylltwch â ni am fwy o fanylion!
Ebostiwch: sdr@jyngl.com

ch   Rydych chi'n barod i gyfweld eich pobl enwog. Pwy ydych chi'n mynd i'w recriwtio?

Person un: y cyfwelydd   Person dau: person enwog   Person tri: person enwog

Fydd y cyhoedd yn mwynhau eich gwylio chi yn y jyngl?

Yn bendant. Dw i'n boblogaidd iawn fel actor ac mae miloedd o ddilynwyr gyda fi. Bydda i'n barod am yr heriau i gyd ac yn fwy na hapus i flasu bwydydd rhyfedd a mentro ar chwaraeon eithafol o bob math. Bydda i'n berffaith i'r rhaglen hon.

11   Mae eich ffrind yn fusneslyd iawn ac mae e/hi eisiau gwybod mwy am eich penwythnos!

Gallwch chi ddefnyddio'r cwestiynau canlynol i'ch helpu chi. Cofiwch ddefnyddio'r amser gorffennol.

Er enghraifft: Ble est ti?

Ble?	Pryd?	Gyda phwy?	Beth?	Gwylio?	Gweld?

12 Darllenwch y pennawd isod. Rhaid i chi wneud gwaith ditectif.

Car ar dân yn y Caws Mawr

2 berson ifanc yn rhedeg i ffwrdd.   Yr heddlu yn chwilio am dystion.
Allwch chi helpu?

Eich rôl yn y grŵp:

euog *guilty*

yn unigol *individually*

darganfod *(to) discover*

a   Person un: heddlu
   i   Mae'n rhaid i chi ofyn cwestiynau i ddarganfod y gwir.
   ii   Mae'n rhaid i chi holi person dau a thri yn UNIGOL.
   iii Mae'n rhaid i chi benderfynu pwy sy'n euog.

b   Person dau a thri: roeddech chi yn y Caws Mawr gyda'ch gilydd.
   i   Mae'n rhaid i chi greu alibi gyda'ch gilydd.
   ii   Mae'n rhaid i chi ateb cwestiynau'r heddlu yn UNIGOL.
   iii OND … ydych chi'n cofio'r wybodaeth heb eich nodiadau?

Stori person A a B

13 Chi ydy'r barnwr. Rydych chi'n cyflwyno'r person euog i'ch grŵp.
   Mae rôl bwysig gyda chi. Mae'n rhaid i chi sicrhau bod y cwestiynau yn addas.

a   Yn y grŵp, dewiswch eich rôl fel un o'r cymeriadau yma:
   •   rheolwr stondin yn y sioe
   •   gweithiwr Caws Mawr
   •   pennaeth yr ysgol gynradd leol
   •   nyrs
   •   person ifanc (yn y sioe gyda ffrindiau)
   •   rhiant plentyn bach
   •   rheolwr maes parcio'r sioe

b   Pwy sy'n euog?
   i   Cyflwynwch eich person euog i'r dosbarth.
   ii   Bydd y grŵp yn gofyn cwestiynau.
   iii Bydd y grŵp yn penderfynu a ydy'r person yn euog.

14   Tasgau estynedig.

EFYDD
 	
Rydych chi'n cyfweld â'ch arwr ar gyfer eich sianel YouTube ond mae 90 eiliad gyda chi i siarad.
 	
Cofiwch:
    gynnwys o leiaf 3 chwestiwn personol
    cynnwys o leiaf 2 gwestiwn barn
    cynnwys o leiaf 1 cwestiwn amser gorffennol
	You are interviewing your hero for your YouTube channel but you only have 90 seconds to speak.

ARIAN Mae'n rhaid i chi gyfweld â phobl am eu hobïau ar gyfer eich gwaith Bagloriaeth Cymreig. Cymerwch dro i ofyn ac ateb y cwestiynau. Cofiwch: ● gynnwys o leiaf 4 cwestiwn personol ● cynnwys o leiaf 3 chwestiwn barn ● cynnwys o leiaf 2 gwestiwn gorffennol ● cynnwys o leiaf 1 cwestiwn amodol	*You have to interview people about their hobbies for your Welsh Bacc work.*
AUR Rydych chi ar y panel cyfweliad er mwyn cael prifathro newydd. Cymerwch dro i fod ar y panel / fod yn brifathro. Cofiwch: ● ddechrau yn briodol ● cynnwys o leiaf 4 cwestiwn personol ● cynnwys o leiaf 4 cwestiwn barn ● cynnwys o leiaf 3 chwestiwn gorffennol ● cynnwys o leiaf 2 gwestiwn amodol ● gorffen yn briodol	*You are on the interview panel for a new headteacher. Take it in turns to be on the panel / be the headtacher.*

7 Mae llygredd yn lladd

Dehongli

1 Cysylltwch y Saesneg â'r Gymraeg.

1 as well as this
2 he can
3 she can't
4 in my opinion
5 I think that … is …
6 according to
7 perhaps
8 … is a problem
9 on the other hand
10 there isn't/aren't
11 I believe that … is …
12 I agree with …
13 … isn't a problem
14 also

Yn fy marn i,	Dw i'n credu bod
Yn ôl …	Yn ogystal â hyn
Mae … yn broblem	Hefyd
Dydy … ddim yn broblem	Ar y llaw arall
Mae e'n gallu	Efallai
Dydy hi ddim yn gallu	Dw i'n cytuno gyda …
Dw i'n meddwl bod	Does dim

2 Esboniwch beth ydy'r problemau. Er enghraifft:

> Does dim digon o ffermydd gwynt felly mae'n rhaid defnyddio tanwydd ffosil.

Ffermydd gwynt

Dillad

Beiciau

Poteli plastig

Bagiau plastig

mae'n rhaid *it is necessary to*	**tanwydd ffosil** *fossil fuels*
defnyddio *(to) use*	**ynni** *energy*
trydan *electricity*	**paneli solar** *solar panels*
gormod *too much*	**ailgylchu** *(to) recycle*
gormod o *too much (of something)*	

Gramadeg

Using idiomatic phrases to extend sentences

Does dim digon o finiau **felly** mae pobl yn taflu sbwriel.

Mae ailgylchu yn broblem ac **yn ogystal â hyn**, dydy pobl ddim yn gwybod beth i'w ailgylchu.

Efallai bod rhaid cael mwy o ffermydd gwynt.

3 a Darllenwch ebost Gareth.

Mae plastig yn broblem enfawr ar draws y byd. Dw i'n poeni am yr amgylchedd bob dydd. Mae'n rhaid ailgylchu ond mae'n anodd. Dw i'n ailgylchu adre ond dw i ddim yn gallu ailgylchu yn yr ysgol. Mae hyn yn warthus, yn fy marn i. Hefyd, dw i'n meddwl ei bod hi'n anodd ailgylchu pan rydyn ni'n siopa yn y dref. Mae'n rhaid newid pethau!

Yn gywir,

Gareth Williams

b Dyfalwch beth mae'ch partner yn mynd i'w ddweud am y nodyn.
Er enghraifft:

Partner A: Mae Gareth yn meddwl bod …

Partner B: Mae Gareth yn meddwl bod helpu'r blaned …?

Partner A: NA!

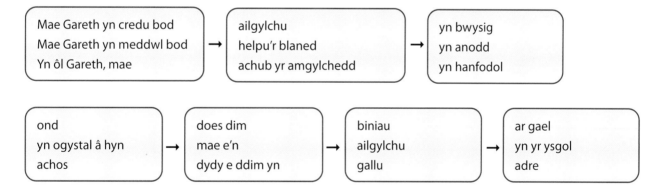

| Mae Gareth yn credu bod
Mae Gareth yn meddwl bod
Yn ôl Gareth, mae | → | ailgylchu
helpu'r blaned
achub yr amgylchedd | → | yn bwysig
yn anodd
yn hanfodol |

| ond
yn ogystal â hyn
achos | → | does dim
mae e'n
dydy e ddim yn | → | biniau
ailgylchu
gallu | → | ar gael
yn yr ysgol
adre |

4 a Esboniwch pam dydy Gareth ddim yn gallu ailgylchu bobman.

b Ydych chi'n debyg i Gareth? Pam?

c Ydych chi'n cytuno gyda Gareth am ailgylchu? Pam?

5　a　Edrychwch ar y graffiau a'r lluniau isod.

　　b　Esboniwch y problemau yn y graffiau.

　　c　Pa flwyddyn ydy'r gwaethaf?

　　ch　Beth ydy'r problemau? Beth ydy'r atebion?

Problemau plastig

Plastig yn y byd

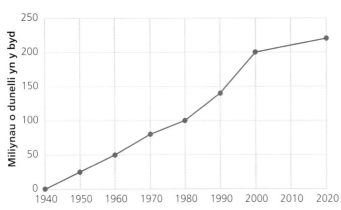

Y problemau

Mae'n achosi llygredd yn y môr

Mae'n lladd bywyd morol

Mae'n lladd adar

Poteli plastig

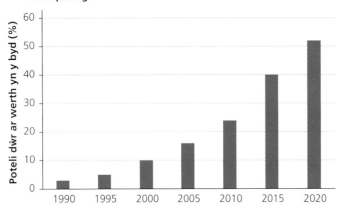

Mae poteli dŵr ar werth yn yr ysgolion

Mae poteli dŵr ar werth yn y siopau

Mae poteli dŵr yn rhad

Mae poteli dŵr ym mhobman

6   Tasgau estynedig.

EFYDD
 	
Mae'ch ffrind yn mynd i brynu potel o ddŵr. Rydych chi'n mynd i esbonio pam ddylai e/hi ddim prynu'r botel gan ddefnyddio'r wybodaeth uchod.
 	
Cofiwch gynnwys:
    barn am boteli dŵr
    o leiaf 1 darn o wybodaeth am boteli dŵr
    dehongliad o'r wybodaeth
	You are going to explain to a friend why they shouldn't buy a bottle of water, using the information above.

ARIAN
 	
Mae'r Cyngor Eco wedi gofyn i chi drafod problem plastig.
 	
Cofiwch gynnwys:
    ● barn am boteli dŵr
    ● o leiaf 2 ddarn o wybodaeth am boteli dŵr
    ● dehongliad o'r wybodaeth
    ● barn am eich dehongliad
	The Eco Council has asked you to discuss the problem with plastic.

AUR
 	
Mae Greta Thunberg yn yr ysgol! Dyma'ch cyfle i siarad am broblem plastig.
Cofiwch gynnwys:
    ● barn am boteli dŵr
    ● o leiaf 3 darn o wybodaeth am blastig
    ● dehongliad o'r wybodaeth
    ● barn am eich dehongliad
    ● beth rydych chi'n gallu ei wneud i helpu
	Greta Thunberg is in school! Here is your opportunity to talk about the problem with plastic.

8 Am sgiliau!

Casglu a throsglwyddo gwybodaeth

1   Gwyliwch y clip fideo 'Dysgu sgil newydd' a chwiliwch am y wybodaeth ganlynol o'r clip:

   a   Manteision dysgu sgiliau newydd.

   b   Beth ydy sgiliau person byddar?

   c   Disgrifiwch fyd person byddar.

   ch Pobl enwog sy'n fyddar.

   d   Sawl person sy'n gallu siarad iaith y byddar?

   dd Sawl person ym Mhrydain sy'n fyddar?

2   a   Gyda phartner, dewiswch bedair ffaith ddiddorol o'r clip.

   b   Nawr, cyflwynwch eich pedair ffaith ddiddorol i grŵp arall.

   c   Dangoswch arwydd rydych chi wedi ei ddysgu.

   ch Gwrandewch ar y grŵp arall – nodwch eu ffeithiau diddorol.

   d   Trafodwch fel dosbarth – beth ydy'r pwyntiau pwysig yn y clip?

3   Ysgrifennwch ffeil o ffeithiau am iaith y byddar.

> **Iaith y byddar**
>
> Sgiliau:
>
> Manteision:
>
> Ffeithiau diddorol:

4   Mae'r person yn y clip eisiau cynnig am y rôl 'Prif ferch' yn yr ysgol. Siaradwch gyda phartner am y pethau positif am y person yn y clip.

Gallech chi drafod ei sgiliau, cryfderau a beth rydych chi'n hoffi am y person. Er enghraifft:

> Dw i'n meddwl y bydd hi'n brif ferch anhygoel achos mae hi'n gallu …

Gramadeg

Hwn, hon a hyn

Hwn – *this (masculine)*

Hon – *this (feminine)*

Hyn – *this (abstract)*

Hoffwn i ddewis **hwn**.

Dw i'n meddwl bod y ffilm **hon** yn ddewis da.

Mae **hyn** yn syniad da.

5   Yn ogystal â dysgu iaith y byddar, beth arall hoffech chi ei ddysgu fel sgil newydd?

Edrychwch ar restr Gwobr Dug Caeredin. Siaradwch gyda phartner am ba sgiliau sy'n bwysig a pham.

Gwobr Dug Caeredin

Sgiliau fel:

| Cymorth cyntaf | Siarad cyhoeddus | Sgiliau gwaith | Gofalu am anifeiliaid |

Gwaith gwirfoddoli fel:

| Gweithio gyda'r henoed | Casglu sbwriel | Helpu plant | Helpu gyda grwpiau fel 'Brownies' a 'Scouts' |

6   Rydych chi'n mynd i berswadio grŵp arall bod gwneud Gwobr Dug Caeredin yn syniad da. Cyn perswadio'ch grŵp, gallech chi ymchwilio i Wobr ar-lein.

Gallech chi edrych ar:
- y gweithgareddau
- sgiliau
- gwobrau efydd, arian ac aur

7   Ysgrifennwch adolygiad: tua 150 o eiriau am Wobr Dug Caeredin, gan fynegi eich barn a sôn am y pethau positif.

8   Mae eisiau athro/athrawes newydd yn yr ysgol. Mae'ch prifathro wedi gofyn i chi lenwi'r hysbyseb felly mae'n rhaid i chi benderfynu pa sgiliau sy'n hanfodol. Edrychwch ar y sgiliau uchod.

Yn eisiau!

Athro / athrawes newydd

Pwnc: Chwaraeon a Gwobr Dug Caeredin

Sgiliau: brwdfrydig, trefnus, sgiliau pobl, sgiliau arweinyddol

Rhaid gallu: ....

Dyddiad cau: Hydref 14

Ebostiwch Mr Jones am fwy o fanylion: mrjones@ysgolbrogwyrdd.net

9   Darllenwch y CVs canlynol. Pwy ydych chi'n ei hoffi? Pam?

Enw: Ben Williams

Profiad: Ar hyn o bryd, dw i'n gweithio mewn ysgol uwchradd fel athro daearyddiaeth. Dw i hefyd yn helpu gyda chlybiau chwaraeon ar ôl ysgol fel clwb pêl-droed a hoci. Roeddwn i'n arfer bod yn arweinydd grŵp 'Scouts' lleol.

Addysg: Prifysgol Abertawe – gradd mewn chwaraeon a daearyddiaeth.

Sgiliau: Dw i'n dda yn gweithio gyda phobl. Dw i'n berson trefnus sy'n hoffi her.

Enw: Iwan James

Profiad: Athro dylunio a thechnoleg ydw i ar y foment a dw i'n rhedeg clwb cymorth cyntaf yn yr ysgol. Bob penwythnos, dw i'n gwirfoddoli gyda RSCPA Cymru a dw i'n helpu gyda llawer o anifeiliad gwahanol.

Addysg: Prifysgol Bangor – gradd mewn dylunio a technoleg.

Sgiliau: Dw i'n berson ymarferol sy'n wych am weithio fel rhan o dîm yn ogystal â gweithio gydag anifeiliad.

Enw: Sophie Jones

Profiad: Ar hyn o bryd, dw i'n gweithio mewn canolfan hamdden fel arweinydd tîm chwaraeon. Dw i'n arwain llawer o sesiynau chwaraeon bob dydd – dan do a thu fas.

Addysg: Prifysgol Caerdydd – gradd mewn gwyddoniaeth chwaraeon

Sgiliau: Dw i'n berson heini sy'n dwlu ar bob math o chwaraeon. Dw i'n dda am weithio gyda phobl o bob oedran.

10   Mae'ch prifathro eisiau i chi gasglu gwybodaeth am y bobl isod. Siaradwch gyda'ch grŵp am bwy sy'n addas ar gyfer y swydd, gan drafod manteision ac anfanteision y bobl.

Defnyddiwch yr hysbyseb, y CVs a sgiliau Gwobr Dug Caeredin.

11 Tasgau estynedig.

EFYDD
 	
Rydych chi'n recordio vlog yn siarad am swyddi sy'n defnyddio chwaraeon. Ymchwiliwch ac yna cyflwynwch eich gwybodaeth.
 	
Cofiwch gynnwys:
   ffeithiau diddorol
   manteision swyddi chwaraeon
   enghreifftiau o swyddi sy'n defnyddio chwaraeon
	You are recording a vlog about jobs that use sport, and will research and present information.

ARIAN Rydych chi'n gweithio i Gyrfa Cymru. Rydych chi'n cyflwyno gwybodaeth ar YouTube am swyddi sy'n defnyddio ieithoedd gwahanol. Ymchwiliwch ac yna cyflwynwch eich gwybodaeth. Cofiwch gynnwys: ● ffeithiau diddorol ● manteision siarad ieithoedd gwahanol ● enghreifftiau o swyddi ● eich barn am siarad ieithoedd gwahanol	*You work for Careers Wales and have to research and present information about different jobs that use different languages.*
AUR Rydych chi'n cynnal gwasanaeth Blwyddyn 9 am swyddi ym maes 'STEM'. Ymchwiliwch ac yna cyflwynwch eich gwybodaeth. Cofiwch gynnwys: ● ffeithiau diddorol ● manteision astudio'r gwyddorau ● enghreifftiau o swyddi ● eich barn am swyddi 'STEM' ● cwestiynau i'w gofyn i blant Blwyddyn 9	*You must present information you have researched to Year 9 assembly about 'STEM' jobs.*

9 Mae bywyd yn anodd

Cytuno ac anghytuno

1 Gêm y dis: taflwch y dis ddwywaith. Pa focs sydd gyda chi?

   a   Gwnewch frawddegau positif ✓ / negyddol ✗ neu gwestiwn (?).

   b   Trafodwch eich brawddegau positif/negyddol neu gwestiwn.

   c   Mae'n rhaid i chi gytuno/anghytuno gyda'ch gilydd.

  Er enghraifft bocs 3 a bocs 5 = ? O dan bwysau

> Partner A: Wyt ti o dan bwysau i wisgo treinyrs drud?

> Partner B:
> Ydw, weithiau. Mae edrych yn dda yn bwysig felly mae'n rhaid prynu treinyrs trendi sy'n ddrud.

> Partner A: Dw i'n anghytuno'n llwyr gyda ti. Dw i ddim o dan bwysau i brynu treinyrs – mewn gwirionedd, mae'n gas gen i dreinyrs.

	1	2	3	4	5	6
1	✓ technoleg	✗ bwlio	? bwyta'n iach	✓ ffasiwn	✓ gwaith ysgol	? gwaith cartref
2	✗ tecstio ffrindiau	✓ siopa ar-lein	? gwaith rhan-amser	✓ ffôn symudol	✗ cadw'n heini	✗ ysgol
3	✓ chwarae gemau	✗ gwylio YouTube	✓ gwrando ar gerddoriaeth	✗ technoleg	✓ dysgu ar-lein	? bwlio
4	✓ gwaith cartref	? ffasiwn	? ffôn symudol	✓ bwyta'n iach	✗ gwaith ysgol	✓ tecstio ffrindiau
5	✗ siopa ar-lein	✓ cadw'n heini	? o dan bwysau	? defnyddio ffôn symudol	✓ gwylio YouTube	? dysgu ar-lein
6	? dysgu yn yr ysgol	✓ chwarae gemau ar-lein	✓ gwaith rhan-amser	✗ ffasiwn	✓ o dan bwysau	✗ gwrando ar gerddoriaeth

2   Darllenwch y swigod siarad. Trafodwch gyda phartner gyda phwy rydych chi'n cytuno/anghytuno gan esbonio pam. Dylech chi roi rhesymau i gefnogi eich barn.

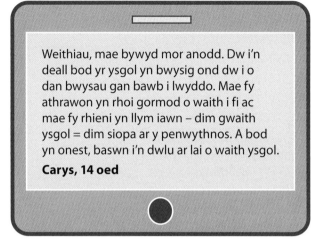

> Weithiau, mae bywyd mor anodd. Dw i'n deall bod yr ysgol yn bwysig ond dw i o dan bwysau gan bawb i lwyddo. Mae fy athrawon yn rhoi gormod o waith i fi ac mae fy rhieni yn llym iawn – dim gwaith ysgol = dim siopa ar y penwythnos. A bod yn onest, baswn i'n dwlu ar lai o waith ysgol.
>
> **Carys, 14 oed**

> Dw i'n dwlu ar y penwythnosau achos dw i wrth fy modd yn ymlacio. Fel rheol, dw i'n codi'n hwyr a dw i'n bwyta brecwast am un ar ddeg o'r gloch. Ond, beth nesaf?! Wel, dw i'n mynd nôl i'r gwely i wylio clipiau YouTube a siarad gyda fy ffrindiau ar Snapchat. Wedyn, dw i'n treulio oriau ar yr XBox. Mae bywyd yn braf! Beth am ddydd Sul?! Dw i'n ymlacio wrth gwrs a does dim amser gyda fi i wneud gwaith cartref.
>
> **Tomos, 14 oed**

3   Gwyliwch y clip fideo 'Byw heb dechnoleg'. Copïwch y grid isod. Ticiwch gywir neu anghywir.

Gosodiad	Cywir	Anghywir
1 Hoffai person B fyw heb dechnoleg.		
2 Dydy person A ddim yn gallu byw heb dechnoleg.		
3 Mae person A yn credu bod y gorffennol yn well – dim teledu a dim cyfrifiadur.		
4 Mae pawb yn rhy brysur ar eu ffonau i adnabod pobl sy'n byw yn agos.		
5 Mae person B yn poeni mwy am ei dechnoleg na phobl sy'n byw yn agos.		

Cymraeg Ail Iaith ar gyfer oedrannau 11–14

4   Gwyliwch y clip fideo eto.

     a   Nodwch y pethau positif a'r pethau negyddol am dechnoleg yn eich llyfrau.

     b   Defnyddiwch y pethau positif/negyddol yn y grid i'ch helpu i siarad am beth rydych chi'n hoffi am dechnoleg.

          •   Partner un = o blaid technoleg

          •   Partner dau = yn erbyn technoleg

     Er enghraifft:

> Partner un: Dw i'n cytuno bod technoleg yn boen achos dydy pobl ddim yn gwrando.

> Partner dau: Sori, ond dw i'n anghytuno'n llwyr gyda ti a'r clip achos …

5   Darllenwch y gosodiadau. Trafodwch eich barn. Gyda beth ydych chi'n cytuno ac anghytuno?

     Er enghraifft:

> Dim ffôn symudol yn yr ystafell wely ar ôl 9 o'r gloch? Bobl bach, dw i'n anghytuno achos dw i'n defnyddio fy ffôn i siarad â fy ffrindiau am waith ysgol. Mae 9 o'r gloch yn gynnar!

> Dim ffôn symudol yn yr ystafell wely ar ôl 9 o'r gloch.

> Mae gwylio sut i chwarae gemau ar-lein yn ddefnyddiol.

> Beth ydy'r pwynt siarad pan dw i'n gallu tecstio?

> Gwaith ysgol ydy fy mywyd.

> Mae pobl enwog yn bwysig iawn i fi – dw i'n hoffi gweld sut maen nhw'n edrych ac ymddwyn.

6   Tasgau estynedig.

EFYDD
 	
Rydych chi'n recordio flog yn trafod manteision ac anfanteision technoleg. Mae person A o blaid ac mae person B yn erbyn.
 	
Cofiwch gynnwys:
    cyfarchiad
    barn bositif a negyddol am dechnoleg
    trafodaeth
    casgliad
	You are recording a vlog discussing the advantages and disadvantages of technology.

ARIAN Rydych chi'n trafod bywyd ysgol gyda'ch ffrindiau ond dydych chi ddim yn cytuno gyda phopeth maen nhw'n ei ddweud. Cofiwch gynnwys: ● barn am waith ysgol + am bwysau ysgol + am waith cartref ● rhesymau	*You are discussing school life with friends but you don't agree with everything they say.*
AUR Mae Comisiynydd Plant Cymru eisiau gwybod am fywyd pobl ifanc a'u problemau. Rydych chi'n trafod gyda ffrindiau ond does dim rhaid cytuno gyda phopeth. Rydych chi'n recordio eich sgwrs i'r Comisiynydd. Cofiwch gynnwys: ● barn am ddelwedd + dylanwad pobl enwog ar bobl ifanc + cael y technoleg diweddaraf ● rhesymau ● tystiolaeth i gefnogi eich barn	*The Children's Commissioner Wales wants to know about young peoples' lives and their problems. You are discussing with friends.*

Adnodd adolygu

1   Dyma gyflwyniad Sara o Aberbrynglas.

   a   Darllenwch ar goedd.

   b   Newidiwch y wybodaeth sydd <u>wedi'i thanlinellu</u>.

   c   Cyflwynwch eich hunan i'ch partner.

> Shwmae! <u>Sara</u> ydw i a dw i'n <u>un deg tair</u> oed. Dw i'n mynd i <u>Ysgol Aberbrynglas</u> a dw i'n byw <u>yn Aberbrynglas</u> gyda'r <u>teulu</u>. Mae <u>un brawd ac un chwaer</u> gyda fi a'u henwau ydy <u>Gareth a Hannah</u>. Mae <u>gwallt brown</u> a <u>llygaid glas</u> gyda fi. Fy hobi ydy <u>nofio</u>. Dw i'n hoffi <u>nofio bob penwythnos gyda ffrindiau</u>. Dw i'n dwlu ar <u>nofio</u> achos mae'n <u>llawer o hwyl</u>. Ar y penwythnos, es i i'r <u>ganolfan hamdden</u> gyda fy ffrindiau.

2   Mae Huw yn newydd i'r ysgol. Mae Huw eisiau gwybod mwy amdanoch chi a'ch partner. Siaradwch gyda phartner ac atebwch y cwestiynau.

   a   Beth ydy d'enw di?

   b   Ble wyt ti'n byw?

   c   I ba ysgol rwyt ti'n mynd?

   ch   Faint ydy d'oed di?

   d   Wyt ti'n hoffi'r ysgol?

   dd   Oes anifail anwes gyda ti?

   e   Beth ydy dy hobi di?

   f   Beth dwyt ti ddim yn ei hoffi?

   ff   Wyt ti'n hoffi dawnsio?

   g   Ble est ti ar y penwythnos?

3   Siaradwch gyda phartner am y lluniau. Beth ydy eich barn chi am y lluniau? Er enghraifft:

> Helo! Bryn ydy f'enw i. Fy hobi ydy beicio a dw i wrth fy modd yn beicio bob dydd er mae'n gas gen i feicio yn y glaw. Dw i ddim yn hoffi'r glaw o gwbl!

Nawr, rhowch resymau i gefnogi eich barn.

4   Pwy ydy'ch archarwr chi? Rydych chi'n cyflwyno'ch archarwr i'ch partner.

Fy archarwr

Enw:
Oed:
Byw:
Hoffi:
Casáu:

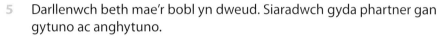

Nawr, disgrifiwch lun Tomos Huws. Gallwch chi sôn am ei wallt, llygaid, trwyn a beth mae e'n gwisgo.

Tomos Huws

5   Darllenwch beth mae'r bobl yn dweud. Siaradwch gyda phartner gan gytuno ac anghytuno.

Er enghraifft:

> Helo! Jac ydw i. Dw i'n meddwl bod bwyta'n iach yn aml yn bwysig. A bod yn onest, dw i'n dwlu ar fwyta salad ac mae salad yn iachus.

Mae Jac yn dweud bod bwyta'n iach bob dydd yn bwysig, ond dw i'n anghytuno gyda Jac achos mae bwyta'n iach bob dydd yn amhosib! Dw i'n dwlu ar sglodion a siocled bron bob dydd.

> Haia! Ffred ydw i. Dw i'n meddwl bod gwneud gwaith cartref yn bwysig achos mae gwaith ysgol yn hanfodol.

> Helo! Gina ydw i. Yn fy marn i, mae astudio mathemateg yn llawer o hwyl achos dw i wrth fy modd yn gwneud symiau.

6   Siaradwch gyda phartner am eich trip ysgol i Cologne. Er enghraifft:
    Es i i'r Almaen i farchnad Nadolig yno.

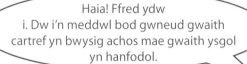

Trip Almaeneg i farchnad Nadolig yn Köln

Pryd: mis Rhagfyr   **Ble**: Köln

Sut: ar fws (12 awr) a thrên Eurostar (45 munud)

Gwesty: 2 seren yn Köln

Bwyd: brecwast a bwyd traddodiadol Almaenaidd

Ble: Köln ac amgueddfa siocled Lindt

Cofiwch!

es i	aethon ni
bwytais i	bwyton ni
arhosais i	arhoson ni
ces i	cawson ni
Roedd yn …	

7   Siaradwch gyda phartner am

- beth rydych chi'n ei weld yn y lluniau
- eich barn
- ble hoffech chi fynd
- beth hoffech chi ei wneud

1 Llenyddiaeth i fi ydy ...

Dadansoddi llenyddiaeth

1 Cysylltwch y math o lenyddiaeth gyda'r esboniad.

Gwaith sy'n rhoi gwybodaeth.

Gwaith sy'n cael ei berfformio mewn actau.

Gwaith sy fel dyddiadur cyhoeddus.

Gwaith sy'n disgrifio rhywun/rhywbeth.

Gwaith sy'n cael ei ysgrifennu at rywun yn trafod pwnc llosg.

Gwaith sy'n perswadio pobl ac yn cael ei siarad.

Gwaith sy'n dibynnu ar sŵn ac weithiau odl.

stori

cerdd

blog

llythyr

drama

araith

portread

hysbyseb

2 Gyda phartner, trafodwch y cwestiynau isod.

a Beth ydy 'llenyddiaeth'?

b Copïwch y pyramid. Rhowch y ffurfiau yn y pyramid:

1 = y ffurf bwysicaf

9 = y ffurf leiaf pwysig

Rhowch eich rhesymau o gwmpas y pyramid.

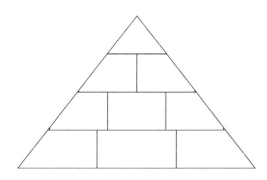

3 Darllenwch y cerddi isod. Atebwch y cwestiynau am nodweddion y cerddi.

Limrig

Un noson breuddwydiais fy mod i
Yn bwyta marshmalo blas taffi
   A hwnnw'n un mawr.
   Pan ddeffrais mewn awr
Roedd fy nghlustog i wedi diflannu.
Arwel 'Pod' Roberts

a Ble mae'r odl yn y limrig?

b Beth ydy'r patrwm sillafau?

c Beth mae'r bardd yn bwyta?

Sillafau ⚠

Mam = 1 sillaf

Teulu → Teu / lu = 2 sillaf

Llangefni → Llan / gef / ni = 3 sillaf

Chwyrligwgan → Chwyr / li / gw / gan = 4 sillaf

JO NAINTI

gormod o waith dosbarth

gormod o waith cartref

gwybod popeth am adar a llyfrau

a phwy oedd yn byw erstalwm

gwybod dim am bêl-droed a recordiau

a grwpiau sy'n fyw bob eiliad

chwerthin ar ei glyfrwch ei hun

gwgu ar 'y nghlyfrwch

dyna jo nainti i chi

dw i

ddim yn ei hoffi o

dydy o

ddim yn fy hoffi i

SNAP

'dyn ni'n dau'n

ddau debyg

ond ganddo fo

mae'r beiro coch

a'r hawl i 'nghadw i

ar ôl tan bump o'r gloch

Gwynne Williams

ch Ble mae'r odl yn y gerdd 'Jo Nainti'?

d Ble mae'r ailadrodd yn y gerdd?

dd Am beth mae'r bardd yn cwyno?

e Ble mae'r dafodiaith yn y gerdd?

f Pa gerdd fwynheuoch chi fwyaf? Pam?

> Mae'n cynnal fy niddordeb!

> Gallaf uniaethu efo'r/ gyda'r gerdd!

> Mae'r testun yn gwneud i fi chwerthin!

> Mae'r testun yn heriol!

> Mae'n realistig – mae Jo Nainti fel fy athro mathemateg!

> Mae'n ddoniol!

4 Edrychwch ar y cyfweliad isod gyda Lisa Jones.

a Rhaid i chi a phartner berfformio'r darn.

Cyfwelydd	Bore da a chroeso i'r stiwdio, Lisa Jones.
Lisa Jones	Diolch yn fawr.
Cyfwelydd	Rydych chi wedi bod yn brysur iawn yn perfformio ar *The Voice* yn ddiweddar. Ydych chi'n mwynhau gweithio ar *The Voice*?
LJ	Ydw, yn fawr iawn, mae'n llawer o hwyl. Dw i'n dwlu ar weithio gyda Will.i.am, mae e'n dwp ac yn ddoniol dros ben.
Cyfwelydd	Tîm pwy hoffech chi fod arno fwyaf ar *The Voice*?
LJ	Wel, mae talent a phrofiad gyda nhw i gyd; ond credaf yr hoffwn i fod ar dîm Kylie Minogue. Mae hi'n ferch hyfryd ac yn hoffi tynnu fy nghoes ar y sioe.

Cyfwelydd	Gyda phwy hoffech chi ddim cydweithio?
LJ	Hmmmm, dw i'n hoffi pawb! Maen nhw i gyd yn dda.
Cyfwelydd	Wel, beth sy' gennych ar y gweill?
LJ	Bydda i'n dechrau albwm newydd cyn bo hir a dw i'n gobeithio perfformio mewn cyngherddau flwyddyn nesaf ar draws Prydain.
Cyfwelydd	Gwych, diolch am siarad gyda ni, Lisa Jones.
LJ	Croeso.

b   Dylech chi greu'r rhan sydd ar goll o'r cyfweliad. Dylech chi siarad am:

- dyddiad geni (13 Medi 1991)
- geni ble (Pontypridd)
- hoff ganeuon ('Sebona Fi' gan Yws Gwynedd ac 'Outbumbered' gan Dermot Kennedy)
- profiad canu – pryd (2019)
- pwynt da am berfformio (hoffi perfformio o flaen cynulleidfa)
- hoffai ganu gyda phwy (Beyoncé a Cardi B)

5   Darllenwch y detholiad o'r stori fer 'Chwedl Rhys a Meinir'.

1   Roedd Rhys a Meinir yn byw yn Nant Gwrtheyrn. Roedd y ddau yn hapus iawn achos roedden nhw'n mynd i briodi.

2   Amser maith yn ôl, roedd y briodferch yn mynd i guddio ar ddiwrnod y briodas. Yna, roedd ffrindiau'r priodfab yn mynd i chwilio am y briodferch ac, ar ôl ffeindio'r ferch, roedden nhw'n mynd â hi i'r eglwys. Felly, ar ddiwrnod y briodas, aeth Meinir i guddio. Gwelodd hi goeden fawr.

3   Aeth y bechgyn i chwilio am Meinir, ond doedden nhw ddim yn medru ei ffeindio hi. Chwilion nhw – a chwilion nhw! Aethon nhw i nôl Rhys o'r eglwys a dechreuodd o chwilio hefyd. Ond doedden nhw ddim yn medru ffeindio Meinir!

4   Roedd Rhys yn drist iawn. Roedd e'n mynd i chwilio am Meinir yn aml – ond doedd e ddim yn medru ei ffeindio hi.

5   Yna, un diwrnod roedd hi'n stormus iawn. Yn sydyn, tarodd mellten goeden arbennig. Beth oedd yn y goeden? Sgerbwd merch – sgerbwd Meinir. Roedd hi wedi cuddio yn y goeden ar ddiwrnod ei phriodas. Torrodd Rhys ei galon a buodd e farw.

a   Beth sy'n bwysig mewn stori/stori fer?

b   Rhaid i chi greu taflen wybodaeth yn siarad am beth sy'n bwysig mewn stori/stori fer.

c   Pa straeon gwerin eraill ydych chi'n gwybod amdanyn nhw? Meddyliwch am rai Saesneg neu Ffrangeg.

6 Darllenwch yr enghreifftiau o flog a dyddiadur.

Annwyl ddyddiadur,

Heddiw, roeddwn i'n drist iawn. Roedd Llew, fy ffrind, wedi bod yn gas iawn efo fi. Rhedais i'r toiled a chrio am amser egwyl ar fy mhen fy hun. Doeddwn i ddim eisiau gweld neb. Roeddwn i eisiau bod yn unig. Neb o fy nghwmpas o gwbl. Doeddwn i ddim wedi gwneud dim iddo fo – roedd o jyst wedi gweiddi arna i allan o'r un lle! Roeddwn i jyst eisiau mynd adref a bod yn unig yn fy stafell wely – dim bod yn yr ysgol yn agos ato fo! Roedd y diwrnod wedi llusgo, roedd o'n boenus o ddiwrnod ...

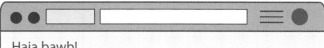

Haia bawb!

Fi sy ma eto i siarad am waith cartref. Chi'n meddwl bod yn bwysig? Fi ddim yn cytuno – fi ddim yn boddran gwneud gwaith cartref achos sdim pwynt. Fi'n gweithio'n ddigon caled yn yr ysgol – pam ddylwn i weithio gartre hefyd? Ddylen nhw fanio gwaith cartref am byth! Sdim problem gyda fi gyda'r gwaith, jyst fy mod i eisiau amser bant o'r ysgol ...

a Gyda phartner, trafodwch beth yw nodweddion dyddiadur a blog. Beth sy'n debyg a beth sy'n wahanol? Nodwch eich atebion ar ffurf ddiagram Venn.

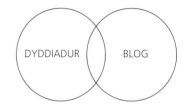

b Copïwch y grid isod. Ticiwch gywir neu anghywir.

Gosodiad	Cywir	Anghywir
1 Mae dyddiadur yn ffurf amhersonol.		
2 Mae blog yn ffurf amhersonol.		
3 Rydych yn siarad gyda chi eich hun gyda dyddiadur.		
4 Rydych yn siarad gyda chi eich hun gyda blog.		

c Rhaid i chi ysgrifennu dyddiadur personol neu flog yn ymateb i'r testunau isod. Dylech geisio ysgrifennu rhwng 300 a 500 gair.

1 Hoffech chi wisgo gwisg ysgol? Does dim pwynt ym marn llawer y dyddiau hyn.

2 Heddiw, roedd criw o Flwyddyn 9 wrth eu bodd achos roedden nhw'n cael Diwrnod Dim Gwisg Ysgol. Roedd Blwyddyn 9 mor hapus achos roedden nhw'n gyfforddus. 'Dw i'n teimlo'n wych,' meddai rhai! Roedd eraill dan straen achos doedden nhw ddim yn gwybod beth i'w wisgo!

3 Dydy'r wisg ddim yn parhau chwaith achos mae'r plant yn tyfu'n rhy gyflym! Arian ... arian ... arian! Basai'n haws pe baen nhw'n cael gwisgo'u dillad eu hunain!

4 Dw i ddim wir yn hoffi gwisgo gwisg ysgol achos mae'n anghyfforddus. Hoffwn i wisgo dillad mwy ymlaciol yn eu lle. Fodd bynnag, mae'n haws cael gwisg ysgol achos mae pawb yr un peth wedyn!

2 Hunllef o ddiwrnod!

Addasu ac ailddweud

Detholiad o 12 Awr y Lembo

Rhan 1

12:30

Amser dathlu!!!

Daliodd Jac y bws (am y tro olaf yn ei fywyd gobeithio!) i lawr i McDonald's yn Abergors i weld y criw. Roedd pawb yno, Chloe, Gareth, Bryan, ... a Chloe ... a Chloe ... a Chloe ...

12:35

'Pasio, a dim ond ar y trydydd tro!' meddai Chloe. Ond gwenu ar Bryan oedd hi. Mae hi'n rhy swil i edrych arna i, meddyliodd Jac. Ond roedd o'n gallu gweld ei bod hi'n ei edmygu o go iawn.

'Dydy trwydded yn dda i ddim heb gar,' meddai Bryan gan ysgwyd allwedd Vauxhall Nova dan ei drwyn. Roedd Chloe Harris yn dal i wenu ar Bryan. Am ei bod hi'n gwybod mai car mam Bryan ydy'r Nova, dim car Bryan, mae'n siŵr! meddyliodd Jac.

Druan o Bryan!!

Yn sydyn, daeth geiriau allan o geg Jac:

'Bydd Dad yn benthyg ei BMW newydd i mi, dim problem.'

Beth?!?

Pam ddywedodd o hynna?!?

Ond roedd o wedi ei ddweud o!

Y lembo!

Yn sydyn, dyma'r anhygoel Chloe Harris yn anghofio popeth am Bryan a'i Vauxhaull Nova, ac yn rhoi ei holl sylw prydferth iddo fo ... Jac Bowen.

'Cei di fynd â fi i fowlio deg heno Jac,' meddai hi gyda gwên felys.

'Y? Iawn!'

'Piga fi fyny am wyth, yn y BMW.'

'Iawn.' Dim ond ei geg oedd yn gweithio – roedd ei frêns wedi troi'n fwsh.

'Fydd dy dad byth yn rhoi benthyg y BMW i ti,' meddai Bryan. 'Byth!'

1 a Darllenwch ran gyntaf y stori.

   b Yna, ewch ati i gopïo a llenwi'r daflen i'ch swydd chi. Cofiwch ddilyn eich rôl chi.

Mr Bos	<ul><li>Cyflwyno'r testun</li><li>Rhoi cyfle i bawb siarad</li><li>Cynnig help!</li><li>Cadw amser</li></ul>
Miss Cwestiynu	<ul><li>Oes cwestiynau gan y grŵp am y plot? Nodwch eich cwestiynau.</li><li>Oes cwestiynau gan y grŵp am y cymeriadau? Nodwch eich cwestiynau.</li></ul>
Mr Esbonio	Beth ydy ystyr y geiriau yma? Defnyddiwch y geiriadur i'ch helpu!<ul><li>dal, gobeithio, edmygu, ysgwyd, allwedd, druan o (see trueni), sydyn, benthyg, anghofio, sylw</li></ul>
Miss Crynhoi	<ul><li>Beth sydd wedi digwydd hyd yn hyn? Pwy ydy'r cymeriadau?</li><li>Pa broblemau sydd yn wynebu'r cymeriadau?</li></ul>
Mr Dyfodol	<ul><li>Beth fydd yn digwydd nesaf yn eich barn chi?</li><li>Pa broblemau fydd y cymeriadau yn eu hwynebu yn eich barn chi?</li></ul>
Miss Mynegi barn	<ul><li>Plot y stori?</li><li>Cymeriadau'r stori?</li><li>Barn eraill yn y grŵp</li><li>Dyfynnu</li></ul>

   c Darllen ar goedd mewn grwpiau (Dw i wedi ... / Rwyt ti wedi ...). Defnyddiwch y maen prawf yma.

TESTUN			
Rwyt ti wedi... (You have …)	✓	✓	✓
Darllen yn glir (Read clearly)			
Darllen yn ystyrlon (Read with meaning)			
Ynganu yn dda (Good pronunciation)			
Targed			

Rhan 2

Doedd Jac ddim yn siŵr iawn beth wnaeth i Dad newid ei feddwl. Pan glywodd o fod gan Jac ddêt efo merch rheolwr y banc, rhodd allwedd y car yn ei law, arian yn ei boced a'i anfon i'r dre i brynu dillad newydd. Parciodd Jac y BMW yn y maes parcio aml lawr. Roedd ei ben yn y cymylau yn breuddwydio am noson gyda Chloe ...

Pan gyrhaeddodd Jac yn ôl yn y maes parcio, roedd ei ben yn y cymylau o hyd. Roedd ganddo ffortiwn yn ei waled ar ôl gwagio'r cyfrif banc, siaced *designer* (diolch i Dad) ar ei gefn, ac allwedd y BMW yn ei law. Ac ar ben hyn i gyd, o'i flaen, yn yr union fan lle roedd wedi parcio'r car drud ... roedd man gwag.

Dim BMW.

Kein BMW.

Nichts.

Byddai o wedi ffonio'r heddlu ar ei ffôn symudol – ond roedd y ffôn yn y BMW. Daeth o hyd i ffôn cyhoeddus, ac erbyn i'r heddlu gyrraedd, roedd Jac wedi penderfynu beth i'w wneud – reportio'r lladrad, yna benthyg car Nain ac wedyn cyfarfod Chloe. Fyddai Chloe ddim yn meindio mynd yn y Mini Metro. Roedd Jac yn siŵr y byddai Chloe yn deall, ac yn cydymdeimlo.

'Wyt ti wedi dweud wrth dy dad fod rhywun wedi dwyn y car?' gofynnodd y plismon.

'Ydw.'

Ond doedd o ddim. I beth? Efallai byddai'r heddlu yn dod o hyd i'r car erbyn heno beth bynnag. Pa bwrpas poeni Dad, druan?

2 a Darllenwch ail ran y stori.

   b Yna, ewch ati i lenwi rhan nesaf eich taflen. Cofiwch eto ddilyn eich rôl chi.

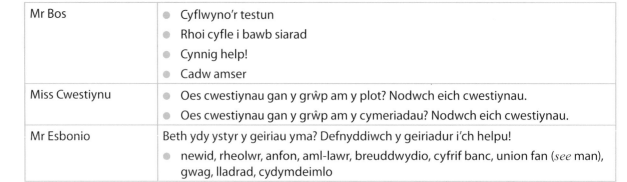

Mr Bos	● Cyflwyno'r testun
	● Rhoi cyfle i bawb siarad
	● Cynnig help!
	● Cadw amser
Miss Cwestiynu	● Oes cwestiynau gan y grŵp am y plot? Nodwch eich cwestiynau.
	● Oes cwestiynau gan y grŵp am y cymeriadau? Nodwch eich cwestiynau.
Mr Esbonio	Beth ydy ystyr y geiriau yma? Defnyddiwch y geiriadur i'ch helpu!
	● newid, rheolwr, anfon, aml-lawr, breuddwydio, cyfrif banc, union fan (*see* man), gwag, lladrad, cydymdeimlo

Miss Crynhoi	● Beth sydd wedi digwydd hyd yn hyn? Pwy ydy'r cymeriadau?
	● Pa broblemau sydd yn wynebu'r cymeriadau?
Mr Dyfodol	● Beth fydd yn digwydd nesaf yn eich barn chi?
	● Pa broblemau fydd y cymeriadau yn eu hwynebu yn eich barn chi?
Miss Mynegi barn	● Plot y stori?
	● Cymeriadau'r stori?
	● Barn eraill yn y grŵp
	● Dyfynnu

Rhan 3

Roedd Jac yn edrych ymlaen at fynd i'w ystafell, cuddio dan y cwilt ac aros yno tan wythnos nesa. Ond roedd Dad yn y drws.

'Jac! Ble mae'r BMW?!'

Wps!

Edrychodd Jac ar y Metro bach brown oedd ar ddreif ei dad.

'Ym, dw i'n gallu egluro popeth!'

'Ble mae'r BMW?' Sŵn blin, sŵn panig neu sŵn crio oedd yn llais ei dad? Roedd hi'n anodd iawn dweud.

'Dw i'n rhy ifanc i farw Dad!'

'Paid â phoeni – dydw i ddim yn mynd i dy ladd di,' meddai Dad yn flin, 'ddim o flaen y plismon.'

'Plismon?' Dychrynodd Jac. Oedd, roedd y plismon wedi ei ddilyn adref. Gwenodd y plismon ac agor ei lyfr nodiadau.

'Noswaith dda!' Edrychodd yn ei lyfr bach du. 'Gwnaethoch chi reportio bod rhywun wedi dwyn BMW.'

'Wedi dwyn y BMW?' Roedd wyneb Dad yn biws.

'Does neb wedi dwyn y car wedi'r cyfan,' meddai'r plismon. 'Roedd y BMW wedi ei barcio yn y maes parcio drws nesa.'

O na! Roedd Jac wedi mynd i'r maes parcio anghywir!

'Tocyn un awr wnaethoch chi brynu,' meddai'r plismon, 'ac mae'r car wedi bod yno am bump awr. Bydd yn rhaid i chi dalu dirwy.'

Roedd Jac yn teimlo'n dlawd iawn.

Gwenodd y plismon eto. 'A rhaid trafod y mater difrifol o wastraffu amser yr heddlu. Mae'n well i ni fynd i'r tŷ, ia?'

Y DIWEDD!

3 a Darllenwch ran olaf y stori.

    b Yna, ewch ati i lenwi rhan olaf eich taflen. Cofiwch am y tro olaf i ddilyn eich rôl chi.

Mr Bos	• Cyflwyno'r testun • Rhoi cyfle i bawb siarad • Cynnig help! • Cadw amser
Miss Cwestiynu	• Oes cwestiynau gan y grŵp am y plot? Nodwch eich cwestiynau. • Oes cwestiynau gan y grŵp am y cymeriadau? Nodwch eich cwestiynau.
Mr Esbonio	Beth ydy ystyr y geiriau yma? Defnyddiwch y geiriadur i'ch helpu! • edrych ymlaen (at), cuddio, egluro, llais, marw, lladd, o flaen, dychryn, wedi'r cyfan, dirwy
Miss Crynhoi	• Beth sydd wedi digwydd hyd yn hyn? Pwy ydy'r cymeriadau? • Pa broblemau sydd yn wynebu'r cymeriadau?
Mr Dyfodol	• Beth fydd yn digwydd nesaf yn eich barn chi? • Pa broblemau fydd y cymeriadau yn eu hwynebu yn eich barn chi?
Miss Mynegi barn	• Plot y stori? • Cymeriadau'r stori? • Barn eraill yn y grŵp • Dyfynnu

4 Atebwch y cwestiynau canlynol yn eich grwpiau:

    a Ydy'r grŵp yn hoffi'r stori?

    b Ydych chi yn hoffi'r stori?

    c Hoffech chi newid y stori o gwbl?

5 Ysgrifennwch ateb i'r cwestiwn canlynol: 'Oeddech chi'n hoffi'r stori?'

Dylech chi:

- gyfeirio at y plot – hoff a chas rannau
- cyfeirio at gymeriadau yn y stori
- cyfeirio at farn eraill yn y dosbarth fel tystiolaeth
- dyfynnu o'r stori i brofi pwyntiau

6 a Copïwch y grid isod. Ticiwch gywir neu anghywir.

Gosodiad	Cywir	Anghywir
1 Roedd Ceri eisiau mynd gyda Jac achos o'r BMW.		
2 Mae Jac wedi dweud wrth ei dad am ddwyn y car.		
3 Roedd dad Jac yn hapus pan aeth o adref.		
4 Doedd gan Jac ddim arian erbyn diwedd y dydd.		

b   Cysylltwch y pen â'r cynffon i greu brawddegau am y stori:

Mae gan Bryan	ond roedd ei ffôn yn y BMW!
Mae gan dad Jac	dlawd iawn.
Byddai Jac wedi ffonio'r heddlu	y Metro bach brown ar y dreif.
Edrychodd Jac ar	gar Vauxhall Nova.
Roedd Jac yn teimlo'n	gar BMW.

c   Rhowch y digwyddiadau yma yn y drefn maen nhw'n ymddangos:

- Lle roedd y car, roedd man gwag!
- Pasiodd Jac ei brawf gyrru.
- 'Gwnaethoch chi reportio bod rhywun wedi dwyn BMW ...'
- Roedd gan Jac lawer o arian yn ei boced.
- 'Dydw i ddim yn mynd i dy ladd di ... ddim o flaen y plismon.'
- Roedd Ceri eisiau mynd i fowlio deg efo Jac.

7   Tasgau estynedig.

EFYDD
 	
Crëwch stori feicro (stori fer iawn) eich hun gan ddefnyddio llwyfan digidol yn sôn am pan fuoch chi'n 'lembo'.
 	
Cofiwch gynnwys:
   lluniau
   ffontiau a lliwiau gwahanol
   mewnosod clipiau sain
	Create your own micro story (a very short story) using a digital platform talking about when you were a 'fool'.

ARIAN
 	
Crëwch stori fer eich hun gan ddefnyddio llwyfan digidol yn sôn am ddiwrnod drwg gawsoch chi – dros gyfnod 12 awr.
 	
Cofiwch gynnwys:
   lluniau
   ffontiau a lliwiau gwahanol
   mewnosod clipiau sain
	Create your own short story using a digital platform talking about a bad day you've had.

AUR
 	
Crëwch stori fer eich hun gan ddefnyddio llwyfan digidol yn sôn am ddiwrnod drwg gawsoch chi – dros gyfnod o ddeuddydd.
 	
Cofiwch gynnwys:
   lluniau
   ffontiau a lliwiau gwahanol
   mewnosod clipiau sain a throsleisiau
	Create your own short story using a digital platform talking about a bad day you've had.

3 Storïau cyfarwydd – iaith newydd

Ymateb i storïau

Wyt ti wedi darllen llyfr Roald Dahl erioed?

 1 Gwrandewch ar y disgrifiad a dilynwch y bwrdd stori.

| tylwyth teg | hetiau du gwirion | clogynnau du | coesau ysgub | tylwyth teg | gwrachod go iawn |

| gwrachod go iawn | dillad cyffredin | tai cyffredin | fenywod cyffredin | swyddi cyffredin | gwrach go iawn | casáu plant | â chas eirias chwilboeth |

 2 Gwnewch symudiadau ar gyfer pob llun.

 3 Gwrandewch ar y clip eto. Dilynwch y bwrdd stori. Bob tro rydych chi'n clywed un o'r geiriau, gwnewch eich symudiad.

 4 Mae'ch athro yn mynd i ailadrodd y stori. Copïwch eich athro.

 5 Copïwch a llenwch y bylchau gyda'r geiriau o'r bwrdd stori.

Mewn storïau ...., bydd gwrachod bob amser yn gwisgo .... a .... , ac maen nhw'n mynd o gwmpas ar gefn ....

Ond nid stori .... yw hon. Stori am .... yw hon.

Mae .... yn gwisgo .... , ac maen nhw'n edrych yn debyg iawn i .... Maen nhw'n byw mewn .... ac maen nhw'n gweithio mewn ....

Mae .... yn .... â ....

 6 Ysgrifennwch frawddegau llawn gyda'r geiriau canlynol.
Er enghraifft:

- hetiau du gwirion
- coesau ysgub
- gwrachod go iawn

- dillad cyffredin
- tai cyffredin
- swyddi cyffredin

> Bydd gwrachod bob amser yn gwisgo hetiau du gwirion.

 7 Defnyddiwch y bwrdd stori. Ailadroddwch y stori. Pa mor gyflym allwch chi ailadrodd y stori?

Da iawn! Rydych chi'n gallu ailadrodd stori.

8   Disgrifiwch athrawes. Defnyddiwch y bwrdd stori i'ch helpu chi.

Beth am newid rhai o'r geiriau yn y bwrdd stori fel athrawon yn lle gwrachod?

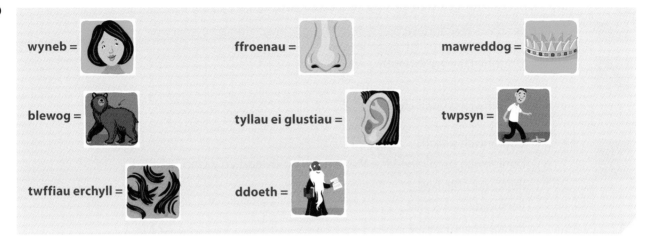

wyneb =   ffroenau =   mawreddog =

blewog =   tyllau ei glustiau =   twpsyn =

twffiau erchyll =   ddoeth =

9   Edrychwch ar y geiriau uchod. Sut berson ydy
Mr Twit? Nodwch eich barn chi.

Er enghraifft:

Mae e'n ofnadwy.

10   a   Ymarferwch y geiriau yn y bocs gyda phartner.

b   Chwaraewch denis gyda'r geiriau, gyda phartner.

c   Profwch eich gilydd: sawl un allwch chi gofio?

11   Gwrandewch ar y clip sy'n disgrifio Mr Twit.

12   Darllenwch y paragraff gyda phartner.

Roedd Mr Twit yn un o'r dynion yma oedd ag wyneb blewog iawn. Roedd blew
hyd yn oed yn tyfu mewn twffiau erchyll allan o'i ffroenau a thyllau ei glustiau.
Roedd Mr Twit yn teimlo bod ei holl flew'n gwneud iddo edrych yn hynod o
ddoeth a mawreddog. Ond twpsyn oedd Mr Twit. Yn chwe deg oed, roedd e'n
fwy o dwpsyn nag erioed.

a   Copïwch a llenwch y grid.

Geiriau sy'n disgrifio Mr Twit	Geiriau da yn eich barn chi	Geiriau effeithiol

b   Disgrifiwch Mr Twit i'ch partner.

13   Mae Mr Twit ar goll. Chi yw'r person olaf i'w weld e. Disgrifiwch Mr Twit
i'r heddlu.

Defnyddiwch y cwestiynau i'ch helpu chi:

·   Sut berson ydy Mr Twit?

·   Faint ydy oed Mr Twit?

·   Disgrifiwch wyneb Mr Twit.

14 Defnyddiwch y geiriau newydd i greu cymeriad eich hunan. Cuddiwch eich gwaith!

15 Partner un – disgrifiwch eich cymeriad i'ch partner.

Partner dau – gwrandewch ar y disgrifiad. Tynnwch lun o'r cymeriad.

16 a Disgrifiwch wyneb hapus.

b Disgrifiwch wyneb cas.

17 a Darllenwch y stori.
b Darllenwch beth mae Mr a Mrs Twit yn eu dweud yn y stori.
Person un: Mr Twit
Person dau: Mrs Twit
Person tri: adroddwr

Sbageti mwydod

… sleifiodd Mrs Twit allan i'r ardd a phalu ychydig o fwydod o'r pridd. Dewisodd hi rai mawr hir a'u rhoi nhw mewn tun a chario'r tun yn ôl i'r tŷ o dan ei ffedog.

Am un o'r gloch, coginiodd hi sbageti i ginio a chymysgu'r mwydod ag ef ond dim ond ar blât ei gŵr. Doedd y mwydod ddim i'w gweld oherwydd roedd saws tomato dros bopeth, a chaws wedi'i daenu drosto.

'Hei, mae fy sbageti i'n symud!' gwaeddodd Mr Twit gan wthio'i fforc o gwmpas.

'Math newydd yw e', meddai Mrs Twit. … 'Sbageti Soeglyd yw e. Mae e'n flasus dros ben. Bwyta fe i gyd nawr cyn iddo fe oeri.'

Dechreuodd Mr Twit fwyta. … Cyn hir roedd saws tomato dros ei ên flewog i gyd.

'Dydy e ddim cystal â'r math arferol' meddai, gan siarad a'i geg yn llawn. 'Mae e'n rhy soeglyd.'

'Dw i'n meddwl ei fod e'n flasus iawn', meddai Mrs Twit. … Roedd hi wrth ei bodd yn ei wylio fe'n bwyta mwydod. … Arhosodd Mrs Twit tan i Mr Twit orffen y platiaid i gyd. Yna meddai hi, 'Wyt ti eisiau gwybod pam roedd dy sbageti di mor soeglyd?'

'Pam?' meddai (Mr Twit)

'Oherwydd mai mwydod oedd e!' gwaeddodd Mrs Twit … a hollti ei bol yn chwerthin.

palu *(to) dig*	
mwydod *worms*	
ffedog *apron*	
taenu *(to) scatter*	
symud *(to) move*	
soeglyd *soggy*	
gen *chin*	

18   Siaradwch gyda'ch partner. Atebwch y cwestiynau o gwmpas lluniau
Mr a Mrs Twit.

   a   Beth mae Mrs Twit yn ei goginio?

   b   Beth mae Mr Twit yn ei ddweud am y sbageti?

   c   Sut mae Mrs Twit yn disgrifio'r sbageti?

   ch   Ydy Mr Twit yn hoffi'r sbageti? Pam?

   d   Sut mae Mrs Twit yn teimlo yn gwylio Mr Twit yn bwyta'r sbageti?

   dd   Hoffech chi fwyta sbageti Mrs Twit?

19   Chi ydy Mrs Twit. Rydych chi'n gweithio mewn cantîn ysgol.

   a   Rydych chi eisiau creu bwydlen newydd (bwydlen 'wahanol') i'r ysgol.

   b   Rydych chi'n mynd i ddisgrifio'r fwydlen wahanol i un o staff y gegin.

20   Tasgau estynedig.

EFYDD	
Mae person ar goll. Rydych chi'n creu poster ar goll sy'n disgrifio'r person.	*Create a poster describing a missing person.*

Cofiwch gynnwys:
   o leiaf 2 ddisgrifiad gwahanol o'r wyneb
   o leiaf 2 ansoddair newydd
   o leiaf 2 ffaith am beth mae'n ei wisgo/gwneud	

ARIAN	*Give a detailed description of a suspicious person to the police.*
Rydych chi wedi gweld person drwgdybus yn yr ardal ac mae'r heddlu wedi gofyn i chi ddisgrifio'r person.	

Cofiwch gynnwys:
   disgrifiad manwl, e.e. wyneb, gwallt, dillad
   disgrifiadau yn cynnwys o leiaf 2 gymhariaeth
   eich barn am y person	

AUR	*Give a summary of a short play for young people to a film company.*
Mae cwmni ffilm wedi eich comisiynu i ysgrifennu drama fer i bobl ifanc. Maen nhw eisiau crynodeb o'r ddrama.	

Cofiwch gynnwys:
   stori'r ddrama yn fyr
   lleoliad y ddrama
   disgrifiadau manwl o'r cymeriadau gwahanol	

4 Sut fyddech chi'n teimlo?

Empathi

Darllenwch y gerdd 'Fo a Fi' gan Robat Powell.

Fo a Fi

Bob bore,
Blaidd Blwyddyn Deg yn aros
Wrth y cornel
Am oen o Flwyddyn Wyth.

Pawen ar yr oen,
Pawen ar fraich,
Cipio'r Mars o'r bag,
Neu'r pres o'r pwrs.

A heddiw dyma'r blaidd,
Yn neidio arna i,
Dannedd yn fflachio,
'Ble mae dy bres?'

Beth dw i am wneud?
Rhoi'r pres yn ei bawen?
Brefu 'mê-mê'
A rhedeg?

Nid oen ydw i,
Ond tarw Blwyddyn Wyth!
'Dos o 'ma'r bwli! Dos at dy griw!'
Ac i ffwrdd ag o – heb siw na miw!

blaidd *wolf*

oen *lamb*

pawen *paw*

cipio *(to) snatch*

fflachio *(to) flash*

brefu *(to) bleat*

tarw *bull*

dos/cer *go*

heb siw na miw *without a sound*

Darllenwch y cwestiynau. Dewiswch yr ateb cywir.

1   Sut mae'r awdur yn disgrifio'r bwli?

2   Pa eiriau mae'r awdur yn eu defnyddio i ddisgrifio'r anifail yma?

    a   pawen a dannedd   b   cipio a fflachio   c   brefu a rhedeg

3   Ym mha flwyddyn mae'r bwli?

    a   8   b   9   c   10

4   Sut mae'r awdur yn disgrifio'r bachgen sy'n cael ei fwlio?

5 Pa eiriau mae'r awdur yn eu defnyddio i ddisgrifio'r anifail yma?

   a   pawen a dannedd   b   cipio a fflachio   c   brefu a rhedeg

6 Ym mha flwyddyn mae e?

   a   8   b   9   c   10

7 Dyma oen: diniwed, tawel, swil, ciwt a bywiog.

   Dyma flaidd. Nodwch bum ansoddair i ddisgrifio blaidd.

8 Pam mae'r awdur yn defnyddio'r geiriau 'blaidd' ac 'oen'?

9 Sut ydych chi'n gallu helpu? Mae bwlio yn broblem yn eich ysgol chi. Rhaid i chi greu neges wrthfwlio dim mwy na 30 eiliad o hyd, ar gyfer tudalen Twitter yr ysgol.

Beth alla i wneud?

Darllenwch y gerdd 'Y Bocs' gan Rosie Haywood.

Y Bocs

Hen focs Kit Kat
ar stepen drws
tu allan i Kwik Save
a chwilt wedi rhwygo.
Tŷ pwy ydi hwn?

Mae o'n edrych trwy ei falaclafa du.
Mae o'n gweld
      olwynion troli llawn bwyd.
Mae o'n clywed
      punnoedd yn tincian
      mewn pocedi sy'n pasio.
Mae e'n ogleuo
      chips neu gyrri
      twrci a bara ffresh.

Pasio mae'r
bobl dew sy wedi bwyta gormod
a'r bobl grand.

'Dim ond bocs sydd gen i …

Geiriau sbeitlyd yn bownsio ar fy nghlustiau ac
yn fy nghalon
      dim ond am fy mod i'n
      byw mewn bocs.'

wedi rhwygo *torn*	
olwynion *wheels*	
ogleuo/arogli *(to) smell*	
sy wedi bwyta gormod *who have eaten too much*	
geiriau sbeitlyd *spiteful words*	
dim ond am fy mod … *only because I …*	

1 Copïwch a llenwch y bylchau gyda'r geiriau cywir: balaclafa du, bocs, cartref, gas.

   a   Mae'r cymeriad yn byw mewn ……… .   c   Mae'r cymeriad yn gwisgo ……… .

   b   Does dim ……… gyda'r cymeriad.   ch Mae pobl yn ……… i'r cymeriad.

2 Copïwch y tabl a nodwch ddau beth mae'r cymeriad yn eu:

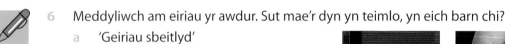

Gweld	Clywed	Ogleuo

3 'Dim ond bocs sydd gen i …' – mae hyn yn drist iawn. Sut ydych chi'n defnyddio bocs? Nodwch bum peth.

4 Dyma hen focs. Beth ydy stori'r bocs? Disgrifiwch daith y bocs:

- Dechrau ble?   • Wedyn ble?   • Nawr ble?

5 'Mae o'n edrych trwy ei falaclafa du.' Trafodwch mewn grwpiau:

a Beth mae'r balaclafa du yn ei symboleiddio?

b Pam du? Beth mae du yn ei symboleiddio?

c Pam balaclafa? Beth mae balaclafa yn ei symboleiddio?

6 Meddyliwch am eiriau yr awdur. Sut mae'r dyn yn teimlo, yn eich barn chi?

a 'Geiriau sbeitlyd'

b 'Punnoedd yn tincian mewn pocedi'

c 'Olwynion troli llawn bwyd'

7 Ysgrifennwch gerdd eich hunan am dlodi. Mae Rosie Haywood yn defnyddio'r synnwyr gweld, clywed, ogleuo. Beth am ddefnyddio'r pum synnwyr: gweld, clywed, arogli, blasu, teimlo. Defnyddiwch y tabl isod i'ch helpu.

Digartrefedd

	Cynllun	Enghraifft
👁 👁	Gweld + enw + berf	Gweld dyn ifanc yn cardota
👂	Clywed + enw + berf	Clywed pobl yn beirniadu
👃	Arogli + enw + ansoddair	Arogli dillad carpiog, llaith
👅	Blasu + enw	Blasu anobaith
👆	Teimlo + enw	Teimlo siom
?	Teitl + cwestiwn	Digartrefedd – ein problem ni?

→

Digartrefedd

Gweld dyn ifanc yn cardota

Clywed pobl yn beirniadu

Arogli dillad carpiog, llaith

Blasu anobaith

Teimlo siom

Digartrefedd – ein problem ni?

Darllenwch y stribed cartŵn isod.

1 Cafodd Hedd Wyn ei eni ar 13 Ionawr 1887.

2 Ellis Evans oedd ei enw iawn, a Hedd Wyn oedd ei enw barddol.

3 Roedd Ellis yn byw ar fferm o'r enw Yr Ysgwrn, ger Trawsfynydd.

4 Yn ifanc roedd e'n mwynhau ysgrifennu barddoniaeth.

5 Roedd ffrindiau da gyda fe.

6 Roedd Ellis wrth ei fodd yn ysgrifennu barddoniaeth, ac roedd William Morris yn helpu gyda sillafu.

7 Dechreuodd y Rhyfel Byd Cyntaf yn 1914. Doedd Ellis ddim eisiau mynd i'r rhyfel.

8 Ymunodd Griff (ffrind Ellis) â'r fyddin ar unwaith.

9 Breuddwyd Ellis oedd ennill cadair yr Eisteddfod Genedlaethol.

10 Roedd sawl cadair gydag Ellis yn barod.

11 Doedd dim Eisteddfod yn 1914 achos y rhyfel.

12 Roedd dynion ifanc yr ardal yn mynd i'r rhyfel. Roedd rhaid i un o fechgyn Yr Ysgwrn fynd i'r rhyfel – Ellis neu Bob.

13 Yn amlwg, roedd bywyd yn y rhyfel yn ofnadwy.

14 Bu farw Ellis yn 1917 yng Ngwlad Belg, yn y Rhyfel Byd Cyntaf.

15 Pum wythnos ar ôl iddo marw, daeth llythyr i'r Ysgwrn. Roedd Ellis wedi ennill cadair yr Eisteddfod.

16 Dyma Eisteddfod 'Y Gadair Ddu' achos roedd Hedd Wyn wedi marw. Mae'r gadair yn Yr Ysgwrn hyd heddiw.

1 Darllenwch y datganiadau isod. Copïwch y tabl a thiciwch gywir neu anghywir.

	Cywir	Anghywir
1 Ei enw iawn oedd Ellis Evans.		
2 Roedd Ellis yn hapus i fynd i'r rhyfel.		
3 Ystyr Hedd Wyn ydy 'White Peace'.		
4 Doedd dim Eisteddfod yn 1914.		
5 Roedd Hedd Wyn yn breuddwydio am dŷ mawr.		

2 Darllenwch y sefyllfaoedd isod ac atebwch y cwestiynau.

a Roedd rhaid i Hedd Wyn fynd i'r rhyfel. Beth mae'n rhaid i chi wneud, ond ddim yn hoffi gwneud?

b Roedd Hedd Wyn yn breuddwydio am ennill cadair yr Eisteddfod Genedlaethol. Beth ydy eich breuddwydion chi?

c Doedd dim llawer o arian gyda theulu Hedd Wyn. Pa eitemau costus sydd gyda chi?

3 Rhaid i chi creu deipograffeg, neu wordle. Llenwch bob llythyr o'r gair EMPATHI gyda geiriau, ymadroddion a negeseuon addas. Er enghraifft: rhaid stopio bwlio, geiriau sbeitlyd, mae pawb yn bwysig.

5 Comment les langues yn debyg i'w gilydd

1 Faint o'r llyfrau isod ydych chi wedi eu darllen?

> Harri Potter a Maen yr Athronydd

> Superted yn y Gofod

> Smot – Ble mae'r cywion bach melyn?

> Cyfrinach Nana Crwca

> Asterix yn y Gemau Olympaidd

> Y Twits

> Anturiaethau Tintin: Yr Ynys Ddu

a Ydych chi'n hoffi'r llyfrau yma?

b Darllenwch y gosodiadau isod:

- Ysgrifennwyd stori gyntaf *Tintin* yn Ffrainc yn 1929. Roedd yn disgrifio hanes dyn ifanc o wlad Belg a'i gi bach gwyn o'r enw Milou.

- Mae llyfrau *Harry Potter* ar gael mewn 80 iaith erbyn heddiw, gyda phlant ar draws y byd yn gallu darllen storïau J. K. Rowling yn eu hiaith eu hunain.

- Alun C. Jones sydd wedi cyfieithu'r llyfrau *Asterix* i'r Gymraeg. Roedd e wedi newid o'r Ffrangeg i'r Gymraeg yn lle defnyddio'r Saesneg. Yn wir, cafodd y llyfrau eu hysgrifennu yn Ffrangeg yn gyntaf. Heddiw, mae llyfrau Asterix ar gael mewn dros 100 o ieithoedd gwahanol.

Copïwch y grid isod. Ticiwch gywir neu anghywir.

Gosodiad	Cywir	Anghywir
Mae llyfrau *Harry Potter* ar gael mewn dros hanner cant o ieithoedd gwahanol.		
Ysgrifennodd Alun C. Jones y llyfrau *Asterix* yn Ffrangeg.		
Mae prif gymeriad *Tintin* yn dod o Ffrainc yn wreiddiol.		

2 Mae llawer o eiriau Cymraeg yn dod o'r Lladin hefyd. Tybed beth ydy'r geiriau yma yn y Gymraeg?

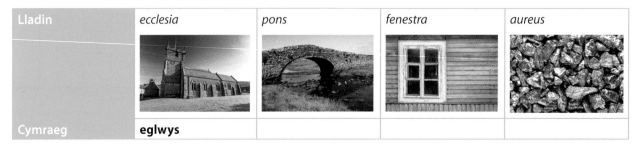

Lladin	ecclesia	pons	fenestra	aureus
Cymraeg	eglwys			

3   Pam darllen yn Gymraeg? Ydych chi'n cytuno neu'n anghytuno gyda'r
    gosodiadau isod?

> Does dim byd yn well na
> darllen llyfrau yn Gymraeg. Dw i'n
> gwybod y stori yn barod felly mae'n haws
> deall.
>
> **Sam, 15 oed**

> Mae darllen yn
> Gymraeg yn ffordd dda o
> ddysgu geirfa a brawddegau newydd.
> Dw i'n datblygu fy hyder bob dydd wrth
> wneud.
>
> **Laura, 17 oed**

> Roedd darllen yn
> bwysig iawn i ni fel teulu –
> felly mae'n bwysig gallu darllen llyfrau
> fel *Mr Men* a *Smot* i'r plant yn Gymraeg
> rŵan.
>
> **Llinos, 31 oed**

'Yr Hugan Fach Goch'

4   Dyma stori am yr Hugan Fach Goch ond mae problem! Mae'r awdur wedi
    cymysgu'r Gymraeg a Ffrangeg.

Voici le Petit Chaperon rouge. Elle habite avec sa mère dans un village près de la forêt. Elle aime porter un chaperon rouge. Aujourd'hui, elle va chez sa grand-mère qui habite dans la forêt.

Aeth hi i weld ei mam-gu gyda basged yn llawn o wyau a bara. Roedd hi'n braf a sgipiodd hi'n hapus yn y goedwig. Yna, gwelodd hi flaidd mawr yn y goedwig.

'Salut, la petite fille!' dywedodd y blaidd mawr. 'Salut!' dywedodd yr Hugan Fach Goch.

'I ble wyt ti'n mynd?' gofynnodd y blaidd mawr.

'Je vais chez ma grand-mère. Elle habite dans la forêt. Mae fy mam-gu eisiau wyau a bara felly dyma nhw. Mae mam-gu yn dwlu ar wyau wedi'u ffrio gyda thost! Bydd hi'n hapus iawn!'

'Ie, bydd hi'n hapus iawn – fel fi!' dywedodd y blaidd mawr.

Cofiodd yr Hugan Fach Goch eiriau mam 'Paid siarad ag unrhyw un yn y goedwig!' a rhedodd hi i dŷ mam-gu.

Cnociodd hi ar y drws. 'Salut, grand-mère! C'est moi – le Petit Chaperon rouge. Ça va?'

'Bonjour!' dywedodd llais o'r ystafell wely.

'Oh mam-gu! Am lais dwfn!'

'Diolch! Er mwyn siarad gyda ti'n well!'

'Oh mam-gu! Am glustiau mawr!'

'Diolch! Er mwyn dy glywed di'n well!'

'Oh mam-gu! Am lygaid mawr!'

'Diolch! Er mwyn dy weld di'n well!'

'Oh mam-gu! Am ddannedd mawr!'

'Diolch! Er mwyn dy fwyta di'n well!'

Sgrechiodd yr Hugan Fach Goch. Diolch byth roedd ffermwr yn gweithio yn yr ardd. Rhedodd e mewn i dŷ mam-gu. Achubodd e'r Hugan Fach Goch a rhedodd y blaidd i ffwrdd yn y goedwig.

Atebwch y cwestiynau yn Gymraeg.

a   Ble mae'r Hugan Fach Goch yn byw?

b   Beth mae hi'n hoffi ei wisgo?

c   Ble mae hi'n mynd heddiw?

5   Helpwch yr awdur i ysgrifennu'r stori yn Gymraeg gan newid y Ffrangeg yn y stori.

Byd Hollol Anhygoel Twm Clwyd

6   Mae llyfrau Twm Clwyd neu Tom Gates yn Saesneg yn boblogaidd hefyd. Ond pwy ydy Twm Clwyd? Wel, dyma sut mae Twm yn cyflwyno ei hunan ar gefn un o'i lyfrau.

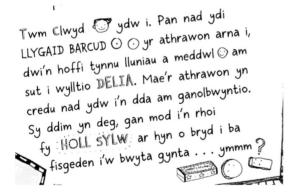

Twm Clwyd 😊 ydw i. Pan nad ydi LLYGAID BARCUD ☺ ☺ yr athrawon arna i, dwi'n hoffi tynnu lluniau a meddwl 😊 am sut i wylltio DELIA. Mae'r athrawon yn credu nad ydw i'n dda am ganolbwyntio. Sy ddim yn deg, gan mod i'n rhoi fy HOLL SYLW ar hyn o bryd i ba fisgeden i'w bwyta gynta . . . ymmm ?

a   Trafodwch y gosodiadau yma. Ydyn nhw'n gywir neu'n anghywir?

Gosodiad	Cywir	Anghywir
1 Mae Twm yn fachgen gweithgar.		
2 Mae e'n mwynhau arlunio, yn enwedig dwdlo.		
3 Mae bwyd yn bwysig iddo, yn enwedig bwyd melys.		

b   Hoffech chi gael ffrind fel Twm Clwyd?

c   Oes bachgen fel Twm Clwyd yn eich dosbarth chi fel arfer?

7   Mae llawer o gymeriadau diddorol yn ysgol Twm Clwyd: cymeriadau bywiog, cymeriadau rhyfedd, cymeriadau gwahanol! Darllenwch amdanynt.

> **EFA PARRI:** Mae hi'n bert ac yn glyfar. Hi ydy'r ferch ddelfrydol yn ôl Twm.

> **CLEDWYN CALEB:** 'Caled' ydy ei ffug-enw. Fe ydy'r bachgen talaf yn yr ysgol.

> **CARWYN CAMPBELL:** Mae e'n mynd ar nerfau Twm. Mae e'n fusneslyd ac yn meddwl ei fod yn gwybod pob dim bob amser.

> **MR FFOWC:** Dyma athro dosbarth Twm. Dyn pen moel, canol oed gyda llygaid barcud.

> **MRS WILLIAMS:** Athrawes, yn dysgu mathemateg fel arfer. Mae popeth yn 'hyfryd' yn ei barn hi. Mae sbectol a mwstas ganddi.

> **MR PREIS:** Athro oriog gyda wyneb coch sy'n troi'n gochach pan fydd e'n flin. Hefyd mae ei aeliau yn edrych fel dwy siani flewog yn cropian ar draws ei wyneb.

   Pa dri o'r cymeriadau yma hoffech chi gwrdd â nhw? Rhowch resymau dros eich dewis.

8   Ond beth am deulu Twm? Wel, dyma nhw.

> **DELIA:** Chwaer hŷn Twm. Mae hi'n flin bob amser ac yn snobyddlyd iawn.

> **MAM a DAD:** Rhieni Twm. Mae tad Twm yn gweithio'n galed ond dydy e ddim yn hoffi gwario gormod o arian. Mae Mam Twm yn hoffi edrych yn smart a bwyta'n iach.

> **Y FFOSILIAID:** Dyma Nain a Taid Twm. Maen nhw'n hen – yn hen iawn ym marn Twm a Delia!

> A dweud y gwir, hobi Twm ydy gwylltio Delia (a bwyta wafferi caramel!). Wrth gwrs, dydy Delia ddim yn hapus ac yn cwyno wrth ei rhieni o hyd ac o hyd. Felly mae Twm mewn trwbwl gyda'i rieni gartre ac yn yr ysgol. Mae e wedi bod yn ysgrifennu sawl neges i athrawon yr ysgol gan esgus mai ei fam neu ei dad sydd wedi ysgrifennu'r negeseuon. Wps!

   Darllenwch rai o'r negeseuon ar dudalen 124.

Annwyl Mr Ffowc

Mae annwyd trwm ar Twm, druan, a dydi o ddim yn gallu gneud Ymarfer Corff y tu allan – byth.

Hwyl

Rita Clwyd

Annwyl Mr Ffowc

Geith Twm ei esgusodi o'r prawf sillafu'r wsnos yma? Mae o wedi cael wsnos go anodd (stwff teuluol).

Diolch

Rita Clwyd

Annwyl Mr Ffowc

Mae Twm wedi bod yn helpu ei nain sy'n sâl, yr hen beth, ac heb gael amser i neud ei waith cartra.

Sori

Rita Clwyd

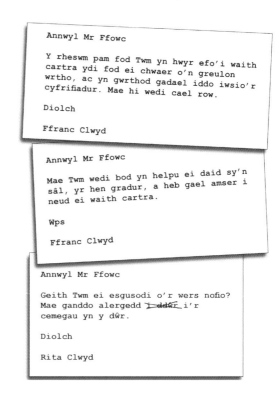

Annwyl Mr Ffowc

Y rheswm pam fod Twm yn hwyr efo'i waith cartra ydi fod ei chwaer o'n greulon wrtho, ac yn gwrthod gadael iddo iwsio'r cyfrifiadur. Mae hi wedi cael row.

Diolch

Ffranc Clwyd

Annwyl Mr Ffowc

Mae Twm wedi bod yn helpu ei daid sy'n sâl, yr hen gradur, a heb gael amser i neud ei waith cartra.

Wps

Ffranc Clwyd

Annwyl Mr Ffowc

Geith Twm ei esgusodi o'r wers nofio? Mae ganddo alergedd i ddŵr i'r cemegau yn y dŵr.

Diolch

Rita Clwyd

9   Beth am helpu Twm i ysgrifennu negeseuon newydd? Neu beth am ysgrifennu neges ar gyfer un o'ch athrawon chi? Er enghraifft: neges i osgoi gwersi rygbi, neges i gael cinio cynnar…

Y Bachgen Mewn Pyjamas

10 Mae sawl llyfr wedi cael ei gyfieithu i'r Gymraeg, sawl llyfr poblogaidd. Un o'r llyfrau yma ydy *Y Bachgen Mewn Pyjamas* gan John Boyne. Cafodd y nofel ei chyfieithu gan Emily Huws ac mae'r stori yr un mor bwerus yn y Gymraeg a'r Saesneg. Edrychwch ar y clawr ar-lein ac atebwch y cwestiynau.

a   Beth allen ni ddysgu am y llyfr o'r clawr?

b   Meddyliwch am bum gair i ddisgrifio'r clawr?

11 Darllenwch y cyflwyniad i'r llyfr a neges Chris i'w ffrind.

Dydy Bruno erioed wedi clywed am yr Holocost. Dydy e ddim yn gwybod sut mae pobl Ewrop yn cael eu trin. Dydy e ddim yn gwybod dim … nes iddo weld Shmuel, y bachgen mewn pyjamas sy'n byw ar ochr arall y ffens weiren.

Hei, roedd rhaid imi ysgrifennu atat – yn syth wedi gorffen y llyfr. Am stori! Roedd yn ofnadwy ac mor drist, ond yn ôl Dad mae'n portreadu bywyd yn ystod yr Ail Ryfel Byd i lawer o bobl, yn enwedig yr Iddewon.

Mae angen i ti ddarllen y llyfr. Hoffet ti fenthyg copi neu allet ti lawrlwytho copi o'r We wrth gwrs? Dw i'n gwybod bod y stori yn drist ac yn enbyd, ond dylen ni wybod am hanes y byd. Hefyd, byddwn ni'n

enbyd *tragic*

yr Iddewon *the Jews*

gwersyll carcharorion rhyfel *prisoner-of-war camp*

swyddogion *officers*

siambrau nwy *gas chambers*

dysgu am hanes yr Almaen yn y gwersi hanes y tymor nesaf. Dw i wrth fy modd yn darllen llyfrau doniol neu lyfrau antur ond roedd y stori hon yn wahanol.

Jyst i ti gael blas ar y stori – mae Bruno sy'n naw oed yn symud gyda'i deulu i fyw ger gwersyll carcharorion rhyfel Awtshys. Ei Dad oedd y prif swyddog yno. Mae e'n cwrdd â Shmuel, bachgen o Wlad Pwyl o'r un oedran ag e – cafodd y ddau eu geni ar Ebrill 15, 1934. Y prif wahaniaeth oedd bod Bruno yn rhydd ac yn ddiogel a bod Shmuel yn y gwersyll a'i fod wedi colli ei deulu. Dyma Bruno yn penderfynu helpu Shmuel i chwilio am ei dad, yn mynd i mewn i'r gwersyll dan y ffens weiren ac yn gwisgo pyjamas fel ei fod yn edrych fel pawb arall. Y broblem oedd bod y swyddogion wedi dewis y diwrnod hynny i anfon llawer o'r carcharorion i mewn i'r siambrau nwy, yn cynnwys bechgyn ifanc.

Mae Mam wedi clywed bod ffilm ar gael am y stori hefyd. Dw i'n falch fy mod i wedi darllen y llyfr yn gyntaf ond hoffwn i wylio'r ffilm ar y penwythnos. Dere draw i aros – allen ni wylio'r ffilm gyda'n gilydd wedyn.

a   Pa un yw'r ateb cywir?

   i   Beth oedd yn debyg rhwng y ddau fachgen?

        enw   cartref   penblwydd

   ii   Mae'r hanes yn digwydd yn …

        1942   1943   1944

   iii Gwisg y carcharorion?

        siwt oren   tracwisg   pyjamas

   iv   Problem diwrnod olaf Bruno?

        gwisgo pyjamas   darllen llyfr   y ffens weiren

b   Atebwch y cwestiynau yn Gymraeg

   i   Sut fyddech chi'n disgrifio'r llyfr hwn?

   ii   Hoffech chi ddarllen y llyfr? Pam?

12   Mae'r llyfr hwn wedi cael ei gyfieithu i sawl iaith arall.

Sbaeneg	Hindi
Ffrangeg	Almaeneg
Bengali	Rwseg
Siapanieg	Mae'r neges yr un peth. Does dim ots am yr iaith.

Stori anhygoel yn trafod rhan o hanes na ddylen ni anghofio. Yn wir, dylen ni ddysgu o'r hanes.

6 Creu cerddi

Cerdd neu nofel?

Beth ydych chi'n meddwl ydy'r gwahaniaeth rhwng **cerdd** a **nofel**?

Mae **nofel** yn edrych ar y llun yn llawn. Mae'n rhoi llawer o wybodaeth i chi am lawer o bethau. Mae llawer o gymeriadau mewn nofel a llawer yn digwydd.

Edrychwch ar y llun.

- Mae llawer o bethau yma: pont, afon, tŷ, coeden, cae, mynydd.
- Mae'r llun hwn fel nofel neu stori. Mae llawer o bethau'n digwydd mewn nofel neu stori.

Mae **cerdd** yn wahanol. Beth am i ni edrych ar *un* rhan o'r llun?

- Rydyn ni'n gallu anghofio am y bont, yr afon, y cae, a sylwi ar un ddeilen ar wal y tŷ.
- Fel arfer, mae **cerdd** yn sôn am un peth. Ond wrth sôn am un peth, mae'n gallu awgrymu llawer o bethau.

Er enghraifft, os ydych chi'n ysgrifennu cerdd am yr hydref, mae'n well ysgrifennu cerdd am un ddeilen yn newid ei lliw.

Os ydych chi eisiau adeiladu tŷ, mae angen gosod y sail yn gyntaf. Mae'r tŷ yn cael ei adeiladu ar ben y sail.

● Os ydych chi eisiau ysgrifennu cerdd, mae angen cael syniad yn gyntaf.
● Wedyn mae angen dod o hyd i bethau fel pren, brics, gwydr, llechi.

Beth ydyn ni eisiau ei ddweud am yr hydref?

> Mae'n wir fod pethau'n marw yn yr hydref.
> Mae dail yn colli eu lliw. Maen nhw'n marw ac yn disgyn o'r goeden.
> Does dim llawer yn tyfu yn yr hydref.
> Pa deimlad sy'n dod i chi wrth glywed hyn? Rydych chi siŵr o fod yn teimlo'n drist.

> Ond rydyn ni'n gwybod bod y gwanwyn yn dod ar ôl yr hydref a'r gaeaf, ac mae hynny'n ein gwneud ni'n hapus!

> GWYCH! Rydyn ni wedi cael y syniad.

Mae angen i ni wedyn feddwl am eiriau sy'n mynd gyda'r syniad. Er enghraifft:

marw · melyn · coch · brigyn · lliw · gwywo · cwympo · deilen

Allwch chi feddwl am fwy?

Syniadau i greu cerdd

1   Gallwch gynnwys rhai geiriau neu syniadau sy'n cyferbynnu.

Er enghraifft:

bach/mawr

tal/byr

Ydych chi'n gallu rhoi'r geiriau yma yn y lle cywir?

pell	gwan
cryf	cuddio
cynnes	agos
mynd	oer
golau	dod
distaw	tywyll
dangos	sŵn
deigryn	gwên

2   Defnyddio **PERSON**oliad!

Edrychwch ar y llun.

Beth yw'r disgrifiad gorau?

a   Mae glaw wedi disgyn ar y dail.

b   Mae'r dail yn crio.

Wel ie, b, wrth gwrs!

Personoliad yw dweud fod rhywbeth yn gwneud beth mae person fel arfer yn ei wneud. Meddyliwch am bethau mae person fel arfer yn eu gwneud, er enghraifft:

 sgrechian
 rhedeg
 gwenu
 crio
 cropian

Nawr meddyliwch am rywbeth o fyd natur. Er enghraifft: cwmwl.

Cwmwl yn cropian ar draws yr awyr.

3   **Odli**. Mae geiriau sy'n gorffen gyda'r un llythrennau yn ODLI! Er enghraifft:

•   cynn**ES**

•   han**ES**

•   ll**AW**

•   gl**AW**

a   Allwch chi feddwl am eiriau sy'n odli gyda'r rhain?

- deil**en**
- brig**yn**
- taw**el**
- b**yd**
- caw**od**

b   Dyma gerdd sydd bron â gorffen. Allwch chi helpu?

Un ddeilen fach yn ....
mae wedi colli'r .... ,
mae wedi colli ....
ac wedi newid ....

Y goeden sydd yn ....
a'i brigau'n wag i .... ,
mae'r haul yn cuddio'n ....
ac O! mor oer yw'r ....

Ond bydd yn wanwyn eto
yn newydd ac yn hen,
a bydd deilen fach ar frigyn
yn tyfu gyda gwên.

Gorffennwch y llinellau gyda'r geiriau yma:

- Pennill 1: criw, disgyn, gafael, lliw
- Pennill 2: gyd, byd. Allwch chi feddwl am eiriau eich hun i orffen llinell 1 a 3?

> **Pob hwyl ar ysgrifennu eich cerdd eich hun!**

7 Amser ditectif

Dadansoddi

1 Darllenwch y stori fer.

Un Noson yn y Ffair

gan Rowena Edwards

Nos Wener, roedd y ffair yn y pentref. Roedd pawb yn hapus! Mae'r ffair bob amser yn llawer o hwyl ac mae pawb yn dathlu.

Roedd llawer o bobl ifanc yn y ffair. Roedd George a'i ffrindiau o'r enwau Jacob, Wil a Kamal yn mynd i'r ffair. Roedden nhw'n hapus iawn achos roedden nhw'n dwlu ar y ffair yn enwedig y stondinau bwyd!

Am bump o'r gloch, cwrddodd y ffrindiau ac aethon nhw i'r ffair. Gwelon nhw Mr a Mrs Jones o'r siop gornel yn mynd i'r ffair hefyd. Roedd Mr Jones yn hen ddyn gyda gwallt gwyn fel eira a barf hir fel Siôn Corn. Ond doedd e ddim yn debyg i Siôn Corn! Roedd e'n casáu pobl yn ei siop ac roedd e'n gweiddi bob amser. Roedd Mrs Jones yn fach ac yn dawel. Roedd hi'n gwenu o glust i glust yn aml ond roedd hi'n edrych yn drist weithiau.

'Beth wyt ti'n feddwl o Mr Jones, Wil?' gofynnodd Kamal yn dawel.

'Wel, a bod yn onest, dw i'n meddwl ei fod e'n od iawn. Mae e'n sgrechian bob amser,' atebodd Wil.

'Dw i ddim yn hoffi Mr Jones achos mae e'n gas. Mae e'n gweiddi ac mae e'n grac!' dywedodd Jacob.

'Ie, dw i'n cytuno. Mae e'n casáu plant yn y siop! Mae e'n codi ofn arna i,' sibrydodd Kamal.

'Dyma ni, fechgyn! Y ffair!' cyhoeddodd George.

Mawredd mawr mae hi'n swnllyd! Mae cerddoriaeth ym mhobman. Mae pobl yn gweiddi. Mae pobl yn sgrechian ac mae pobl yn chwerthin. Am hwyl! Mae'r bechgyn yn dwlu ar reidiau – reidiau cyflym, reidiau swnllyd, reidiau uchel – does dim ots! Maen nhw'n hoffi pob un.

Aeth y bechgyn syth at yr olwyn fawr. Mae'r ciw yn fawr ond does dim ots! Maen nhw'n aros yn y ciw. Mae Mr a Mrs Jones yn y ciw hefyd. Mae Mr Jones yn siarad â Mrs Jones ond dydy Mrs Jones ddim yn edrych yn hapus o gwbl.

Am hanner awr wedi chwech, aeth y bechgyn i brynu ci poeth ond roedd y ciw yn enfawr. Arhosodd George yn y ciw ond am chwarter i saith aeth Jacob i'r tŷ bach. Am saith o'r gloch, roedd George yn dal yn y ciw felly aeth Kamal i brynu candi fflos. Am ddeg munud wedi saith aeth Wil i'r stondin cneuen goco ac enillodd e dedi mawr. Roedd Mrs Jones yn chwarae hefyd ond enillodd hi ddim.

Am chwarter wedi saith, roedd George yn dal yn y ciw ci poeth ond clywodd e sgrechian. Sgrechian o'r trên sgrêch? Na! Roedd dyn yn sgrechian ac yn rhedeg.

Beth sy'n digwydd? Meddyliodd George. Gwaeddodd y dyn. Roedd Mr Jones yn gorwedd ar y llawr ger y stondin cneuen goco.

'Mae Mr Jones wedi marw! Mae Mr Jones wedi marw! Mae gwaed bobman. Ffoniwch yr heddlu! NAWR!'

---

cwrdd â *(to) meet* **cneuen goco** *coconut*

barf *beard* **digwydd** *(to) happen*

gweiddi *(to) shout* **gorwedd** *(to) lie*

sgrechian *(to) scream* **stondinau** *stalls*

codi ofn arna i *(to) scare me* **euog** *guilty*

teimlo'n flin dros *(to) feel sorry for*

---

2 Roliwch y dis. Gofynnwch ac atebwch y cwestiynau.

a Ble oedd y stori?

b Pryd oedd y stori?

c Pwy ydy'r prif cymeriadau?

ch Beth ydy'r stori?

d Sut berson ydy Mr Jones?

dd Disgrifiwch y ffair.

3 Sganiwch y stori. Copïwch a llenwch y grid gyda'r wybodaeth briodol.

Ble oedd …	am 6:30?	am 6:45?	am 7:00?	am 7:10?	am 7:15?
George					
Jacob					
Kamal					
Will					
Mr Jones					
Mrs Jones					

4 Chwaraewch gêm ditectif i geisio dyfalu pwy sy wedi lladd Mr Jones.

5 Amser ditectif!

a Gorffenwch y brawddegau gan ddefnyddio'r geiriau yn y siapau.

i Genre y stori fer ydy ....

ii Mae'r awdur yn defnyddio .... fel .... *(rhowch o leiaf ddwy enghraifft wahanol).*

iii Yn y stori, mae'r awdur yn defnyddio .... fel ....

iv Gallwch chi weld enghraifft o .... fel ....

> stori fer   ansoddeiriau   brawddegau byr   brawddegau hir   deialog   cyflythreniad
>
> dirgelwch   idiomau   amser gorffennol   amser presennol   cymariaethau

b Categoreiddiwch y geiriau gydag enghreifftiau o'r stori:

- ansoddeiriau (er enghraifft: cyflym, uchel, swnllyd)
- deialog
- amser gorffennol
- brawddegau byr
- brawddegau hir
- idiomau
- amser presennol

6 Yn y stori, mae enghreifftiau o ddeialog.

a Chwiliwch am enghreifftiau o ddeialog.

b Darllenwch ar goedd. Nodwch y ffurfiau gwahanol o sut mae'r awdur yn cyflwyno'r ddeialog. Er enghraifft: … gofynnodd Kamal.

c Defnyddiwch y ddeialog i'ch helpu i greu deialog eich hunain.

Chi yw Jacob Gwyn. Rydych chi yn siop Mr Jones gyda'ch ffrindiau. Ysgrifennwch ddeialog rhwng Mr Jones a chi yn defnyddio technegau tebyg yn y stori.

7 Fasech chi'n argymell y stori? Pam?

8   Tasgau estynedig.

EFYDD
 	
Chi yw'r plismon yn y ffair. Mae'n rhaid i chi gyfweld â'r prif gymeriadau yn y stori.
 	
Cofiwch:
    ddechrau yn briodol
    cynnwys cwestiynau priodol fel ble/pryd/gyda phwy
    cynnwys cwestiwn barn am Mr Jones
    gorffen yn briodol
	You are the policeman in the fair and are going to interview the main characters from the story.

ARIAN
 	
Chi yw Mrs Jones. Rydych chi'n rhoi gwybodaeth i'r heddlu am y noson yn y ffair.
 	
Cofiwch:
    ddisgrifio Mr Jones
    disgrifio sut roeddech chi'n teimlo cyn y ffair
    disgrifio sut roeddech chi'n teimlo yn y ffair
    disgrifio sut ydych chi'n teimlo nawr
	You are Mrs Jones. You are giving information to the police about the evening at the fair.

AUR
 	
Rydych chi'n ysgrifennu erthygl i'r papur newydd lleol am y noson yn y ffair.
 	
Cofiwch:
    roi teitl
    cynnwys y ffeithiau pwysig
    cynnwys llinell amser
    disgrifio Mr Jones
    cynnwys dyfyniadau o bobl yn y ffair
	You are writing an article for the local newspaper about the evening in the fair.

8 Bydd Gryf

Dadansoddi llenyddiaeth

1 Cyn i chi ddarllen y ddrama:

   a   Edrychwch ar y clawr, beth fydd yn digwydd yn eich barn chi?

   b   Hoffech chi ddarllen y ddrama o'r clawr?

Bydd Gryf

Drama ar gyfer dysgwyr

Mae pedair ystafell wely ar y llwyfan mewn hanner cylch gyda sgrin fawr uwchben i'r gynulleidfa gael gweld. Mae llun o bedwar ffrind hapus yng Ngwersyll yr Urdd, Caerdydd ar y sgrin. Mae pedair sgrin cyfrifiadur ymhob ystafell wely yn wynebu'r gynulleidfa. Mae 'Bydd Wych' yn chwarae yn y cefndir.

Ystafell 1 – Daf: 15 oed, o Landudno.

Ystafell 2 – Cerys: 15 oed; ffermwraig o Sir Benfro.

Ystafell 3 – Siobhan: 15 oed. Merch freintiedig o'r Cymoedd.

Ystafell 4 – Gerallt (Ger): 15 oed, o Bowys. Mae'n ystafell eithaf moel.

| Gerallt | *(Mae'n dod i mewn i'r ystafell wely a deffro'r cyfrifiadur a mewngofnodi. Yna, mae'n rhoi'r bag ysgol ar y gwely. Mae'n rhoi llyfr ysgol a ffeil ar y ddesg. Mae'n gwirio'r calendr ac ysgrifennu rhywbeth arno, a rhoi tic, ac edrych ar y cloc. Yna mae'n agor drws ei ystafell wely).* Dad? Dad! *(Mae'n mynd allan.)* |

(Mae Siobhan, Cerys a Daf yn dod adref o'r ysgol, mynd i'w hystafelloedd, ac yn rhoi Zoom ymlaen ar y cyfrifiadur).

Siobhan	Haia pawb! Hai Daf! Hai Cerys! Ble mae Gerallt?
Cerys	Noswaith dda Siobhan. Mae'n neis dy weld di. Ti'n olreit Daf?
Daf	Ydw diolch. Ble mae Ger?
Siobhan	'Fi'n gwbod – dim signal in Powys is it. O sori – ym Mhowys I meant. Oh I really love this gwneud popeth yn Gymraeg thingy we're doing – mae'n helpu fi exerc … ymarfer fy Nghymraeg and my treigladau trwynol!
Cerys	Wenglish yw hwnna, Siobhan. Mae 'popeth yn Gymraeg' yn meddwl POPETH yn Gymraeg!
Daf	Ia, c'mon Siobhan – mae'n bwysig trio! Dw i wedi codi mil kilogram heno ar y dumb-bells. Roeddwn i'n cyfri yn Gymraeg. *(Mae o'n dangos ei gyhyrau.)*
Cerys	Wid-wiw, Daf!
Siobhan	Breichiau sore now, is it Daf?

Daf	Na, cur pen. Dw i ddim yn gallu cyfri'n dda iawn ar ôl cant!

(Mae Ger yn dod yn ôl i mewn i'w ystafell wely, ac eistedd ger y cyfrifiadur. Mae'n edrych ar y cloc.)

Cerys	Gerallt! Mae Gerallt 'mlaen! Ti'n iawn Ger?
Gerallt	Helo pawb! Sori – mae'r cyfrifiadur yn araf ac mae'r signal yn ofnadwy.

Daf

Siobhan	Told you so!
Cerys	Aaawwww! Ti'n olreit Ger?
Gerallt	Ia, diolch. Hang-on … wedi … wedi helpu Dad ar yr ysgol. No wait … ar ôl ysgol.
Cerys	O, chwarae teg i ti Gerallt.
Siobhan	Whassat mean?
Daf	Fair play. Idiom ydy o. A dweud y gwir, mae gen i waith cartref Cymraeg ar idiomau gan Mr Thomas. Baswn i'n hoffi help efo fo plis! Ga'i help gan unrhyw un?
Siobhan	Oh, don't get me started on idiomau! Mae Mrs Tucker yn CARU idiomau! *(Mae'n gwatwar.)* 'Cofiwch 11 A, mae'n rhaid defnyddio idiomau neu dim A serennog!'
Cerys	Dw i'n gwybod – idiomau, gorffennol, dyfodol, mynegi barn, trydydd person …
Daf	Olreit Miss Show-off. Oes rhywun am helpu efo'r gwaith cartref?
Siobhan	Boring! Not me diolch yn fawr iawn. Gwaith ysgol ydy gwaith ysgol. Amser hamdden ydy amser hamdden. They shouldn't overlap. Never. Ever.
Ger	Daf, mae gen i daflen waith ar idiomau. *(Mae'n dal papur o flaen y sgrin.)* Copi papur. Wyt ti eisiau copi mewn email? Sori – ebost?

(Dydy Daf ddim yn siŵr sut i ateb.)

Cerys	Wyt ti'n gallu gwneud screen-shot, Ger?
Siobhan	Yeah, come on Ger – mae ebost yn hen ffasiwn.
Ger	Na, ffôn TalkTalk s'gen i *(mae'n dangos ffôn rhad o flaen y sgrin)* a Windows 8.

(Mae Siobhan yn dangos sioc.)

Cerys	Aaaawww, druan â ti.
Daf	OMG, Ger, TalkTalk a Windows 8! Mae hynna mor hoyw.
Siobhan	*(Mewn mwy o sioc.)* Daf!
Cerys	Daf! Paid â dweud 'hoyw' fel yna, mae'n offensive ac yn rong.
Daf	Jesd banter ydy o, Cerys. Wyt ti'n gallu cymryd jôc neu beth?
Siobhan	Dydy hwnna ddim yn jôc, Daf.

Cerys

(Yn ystod y llinellau nesaf, mae Siobhan yn troi ei chefn ar ei 'sgrin' ac yn dechrau tynnu selfies gyda'i ffôn. Maen nhw'n dod i fyny ar y sgrin fawr.)

Ger	Daf, wyt ti eisiau … no wait … hoffet ti gael taflen waith ar idiomau mewn ebost neu beth?
Daf	Ym … ia? Hoffwn, diolch
Ger	Jesd aros am ychydig i fi gael ffeindio copi carbon ar fy ffeil.
Cerys	Mae 'da fi lot o waith ar idiomau yn fy llyfr Cymraeg i. Wyt ti eisiau screen-shot Daf? Galla i yrru yn syth i dy ffôn di.
Daf	Ia … basai hynny'n well. Diolch Cerys.

(Mae Ger yn rhoi'r papur i lawr yn siomedig. Mae signal y cyfrifiadur wedi mynd ac mae'n colli cyswllt. Mae'n taro ochor y sgrin. Yna mae'n clywed llais ei dad yn gweiddi. Mae'n codi, taflu'r daflen waith ar y gwely a mynd drwy'r drws.)

Cerys	O na! Mae Ger wedi mynd!
Daf	Mae o wedi sylcio – real babi!.
Cerys	Daf! Stopia!
Daf	*(Yn codi ei ysgwyddau a sylwi ar Siobhan.)* Siobhan, beth wyt ti'n neud?
Siobhan	Just showing my followers what I'm up to with my Welsh homies.
Cerys	Cymraeg Siobhan!

Siobhan

Siobhan	Jest dangos fy … followers … beth 'fi'n gwneud gyda fy ffrindiau Cymraeg o wersyll yr Urdd, Caerdydd.
Cerys	*(Mae'n ffeindio'r gair Cymraeg am 'followers' ar ei ffôn.)* Dilynwyr.
Siobhan	You wha'?
Daf	Beth?
Cerys	Dilynwyr – followers.
Siobhan	*(Mae'n gafael yn ei ffôn.)* Sut wyt ti'n sillafu … whatever it was?

Cerys	D–I–L–Y
Siobhan	Dal sownd … which one's uuuh again?
Cerys	Cymraeg, os gwelwch yn dda?
Siobhan	Sori – pa un yw uuuh?
Cerys	Wai – fel 'y gath', 'y cyfrifiadur', 'y ci.'

(Mae Daf yn tynnu selfies gyda'r dumb-bells. Maen nhw'n dod i fyny ar y sgrin fawr wrth ymyl selfies Siobhan.)

Siobhan	Ie, beth wedyn?
Cerys	N–W–YYYYYY–R

(Mae Siobhan yn gorffen teipio ar ei ffôn. Mae llun i fyny ar y sgrin o selfie Siobhan a 'New Welsh word of the day – DILYNWYR. That's you lot! LOLS! xxx'.)

Cerys	*(Yn edrych ar Siobhan a Daf.)* OMB – chi'ch dau mor self-obsessed.
Daf	Beth ydy self-obsessed yn Gymraeg, Miss?
Siobhan	Ie, beth ydy self-obsessed yn Gymraeg Miss Cymraeg perffaith Sir Benfro? Beth ydy'r ateb plis?
Cerys	Self-obsessed yn Gymraeg? Chi'ch dau!
Siobhan	'Fi ddim yn self-obsessed diolch yn fawr iawn. Jest poblogaidd!
Daf	Ia, a dw i'n promot … hyrwyddo fy hun ar gyfer fy sianel YouTube.
Siobhan	Wow Daf! Mae hwnna'n grêt!
Cerys	Beth? Sianel YouTube? Pa sianel YouTube?
Siobhan	Mae hwnna'n un o fy nymuniadau – cael sianel YouTube, a like, miliynau of dyledion or whatever you called it.
Cerys	Dilynwyr. Dyledion yw 'debts'.
Siobhan	O!
Daf	Hei Siobhan, wyt ti'n meddwl bod Ger yn hoyw?
Cerys	O Daf! Stopia!
Siobhan	*(Yn meddwl am y peth.)* Ti'n meddwl?
Daf	Ydw.
Siobhan	Pam?
Daf	Dw i ddim yn gwbod, mae o jest yn.
Cerys	Bydde dim ots, ond dw i ddim yn credu bod e. Ond OS yw e, mae'n bwysig bod yn ffrind i Ger, ddim bod yn sbeitlyd.

Ger

Siobhan	Couldn't care less! Mae gyda fi loads o dyledwyr LGBTQ.
Daf	DILYNWYR, Siobhan! Gosh, dydy o ddim yn anodd.
Cerys	Paid â throi'r stori Daf! Mae hyn yn bwysig.
Daf	Ia, wel, yn fy marn i, mae Ger yn hoyw.
Cerys	Wel, os yw e – ffein. Ond ti'n dweud bod e'n hoyw achos bod ffôn TalkTalk 'da fe a Windows 8. So what? Dyw hynny ddim yn meddwl bod Ger yn hoyw. Mae Ger angen ffrindiau, Daf. Ti'n cofio beth ddywedodd e yng Ngwersyll yr Urdd? Mae Mam Ger wedi marw ers pan roedd e'n chwech oed, ac mae e'n carer i'w dad. Mae tad Ger yn sâl gyda M.S. Does dim arian 'da nhw.

(Dydy Daf ddim yn poeni, ac mae'n codi'r dumb-bells unwaith eto a chodi pwysau.)

Siobhan	O Ger druan! 'Fi'n teimlo'n reli sori drosto Ger.
Cerys	Dw i'n cytuno Siobhan. Felly mae'n bwysig peidio bod yn gas 'da fe.
Siobhan	'Gas 'da fe …' Doesn't that mean 'he hates'?
Cerys	Cywir, ond mae 'bod yn gas 'da fe' yn meddwl 'bod yn nasty' – ddim yn neis 'da rhywun arall.
Siobhan	Towards another person, like. 'Fi'n deall. Bod yn gas 'da fe. Ie Daf! Paid â bod yn gas 'da fe!
Daf	*(Yn rhoi'r dumb-bells i lawr.)* Reit, dw i'n gorfod mynd. Hwyl. *(Mae'n diffodd y cyfrifiadur, ond mae'r sgrin yn dal ymlaen, heb y sŵn. Mae o'n parhau gyda'r dumb-bells a thynnu selfies.)*
Cerys	Ydy Daf yn gwybod bod y camera 'mlaen? Daf? Daf! Mae'r camera 'mlaen!

2   Ar ôl i chi ddarllen y ddrama mewn grwpiau, gan gofio cytuno/anghytuno gyda'ch gilydd, trafodwch y cwestiynau isod:

a   Y cymeriadau.
- Pwy oedd eich hoff gymeriad yn y ddrama? Pam?
- Pwy oedd eich cas gymeriad? Pam?
- Pa gymeriad hoffech chi chwarae yn y ddrama?

b   Taith y cymeriadau. Taith ydy bywyd. Mae pob un o'r cymeriadau ar daith ond ble maen nhw'n mynd? Maen nhw eisiau i bobl eu derbyn fel ag y maen nhw. Maen nhw gyd yn wahanol, ond mae hynny'n iawn. Mae pawb yn wahanol. Rydyn ni gyd yn unigryw.
- Ydych chi'n debyg i un o'r cymeriadau? Ym mha ffordd?
- Ydych chi'n wahanol? Sut?

c   Ymddygiad y cymeriadau. Weithiau mae'r cymeriadau yn siarad heb feddwl. Dydyn nhw ddim yn gwrtais i'w gilydd bob amser. Mae geiriau yn gallu brifo. Tybed ydyn nhw'n amddiffyn eu hunain yma. Ydych chi'n cytuno gyda hyn? Rhowch enghraifft o'r ddrama.

ch Dyfodol y cymeriadau. Mae Siobhan yn dweud: 'Mae hwnna'n un o fy nymuniadau – cael sianel YouTube, a *like*, miliynau of dyledion *or whatever you called it*.' Beth ydy'ch barn chi am ddymuniad Siobhan yma?

d   Yn eich barn chi, sut fydd cymeriad Siobhan yn datblygu yn y ddrama?

3   Mae dwy dafodiaith amlwg yn y ddrama – y gogledd a'r de.

    a   Fwynheuoch chi'r defnydd o dafodiaith naturiol? Pam?

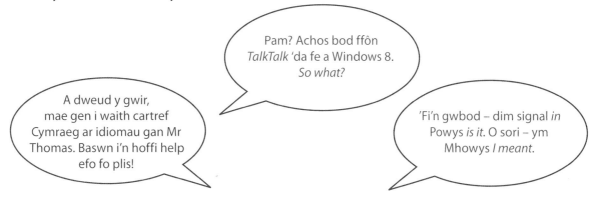

Pam? Achos bod ffôn *TalkTalk* 'da fe a Windows 8. *So what?*

A dweud y gwir, mae gen i waith cartref Cymraeg ar idiomau gan Mr Thomas. Baswn i'n hoffi help efo fo plis!

'Fi'n gwbod – dim signal *in* Powys *is it*. O sori – ym Mhowys *I meant*.

    b   Mae Siobhan yn defnyddio llawer o *Wenglish* yn y ddrama. Pam?

    c   Beth oedd eich barn am hyn?

4   Mae sawl thema yn y ddrama. Copïwch a llenwch y grid isod, ac yna atebwch y cwestiynau.

Themâu	Pa gymeriadau?	Pwysig – pam?	Pwysig i chi – pam?
Unigrwydd			
Cyfeillgarwch			
Materoliaeth			
Bwlio			

5   a   Yn eich grwpiau, rhaid i chi siarad am adeiladwaith y ddrama.
        Trafodwch:

       •   Grŵp 1: Act 1 – y dechrau a'r diwedd

       •   Grŵp 2: Y cymeriadau

       •   Grŵp 3: Y newidiadau hoffech chi eu gweld yn yr act

       •   Grŵp 4: Y cwestiynau hoffech chi eu gofyn i'r awdures

    b   Ar ôl i chi drafod, rhannwch eich syniadau gyda'r dosbarth.

       •   Yn eich barn chi, beth ddylai ddigwydd nesaf yn act 2 a 3?

       •   Pa themâu hoffech chi eu gweld yn act 2 a 3?

Adnodd adolygu

Llenyddiaeth

1 Beth ydy'r ffurfiau llenyddol? Cwblhewch y croesair i weld:

AR DRAWS

3 Dyddiadur cyhoeddus
5 Neges ar y cyfrifiadur
6 Darn sy'n rhoi gwybodaeth
8 Dau berson yn siarad
10 Y geiriau i'r actorion ar y teledu neu yn y theatr
11 Act 1, Act 2, Act 3

I LAWR

1 Cerdd 5 llinell sy'n odli
2 Disgrifiad person
4 Araith ar bwnc penodol
7 Hanes gyda dechrau, canol a diwedd
9 Criw o bobl yn siarad

2 Darllenwch y limrig isod.

Wrth edrych drwy'r ffenest un bora
Ges i'n hitio gan belan o eira,
    Ac ynddi roedd nodyn,
    'Cau'r ffenast, y jolpyn!' –
Mi gofia i wneud y tro nesa.
Dewi Prysor

a Beth ydy'r patrwm odli?

b Faint o sillafau sydd ymhob llinell?

c Beth ydy enw'r bardd?

ch Pa amser o'r flwyddyn ydy hi? Dewiswch yr ateb cywir:
    i   haf   iii   gaeaf
    ii   gwanwyn   iv   hydref

d Defnyddiwch bedair llinell gyntaf y limrig.
   Rhaid i chi ysgrifennu llinell olaf eich hunain.

3   Edrychwch ar y siart corryn isod yn trafod nodweddion drama.

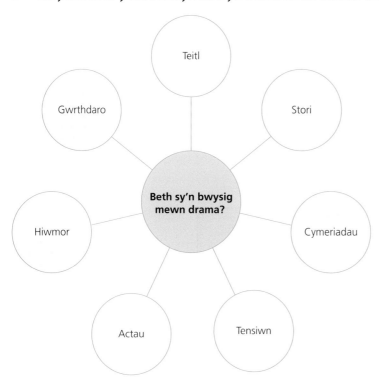

Teitl

Gwrthdaro

Stori

Beth sy'n bwysig mewn drama?

Hiwmor

Cymeriadau

Actau

Tensiwn

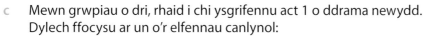

a   Mewn grwpiau, trafodwch pa un yw'r pwysicaf yn eich barn chi.

b   Beth mae'r nodweddion yn eu hychwanegu at ddrama?
     Sut mae'n gwneud hi'n dda?

c   Mewn grwpiau o dri, rhaid i chi ysgrifennu act 1 o ddrama newydd.
     Dylech ffocysu ar un o'r elfennau canlynol:

     • tensiwn

     • hiwmor

     • gwrthdaro

1 Pa berson?

Disgrifio

1 a Darllenwch y darnau isod.

> Shwmae, Jasmine ydw i. Dw i'n un deg tair oed a dw i'n byw yn Abertawe. Mae llygaid brown gyda fi ac mae gwallt du, cyrliog gyda fi. Yn fy marn i, dw i'n berson tal a dwi'n hapus bob dydd.

> Bore da, fy enw i ydy Lloyd. Dw i'n byw gyda fy nheulu yn Llanelli a dw i'n un deg chwech oed ond dw i'n fach iawn. Dw i'n berson doniol ond weithiau dw i'n gallu bod yn dwp. Mae gwallt hir, coch gyda fi ac mae llygaid brown gyda fi. Dw i'n gwisgo sbectol bob dydd.

> Prynhawn da, Carys ydw i. Rydw i'n byw ger Caernarfon. Mae gen i wallt golau a syth fel sbageti. Hefyd, mae gen i lygaid glas fel y môr. Rydw i'n un deg tair oed. Rydw i'n denau ac mae gen i freichiau hir. Rydw i'n hoffi bod yn boblogaidd achos mae gen i lawer o ffrindiau wedyn.

> Helo! Fy enw i ydy Ioan. Mae un brawd gyda fi o'r enw Morgan. Rydyn ni'n byw yng Nghaerdydd ger y bae. Dw i'n un deg pump oed ond dw i'n eitha byr. Dw i'n hoffi helpu pobl ond weithiau, dw i'n rhy swil. Mae gwallt pigog a du gyda fi ac mae llygaid gwyrdd gyda fi fel emrallt.

> Shwmae, Delyth ydy fy enw i. Dw i ym Mlwyddyn 9 yn Ysgol Gyfun y Rhyl. Bydda i'n un deg pedair ym mis Awst. Mae fy ffrindiau yn dweud fy mod i'n berson cyfeillgar a doniol. Dw i'n dalach na fy ffrindiau achos mae gen i goesau hir. Hoffwn i gael llygaid glas ond mae gen i lygaid tywyll, gwaetha'r modd. Mae gen i wallt tonnog a brown fel Mam.

tywyll *dark*	**eitha** *quite*	**gwisgo** *(to) wear*	**gwaetha'r modd** *worse luck*	**talach na** *taller than*

Gramadeg

Yn/'n + adjective = soft mutation. For example:

Mae Paul yn *d*al ac yn *d*enau. Mae hi'n *b*oblogaidd. Dydy e ddim yn *f*yr.

For more information see page 288 in the grammar section.

P	B
B	F
T	D
D	Dd
C	G
G	Drops off
M	F
Ll	L
Rh	R

b   Copïwch y grid isod a llenwch gyda'r prif bwyntiau.

	Jasmine	Lloyd	Carys	Ioan	Delyth
1 Oed					
2 Lliw llygaid					
3 Lliw gwallt					
4 Disgrifiad gwallt					
5 Disgrifiad corfforol					
6 Disgrifiad personoliaeth					

2   Rhowch yr ansoddeiriau o 5 a 6 yn nhrefn yr wyddor. (Cofiwch fod 'yn' yn achosi treiglad meddal.)

3   Darllenwch y darnau eto. Copïwch y grid isod. Ticiwch gywir neu anghywir.

Gosodiad	Cywir	Anghywir
1 Mae gwallt golau gyda Jasmine.		
2 Mae Ioan yn berson hyderus.		
3 Mae Lloyd yn hŷn na Jasmine.		
4 Does gan Carys ddim ffrindiau.		
5 Dydy Ioan ddim yn hoffi siarad.		
6 Mae Delyth ym Mlwyddyn 8.		

4   Cysylltwch y brawddegau â'r lluniau cywir.

    a   Mae gan fy chwaer wallt coch.

    b   Mae bola mawr gyda fy nhad.

    c   Does dim gwallt gyda fy nhad-cu.

    ch   Mae fy mam yn gwisgo sbectol.

    d   Dw i'n dal ac yn denau.

    dd   Mae llygaid mawr gyda fy ffrind.

    e   Mae gan fy nain drwyn byr.

iii

iv

vi

v

vii

i

ii

5   Ail-drefnwch y geiriau yn y brawddegau:

a   wallt Mae ganddo hir fe

b   dim Matt Does gyda gwallt

c   gwisgo hi'n sbectol Mae

ch   eitha e'n doniol berson Mae

6   Darllenwch y disgrifiad isod a chywirwch y chwe gwall.

a   Amelia **ydw** hi ac mae hi'n **chewch** oed.

b   Mae hi'n dal ac yn **tenau**.

c   Mae gwallt tonnog, hir a melyn gyda **fi**.

ch   Mae Amelia yn **poblogaidd** iawn ar **instagram**.

7   Defnyddiwch y blociau isod. Rydych chi eisiau meddwl am ansoddeiriau
i greu sgôr da.

A₁	B₃	C₃	Ch₄
D₂	Dd₂	E₁	F₄	Ffs₅
G₂	Ngs₅	H₄	I₁	J₈
L₁	Ll₈	M₃	N₁	O₁
P₃	Ph₁₀	R₁	Rh₄	S₁
T₁	Th₁₀	W₄	U₃	Y₈

Sgôr	Ansoddair
12	*Hapus*
15	
18	
20 +	

8   Her y dis: rholiwch y ddau ddis a chwaraewch y gêm.

Sgôr ar y 2 ddeis	Cyfieithwch y frawddeg	Sgôr ar y 2 ddeis	Atebwch y cwestiwn
1	*I have brown hair.*	7	Oes gwallt tywyll gyda ti?
2	*I have green eyes.*	8	Wyt ti'n berson hapus?
3	*He has blonde curly hair.*	9	Wyt ti'n onest bob tro?
4	*She has long brown hair.*	10	Beth ydy lliw dy wallt?
5	*He doesn't have any hair.*	11	Beth ydy lliw dy lygaid?
6	*She wears glasses every day.*	12	Beth ydy lliw gwallt dy bartner?

9   Ysgrifennwch ddwy frawddeg i ddisgrifio'r lluniau isod:

a    b    c

10 Rydych chi eisiau cymharu Ben a Rhian. Defnyddiwch y diagram Venn i'ch helpu.

BEN
gwallt golau
person hapus
llygaid brown

un deg pedair oed
gwisgo sbectol
hoffi helpu ffrindiau

gwallt tywyll
person swil
llygaid glas
RHIAN

Gramadeg

Yn debyg i = *similar to*

Yn wahanol i = *different to*

For example:

Mae Rhian yn wahanol i Ben achos mae gwallt tywyll gyda Rhian.

11 Mae'r ysgol yn trefnu taith gyfnewid. Bydd dysgwyr o wledydd eraill yn aros gyda dysgwyr o Gymru am wythnos. Darllenwch y negeseuon testun a rhowch y dysgwyr tebyg gyda'i gilydd, gyda rhesymau.

1 John ydw i. Dw i'n byw yng Nghaerdydd gyda fy nheulu. Mae gwallt brown a llygaid glas gyda fi. Dw i'n hoffi siarad â phobl. Hefyd, dw i'n hoffi ffilmiau comedi.

2 Tomos ydy fy enw i. Dw i'n mynd i Ysgol Uwchradd Abergwaun yn Sir Benfro. Does dim brawd na chwaer gyda fi. Dw i'n hoffi helpu plant yn y clwb. Mae'n gas gyda fi bobl swnllyd. Dw i'n chwilio am berson clyfar sy'n hoffi dysgu pethau newydd.

3 Siân ydw i. Dw i'n byw yn Llangollen. Mae gen i wallt du a llygaid brown. Dw i ddim yn hoffi mynd allan achos dw i ddim yn hyderus. Dw i'n chwilio am berson tawel sy'n hoffi ymlacio o ddydd i ddydd.

4 Sali ydw i. Dw i'n un deg saith oed a dw i'n byw yn Abertawe. Yn fy amser hamdden, dw i'n mwynhau mynd i'r gampfa i gadw'n heini. Dw i'n berson hapus sy'n mwynhau chwaraeon. Dw i'n chwilio am berson egnïol.

A Anika ydw i. Rydw i'n un deg pump oed ac rydw i'n byw yn India. Rydw i'n hoffi ymlacio yn y tŷ achos rydw i'n eitha diog. Rydw i'n caru gwylio operâu sebon a ffilmiau bob nos.

B Antonio ydw i. Dw i'n byw ym Mecsico. Dw i'n hoffi mynd allan gyda ffrindiau ar y penwythnos. Hefyd, fy hoff ffilmiau ydy 'Dumb a Dumber' a 'Big Mama's House'.

C Olivia ydy fy enw i. Dw i'n un deg chwech oed a dw i'n byw yn yr Amerig. Mae gwallt coch a llygaid glas gyda fi. Dw i'n hoffi bwyta salad bob dydd. Dw i'n chwarae pêl-rwyd dros yr ysgol ac mae llawer o ffrindiau gyda fi.

Ch Pablo ydw i. Dw i'n byw efo fy nheulu yn Sbaen. Does gen i ddim brawd na chwaer. Dw i'n gweithio efo plant bach mewn clwb chwaraeon. Dw i wedi gwirioni'r ysgol achos dw i'n hoffi dysgu Mathemateg, Gwyddoniaeth a Saesneg. Hefyd, dw i'n siarad Sbaeneg.

Er enghraifft:

John Antonio 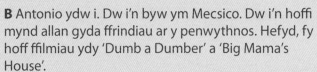 achos:

- hoffi ffilmiau comedi
- hoffi siarad gyda ffrindiau

 12 Darllenwch y disgrifiadau eto. Nawr, atebwch y cwestiynau isod:

- Gyda phwy hoffech chi fod yn ffrindiau?
- Pam?

Er enghraifft:

> Hoffwn i fod yn ffrindiau gyda Sali achos dw i'n dwlu ar chwaraeon hefyd.

13 Tasgau estynedig.

EFYDD
 	
Rydych chi eisiau creu post ar Weplyfr yn recriwtio pobl ifanc i gymryd rhan yn y ddrama newydd. Rhaid i chi gynnwys disgrifiadau corfforol a phersonoliaethau ar gyfer y ddwy rôl sydd ar gael.
 	
Bydd eisiau:
    cyfarch pawb ar Weplyfr
    disgrifio rôl person 1 (corfforol/personoliaeth)
    disgrifio person 2
    manylion cysylltu
	Create a Facebook post recruiting young people to take part in the new drama.

ARIAN Rydych chi wedi cyfweld â phobl ifanc am rôl yn y ddrama newydd ar S4C. Rhaid i chi adrodd yn ôl i'ch rheolwr er mwyn rhoi manylion am yr ymgeisydd llwyddiannus. Bydd eisiau: • cyfarch y rheolwr • manylion yr ymgeisydd llwyddiannus, e.e. enw, byw • disgrifiad yr ymgeisydd, e.e. corfforol, personoliaeth • diwedd priodol	*You have interviewed candidates for a role in a drama on S4C and need to report back to your manager with the details of the successful candidate.*
AUR Mae S4C yn recriwtio grŵp o bobl ifanc i fod mewn cyfres ddrama newydd. Rhaid i chi ysgrifennu llythyr cais o leiaf 150 gair amdanoch chi'ch hunain i ddangos eich addasrwydd ar gyfer y rôl. Bydd eisiau: • cyfarch • dechrau priodol • rhesymau dros ymgeisio • disgrifiad yr ymgeisydd, e.e. corfforol, personoliaeth • diwedd priodol	*S4C are recruiting a group of young people to appear in a new drama series. You must write an application letter of least 150 words about yourself.*

2 Trefnu digwyddiad

Trefnu

1 a Darllenwch y testun.

Eleri ydw i. Dw i'n un deg pedair oed a dw i'n byw yn Abertawe gyda fy nheulu. Dw i ym Mlwyddyn 10 a dw i'n astudio naw pwnc TGAU yn yr ysgol.

Ar ddydd Mercher, dw i'n cerdded i'r ysgol gyda fy ffrind gorau Siân. Rydyn ni'n gadael ein stryd am wyth o'r gloch achos mae'r ysgol yn dechrau am chwarter i naw.

Ar ddydd Llun, dw i'n dal y bws i'r ysgol ac yn mynd i'r clwb brecwast erbyn chwarter i wyth.

Bore Gwener, rydyn ni'n mynd i nofio yn ystod gwers un ond dw i ddim yn hoffi nofio achos mae'n ddiflas iawn! Mae gwers un yn dechrau hanner awr ar ôl dechrau'r ysgol.

Bob nos Iau a nos Fawrth, dw i'n mynd i hyfforddiant hoci ond ar ddydd Mercher, rydyn ni'n chwarae pêl-rwyd yn erbyn ysgolion eraill. Hoci ydy fy hoff chwaraeon achos dw i'n rhan o dîm ond weithiau, dw i'n mwynhau chwarae pêl-rwyd achos mae'n llawer o hwyl.

Ar ddydd Sul, dw i'n mynd allan gyda fy ffrindiau cyn bwyta cinio rhost gyda fy mam-gu. Fy nghas beth am y cinio ydy'r ysgewyll – ych a fi! Fy hoff beth am y penwythnos ydy mynd i'r sinema ar nos Sadwrn i wylio ffilmiau newydd.

b Ydy'r brawddegau yma yn gywir neu'n anghywir? Copïwch y grid isod. Ticiwch gywir neu anghywir.

Gosodiad	Cywir	Anghywir
1 Mae'r ysgol yn dechrau am 8.45.		
2 Mae Eleri yn gadael y stryd am 8.00.		
3 Mae'r clwb brecwast am 8.15.		
4 Mae gwers un yn dechrau am 9.15.		

2 Dewiswch yr atebion cywir.

a Pryd mae Eleri yn dal y bws?
  i bob dydd   ii dydd Mercher   iii dydd Llun

b Pryd mae gwers un yn dechrau?
  i chwarter i naw   ii chwarter wedi naw   iii hanner awr wedi naw

3 Ysgrifennwch weithgareddau dyddiol Eleri, mewn grid fel yr esiampl isod.

Dydd Llun	
Dydd Mawrth	
Dydd Mercher	

---

dechrau *(to) start*

gadael *(to) leave*

cyrraedd *arrive*

erbyn *by (the time)*

yn erbyn *against*

yn ystod *during*

gwers *lesson*

ar ôl *after*

cyn *before*

ysgewyll *sprouts*

Tanio'r Targed

Gramadeg

The following words cause a soft mutation:

nos (night) *nos Wener*

ar (on) *ar fore Sadwrn*

am (at) *am ddeg o'r gloch*

i (to) *chwarter i bump*

Note also that the word 'punt' is a feminine noun. This affects the numbers used with it:

2 dau → dwy = dwy bunt

3 tri → tair = tair punt

4 pedwar → pedair = pedair punt

4   Mae Eleri wedi mynegi barn yn y testun. Ysgrifennwch ei barn, e.e. hoff, cas.

5   Ydych chi'n debyg i Eleri?

6   a   Mae eich canolfan hamdden leol yn newid yr amserlen. Darllenwch y cyfarwyddiadau isod i greu amserlen newydd.

	Dosbarth bore 9:00–11:00 am		Dosbarth prynhawn 2:00–4:00 pm		Dosbarth nos 6:00–8:00 pm	
Dydd Llun	AR GAU		AR GAU		AR GAU	
Dydd Mawrth	Dosbarth:	Pris:	Dosbarth:	Pris:	Dosbarth:	Pris:
Dydd Mercher	Dosbarth: Badminton	Pris: £2	Dosbarth:	Pris:	Dosbarth:	Pris:
Dydd Iau	Dosbarth:	Pris:	Dosbarth:	Pris:	Dosbarth: Badminton	Pris: £2
Dydd Gwener	Dosbarth:	Pris:	Dosbarth:	Pris:	AR GAU	
Dydd Sadwrn	Dosbarth:	Pris:	Dosbarth: Badminton	Pris: £2	Dosbarth:	Pris:
Dydd Sul	Dosbarth:	Pris:	Dosbarth:	Pris:	AR GAU	

Cyfarwyddiadau:

✓   Mae dosbarth badminton ar fore Mercher, prynhawn Sadwrn a nos Iau. Pris y dosbarth ydy dwy bunt.

•   Mae dosbarth paffio ar brynhawn dydd Sul a nos Fercher. Pris y dosbarth ydy punt.

•   Mae dosbarth jiwdo yn costio dwy bunt ar fore Sul.

•   Mae un dosbarth criced rhwng dau o'r gloch a phedwar o'r gloch ar ddydd Mawrth. Mae'r dosbarth yn costio tair punt.

•   Mae dosbarth nofio ar fore Iau. Mae nofio yn costio punt yn **llai na** Zumba.

•   Mae Zumba rhwng nofio a badminton ar ddydd Iau. Mae Zumba yn costio tair punt.

•   Mae dosbarth pêl-rwyd ar brynhawn Mercher. Mae pêl-rwyd yn costio dwy bunt.

•   Mae dosbarth ffitrwydd ar ddydd Sadwrn am chwech o'r gloch. Mae ffitrwydd yn costio punt yn **fwy na** jiwdo.

•   Mae dosbarth ioga ar fore Mawrth. Mae ioga yn costio tair punt.

•   Mae un dosbarth tenis ar ddydd Sadwrn am naw o'r gloch. Mae tenis yn costio punt yn **fwy na** Zumba.

•   Mae dau ddosbarth hoci ar ddydd Gwener. Mae hoci yn costio dwy bunt.

llai na *less than*

mwy na *more than*

b   Problem: mae'r ganolfan hamdden wedi anghofio rhoi'r dosbarth pêl-fasged ar yr amserlen newydd. Pryd mae'r dosbarth pêl-fasged?

c   Mae eich dosbarth addysg gorfforol yn mynd i'r ganolfan hamdden yr wythnos nesaf. Rydych chi'n gallu dewis mynd i un o'r dosbarthiadau bore yn y grid.

   • Ble hoffech chi fynd? I ba ddosbarth? Pam?
   • Ble hoffai eich ffrind fynd? Pam?

ch Beth ydy'r dosbarth mwyaf poblogaidd? Ydych chi'n gallu dangos hyn ar ffurf graff?

7   a   Darllenwch y tri thestun.

> Esyllt ydw i. Dw i'n gweithio mewn caffi bob dydd yn y dref ond hoffwn i fynd i ddosbarth newydd yn y ganolfan hamdden cyn dechrau gwaith yn y bore. Dw i'n dechrau gwaith am hanner awr wedi un ar ddydd Mawrth. Dw i'n mwynhau chwaraeon ymlaciol achos dw i'n eitha diog.

> Fy enw i ydy Marco. Dw i'n byw yng nghefn gwlad ond dw i'n dwlu ar chwaraeon dŵr. Mae'r traeth agosaf dros awr i ffwrdd! Dw i'n gweithio ar fferm laeth bob dydd ond dw i'n ymlacio ar ddydd Iau. Felly, hoffwn i ddechrau dosbarth newydd er mwyn cadw'n heini.

> Fy enw i ydy Lloyd a dw i'n byw yn y ddinas. Does dim amser gyda fi i wneud ymarfer corff achos dw i'n gweithio oriau hir yn ystod yr wythnos. Hoffwn i fynd i ddosbarth newydd yn y ganolfan hamdden. Bob nos Sadwrn, dw i'n mynd i'r dafarn gyda'r bechgyn. Bob bore Sul, dw i'n ymweld â'r teulu. Hoffwn i fod fel Roger Federer neu Rafael Nadal.

b   Copïwch y grid isod. Ticiwch gywir neu anghywir.

Gosodiad	Cywir	Anghywir
1 Mae Esyllt eisiau mynd i ddosbarth nos.		
2 Mae Marco yn gweithio gydag anifeiliaid.		
3 Dydy Marco ddim yn gweithio ar ddydd Iau.		
4 Dydy Lloyd ddim yn gweithio'n ystod yr wythnos.		

cadw'n heini (to) keep fit

ymarfer corff exercise

oriau hours

8   Dewiswch ddosbarth i'r bobl ifanc, Esyllt, Marco a Lloyd. Rhaid i chi roi rheswm.

9   Cyfieithwch y gwahoddiad isod:

> DISCO
> at the Town Hall
> Friday night, 9th May.
> The disco is starting at six o'clock and finishing at nine o'clock in the night.
> Ticket cost: two pounds.
> The bus is leaving the park at half past five.

10 Tasgau estynedig.

EFYDD
 	
Gwnewch nodyn i rieni i hysbysebu digwyddiad o'r papur newydd fydd yn addas ar gyfer plant bach. Dylech gynnwys:
 	
    y digwyddiad (1 dydd)   dyddiadau ac amserau
    pwrpas y digwyddiad   eich barn chi am y digwyddiad
	Create a note for parents to advertise a new event suitable for young children, as mentioned in the newspaper.

ARIAN Mae eich ffrind o Awstralia yn dod i ymweld â chi. Rhaid i chi awgrymu mynd i ddigwyddiad yn yr ardal leol. Ysgrifennwch ebost i roi gwybodaeth am ddigwyddiad posibl o'r papur newydd. Dylech gynnwys: ● y digwyddiad ● y pris ● y dyddiad / amserau ● eich barn chi am y digwyddiad	*Your friend from Australia is coming to visit you. Write an email about an event in your local area.*
AUR Ysgrifennwch erthygl fer yn annog pobl i gefnogi'r digwyddiadau yn y papur newydd. Dylech gynnwys: ● cyflwyniad priodol ● eich barn chi am y digwyddiadau ● gwybodaeth am y digwyddiadau ● clo priodol ● manteision cefnogi'r digwyddiadau uchod	*Write a short article encouraging people to support the events in the newspaper.*

Gweithgareddau Gwych i Chi!

Amserlen:

1 Gorffennaf–31 Awst

Beth: *Traeth ffug*

Ble: *Y ganolfan hamdden*

Pwrpas: *Mae'n gyfle i fwynhau gwyliau'r haf heb deithio! Rydych chi'n gallu torheulo ar y tywod neu nofio yn y pwll.*

Pryd: *Bob penwythnos ym mis Gorffennaf a mis Awst*

Pris am awr:

Plant dan 18 oed – yn rhad ac am ddim

Oedolion – pum punt

Henoed – dwy bunt

30 Hydref–30 Tachwedd

Beth: *Tân Gwyllt a Ffair*

Ble: *Y parc lleol*

Pwrpas: *Mae'n gyfle i ddathlu Calan Gaeaf a Noson Tân Gwyllt.*

Pryd: *Bob nos Wener a nos Sadwrn am saith o'r gloch*

Pris: *Mae'r tân gwyllt yn rhad ac am ddim. Mae'r ffair yn costio rhwng punt a dwy bunt y tro.*

1 Rhagfyr–24 Rhagfyr

Beth: *Stondinau Nadolig*

Ble: *Canol y dref*

Pwrpas: *Mae'n gyfle i gefnogi'r busnesau lleol gan brynu crefftau, bwyd a diod.*

Pryd: *Bob bore rhwng wyth a deg o'r gloch*

Pris: *Dim tâl mynediad*

3 Cwestiynu'r dyfodol

Cwestiynu

1 Rydych chi'n mynd i greu cwestiynau. Cysylltwch rif + llythyren yn y grid isod:

1	Pwy	a	bynciau wyt ti'n astudio?
2	Sut	b	ydy dy farn di am gael prentisiaeth?
3	Ble	c	fynd i'r brifysgol?
4	Beth	ch	chweched dosbarth yn yr ysgol?
5	Pa	d	ydy dy hoff athro?
6	Oes	dd	i ysgol Gymraeg?
7	Ydy	e	astudio Cymraeg yn yr ysgol gynradd?
8	Hoffet ti	f	wyt ti'n byw?
9	Est ti	ff	mae'r gwaith yn yr ysgol?
10	Fwynheuaist ti	g	ffioedd prifysgol yn rhesymol?

Cofiwch!

Os bydd 'Ydy' yn y cwestiwn, bydd 'Ydy' yn yr ateb.

Os bydd 'Oes' yn y cwestiwn, bydd 'Oes' yn yr ateb.

Mae cwestiynau amser gorffennol angen yr ateb 'Do' neu 'Naddo'.

2 a Cwestiynau aml-ddewis: dewiswch yr ateb cywir (<u>positif</u>) – *Oes, Ydy, Ydw, Hoffwn* – i'r cwestiynau isod:
  i Wyt ti'n hoffi KFC?
  ii Oes brawd gyda ti?
  iii Hoffech chi fynd i Sbaen?

  b Cwestiynau aml-ddewis: dewiswch yr ateb cywir (<u>negyddol</u>) – *Nac oes, Nac ydy, Nac ydw, Na hoffwn* – i'r cwestiynau isod:
  i Ydych chi'n byw yn Llanelli?
  ii Est ti i'r sinema?
  iii Ydy hi'n heulog heddiw?

3 Ail-drefnwch y geiriau er mwyn ffurfio cwestiynau.
  a wyt hoffi? ti'n Beth
  b chwaer ti? gyda Oes
  c hi'n glaw Ydy bwrw heddiw?
  ch yng byw Ydych Nghymru? chi'n
  d fynd Hoffech i'r Amerig? chi

4 Gêm curo'r cloc! Rheolau'r gêm:
  • Person A yn gofyn y cwestiynau i Berson B.
  • Dim ond Person A yn edrych ar yr atebion.
  • Mae 1 funud gyda pherson B i ateb y 10 cwestiwn yn gywir.
  • Ateb cwestiwn yn gywir (✓) = symud i'r cwestiwn nesaf
  • Ateb cwestiwn yn anghywir (✗) = dechrau'r gêm eto!

Cwestiynau	Ateb positif	Ateb negyddol
1 Oes hobi gyda ti?	Oes	Nac oes
2 Wyt ti'n hoffi'r ysgol?	Ydw	Nac ydw
3 Ydych chi'n hapus?	Ydw	Nac ydw
4 Ydy gwaith yn bwysig i ti?	Ydy	Nac ydy
5 Oes ci gyda ti?	Oes	Nac oes
6 Hoffet ti fynd i'r coleg?	Hoffwn	Na hoffwn
7 Fwynheuaist ti'r ysgol gynradd?	Do *(mwynheuais i)*	Naddo *(fwynheuais i ddim)*
8 Ydy bwyta'n iach yn bwysig i ti?	Ydy	Nac ydy
9 Oes gwallt golau gyda ti?	Oes	Nac oes
10 Est ti ar wyliau yn yr haf?	Do *(es i)*	Naddo *(es i ddim)*

5 Chwarae rôl:

    a   Dyma ymatebion Alex Jones i ddeg cwestiwn, ond mae'r cwestiynau ar goll.

        Gweithiwch gyda phartner i feddwl am y cwestiynau sydd ar goll.

        Person un: chwarae rôl Alex Jones

        Person dau: chwarae rôl y cyfwelydd

> **Gwallau cyffredin**
>
> **Wyt ti('n)** yw'r ffurf unigol o **Ydych chi('n)**
> Ateb = Ydw / Nac ydw

Oes, mae un chwaer gyda fi.

Dw i'n hoffi bwyta pitsa.

Ydy, dw i wrth fy modd yn teithio.

Dw i'n gweithio ar y rhaglen *The One Show*.

Do, mwynheuais i'r brifysgol yn fawr.

Nac ydw, dw i'n byw yn Llundain.

Do, es i i ysgol gynradd Gymraeg.

Naddo, es i i Ysgol Gyfun Maes yr Yrfa.

Ydw, mae dawnsio *ballet* yn dda.

Do, es i i Brifysgol Aberystwyth ac astudiais i Theatr, Ffilm a Theledu.

    b   Dyma ymatebion George North i ddeg cwestiwn, ond mae'r cwestiynau wedi mynd ar goll.

        Gweithiwch gyda phartner i feddwl am y cwestiynau sydd ar goll.

        Person un: chwarae rôl y cyfwelydd

        Person dau: chwarae rôl George North

Oes, mae dwy chwaer ac un brawd gyda fi.

Do, es i i Ysgol Gynradd Llangefni.

Hoffwn i fynd i Seland Newydd achos mae'n wlad hyfryd.

Ydw, dw i'n siarad Cymraeg.

Nac ydw, mae'n gas gen i ffilmiau arswyd.

Dw i'n mwynhau chwarae rygbi, golff, pêl-droed a beicio mynydd.

Do, mwynheuais i chwarae rygbi gyda fy mrawd a'i ffrindiau pan oeddwn i'n un deg un oed.

Ydw, fy hoff bryd o fwyd ydy sbageti bolognese.

Do, es i i ysgol breifat yn Sir Fôn.

Nac ydw, mae'n well gyda fi fynd i'r gampfa i godi pwysau.

6   Mae'r ysgol wedi rhoi holiadur i 200 o gyn-ddisgyblion: cant o ferched a chant o fechgyn. Dyma'r canlyniadau:

Dewisiadau pobl ifanc 16+

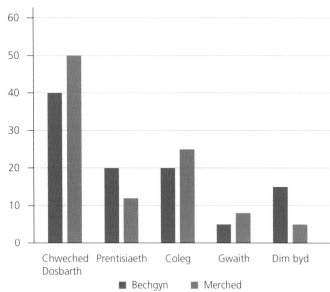

Atebwch y cwestiynau:

a   Beth mae hanner y merched wedi dewis ei wneud?

b   Beth mae mwyafrif y bechgyn wedi dewis ei wneud?

c   Beth sy'n boblogaidd gyda chwarter y merched?

7 Beth hoffech chi ei wneud ar ôl TGAU? Rhowch reswm.

8 Darllenwch yr ebost isod.

Bore da ffrind.

Ar hyn o bryd, mae opsiynau gyda ni yn yr ysgol a dw i'**n** ddim yn siŵr beth i'w astudio ar ôl TGAU. Mae'r penderfyniad yn anodd iawn!

A bod yn **honest**, dw i wedi mwynhau astudio pynciau TGAU achos mae pob pwnc yn ddiddorol iawn. Dewisais i wneud TGAU mewn peirianneg, technoleg gwybodaeth a ffotograffiaeth yn ystod blwyddyn deg ac un ar ddeg achos dw i'n dwlu ar fod yn greadigol. Does dim diddordeb gyda fi mewn pynciau academaidd fel Saesneg, hanes a gwyddoniaeth.

Pa bynciau TGAU wyt ti'n astudio? **Pa** *ydy dy hoff bwnc***.** Fy hoff bwnc ydy peirianneg achos hoffwn i weithio fel peirianydd yn y dyfodol ond does dim cwrs peirianneg yn y coleg lleol. Efallai, bydd rhaid i fi aros yn yr ysgol i astudio lefel A mewn peirianneg.

Oes chweched dosbarth yn dy ysgol di? **Hoffech** *ti fynd i'r coleg?* Dw i'n meddwl bod prifysgol yn ddrud **iwan** ond mae'n gallu bod yn anodd i gael prentisiaeth mewn cwmni da.

Beth ydy dy farn di am fynd i'r brifysgol? Bydd rhaid i fi feddwl am yr opsiynau ar gael.

Hwyl, Sophie

penderfyniad *decision*	
peirianneg *engineering*	
peirianydd *engineer*	
dyfodol *future*	
chweched dosbarth *sixth form*	
prifysgol *university*	
cyrsiau *courses*	
prentisiaeth *apprenticeship*	
cwmni *company*	

a Darllenwch yr ebost a chywirwch y chwe gwall.

  i   i'n =   iii   Pa =   v   Hoffech =
  ii   honest =   iv   . =   vi   iwan =

b Copïwch y grid isod. Ticiwch gywir neu anghywir.

Gosodiad	Cywir	Anghywir
1 Mae Sophie wedi casáu astudio pynciau TGAU.		
2 Mae Sophie yn hoffi pynciau creadigol.		
3 Mae'n well gyda Sophie fynd i'r coleg i astudio peirianneg.		
4 Mae prifysgol yn gostus.		

9 Ymatebwch i'r pedwar cwestiwn isod mewn brawddegau llawn.

  a   I ba ysgol gynradd est ti?   c   Beth hoffet ti astudio ar gyfer TGAU? Pam?
  b   Beth ydy dy hoff bwnc? Pam?   ch   Hoffet ti astudio lefel A?

10 Copïwch y grid gwrando. Gofynnwch y cwestiynau am yr ysgol i dri ffrind.

Grid gwrando	Person 1	Person 2	Person 3
I ba ysgol gynradd est ti?			
Beth ydy dy hoff bwnc?			
Pa bynciau hoffet ti astudio ar gyfer TGAU?			
Hoffet ti astudio lefel A?			

Cymraeg Ail Iaith ar gyfer oedrannau 11–14

11   Defnyddiwch y grid i'ch helpu i gymharu pobl.
     Er enghraifft:

> Dw i'n debyg i Person 1 achos hoffwn i fynd i'r brifysgol hefyd.

> Dw i'n wahanol i Person 2 achos fy hoff bwnc ydy hanes.

12   Tasgau estynedig.

     Mae pum cyn-ddisgybl yn rhannu eu profiadau TGAU gyda disgyblion ym mlwyddyn 9.

     a   Darllenwch y profiadau isod.

> Bore da. Mali ydw i. Yn yr ysgol, astudiais i naw pwnc TGAU. Fy hoff bwnc yn yr ysgol oedd gwyddoniaeth achos roedd yr athro'n anhygoel. Nawr dw i'n astudio cemeg a bioleg yn y brifysgol achos hoffwn i fod yn feddyg.

> Shwmae. Dafydd ydw i. Astudiais i saith pwnc TGAU fel chwaraeon, technoleg gwybodaeth a Ffrangeg. A bod yn onest, fy hoff bwnc oedd cerddoriaeth achos dw i'n dwlu ar ganu. Mae cerddoriaeth yn ymlaciol iawn. Nawr, dw i'n astudio cwrs chwaraeon yn y coleg achos hoffwn i chwarae rygbi'n broffesiynol yn y dyfodol.

> Bore da, Eirlys ydw i. Astudiais i wyth pwnc TGAU yn yr ysgol fel hanes, celf a drama. Addysg grefyddol oedd fy hoff bwnc. Yn anffodus, fwynheuais i ddim astudio TGAU achos roedd gormod o waith. Nawr, dw i'n gweithio bob dydd yn siop flodau fy mam-gu ym Mhen-y-bont. Dw i'n hoffi ennill arian bob wythnos ond yn y dyfodol hoffwn i fynd i'r coleg i wneud cwrs trin gwallt.

> Helo ffrind! Fy enw i ydy Jamie. Ar hyn o bryd, dw i'n astudio Cymraeg Proffesiynol ym Mhrifysgol Aberystwyth achos hoffwn i fod yn gyfieithydd yn y dyfodol. Dw i'n dwlu ar yr iaith Gymraeg achos mae'n unigryw. Pan oeddwn i yn yr ysgol, astudiais i un ar ddeg o bynciau gwahanol ond heb amheuaeth fy hoff bwnc oedd Cymraeg achos roedd fy athro yn fendigedig!

> Shwmae, Erin ydy fy enw i. Astudiais i ddeg pwnc TGAU ond a dweud y gwir, fwynheuais i ddim TGAU achos roedd y gwaith yn anodd iawn. Wedi dweud hynny, fy hoff bwnc oedd peirianneg achos roedd y gwersi'n hwyl. Penderfynais i fynd i'r coleg ar ôl gorffen TGAU i wneud prentisiaeth gyda chwmni adeiladu. Ar hyn o bryd, dw i'n astudio mathemateg ac adeiladwaith yn y coleg bob dydd yr wythnos a dw i'n mwynhau'n fawr iawn. Hoffwn i fod yn adeiladwr yn y dyfodol.

b   Copïwch a llenwch y grid gyda gwybodaeth y pum cyn-ddisgybl.

	Mali	Dafydd	Eirlys	Jamie	Erin
Sawl pwnc TGAU?					
Hoff bwnc?					
Beth nawr?					
Ble?					
Beth am y dyfodol?					

Efydd	Chwiliwch am y ddwy frawddeg negyddol yn y testunau.
Arian	Gofynnwch o leiaf un cwestiwn arall i'r pum cyn-ddisgybl am eu profiadau ysgol.
Aur	Atebwch y cwestiynau isod: ● Mae Jamie yn dweud, 'Dw i'n dwlu ar yr iaith Gymraeg achos mae'n unigryw'. Ydych chi'n cytuno neu'n anghytuno gyda Jamie? Esboniwch pam. ● Mae Eirlys yn dweud, 'Fwynheuais i ddim astudio TGAU achos roedd gormod o waith'. Ydych chi'n cytuno neu'n anghytuno gydag Eirlys? Esboniwch. Pam?

13   Hunan-asesiad. Cwblhewch y siart gyda'r sgiliau rydych chi wedi'u dysgu.

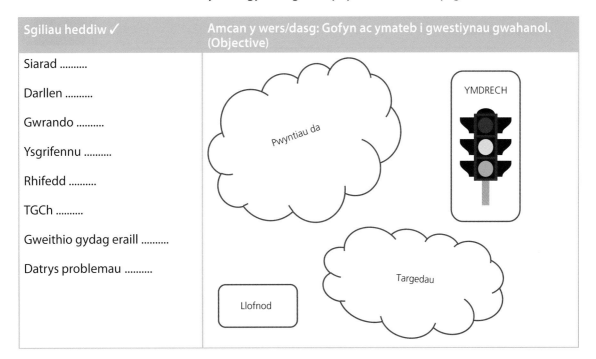

Sgiliau heddiw ✓	Amcan y wers/dasg: Gofyn ac ymateb i gwestiynau gwahanol. (Objective)
Siarad .... Darllen .... Gwrando .... Ysgrifennu .... Rhifedd .... TGCh .... Gweithio gydag eraill .... Datrys problemau	Pwyntiau da YMDRECH Targedau Llofnod

4 Dwyt ti ddim yn ffasiynol!

Cytuno ac anghytuno

1 Darllenwch y swigod isod:

> Dw i wrth fy modd efo siopa yn Forever21. Mae dillad ffasiynol yn y siop a dw i'n caru edrych yn ffasiynol. Mae fy chwaer yn cytuno 100% efo fi achos mae llawer o ddillad gwahanol yno! Rydyn ni'n caru prynu ffrogiau haf lliwgar achos maen nhw'n gyfforddus. Mae gan Forever21 y ffrogiau haf mwyaf ffasiynol; yn sicr!
> **Sara, 14 oed**

> Mae'n gas gyda fi siopa mewn siopau fel Next achos mae'r dillad yn hen ffasiwn. Mae fy ffrindiau i gyd yn dweud 'ti'n llygad dy le!' achos maen nhw'n siopau afiach. Mae'n well gyda fi wisgo dillad llac fel tracwisg a hwdi bob amser, sôn am ymlaciol. Dw i a fy ffrindiau'n debyg o ran ein ffasiwn!
> **Cade, 13 oed**

> Does dim yn well na gwisgo dillad chwaraeon. Fy hoff siop ydy JD Sports achos dim ond dillad chwaraeon sydd yno. Dw i'n caru gwisgo leggins a chrys chwys achos maen nhw'n dda i symud. Mae fy mrawd yn dweud bob dydd 'ti'n siarad trwy dy het' ond dw i'n wahanol iddo fo!
> **Steph, 12 oed**

2 a Copïwch a llenwch y grid isod.

Gosodiad	Cywir	Anghywir
1 Mae Sara yn mwynhau siopau ffasiynol.		
2 Mae ffrindiau Cade yn cytuno gyda fe.		
3 Mae'n well gan Cade wisgo dillad ymlaciol.		
4 Mae Steph yn caru dillad chwaraeon.		
5 Mae brawd Steph yn anghytuno gyda hi.		

mwyaf *most*

i gyd *all*

o ran *in terms of*

b Cysylltwch y pen â'r cynffon:

Mae Steph yn caru	wisgo ffrogiau haf.
Mae'n well gan Sara	cytuno gyda hi.
Dydy Cade ddim yn hoffi	gwisgo dillad chwaraeon.
Dydy brawd Steph ddim yn	gwisgo dillad llac.
Mae Cade yn mwynhau	dillad hen ffasiwn.

3 Darllenwch y blog isod. Rhaid i chi gywiro'r pum gwall.

Prynhawn da bawb,

Dw i'n caru **shopa** mewn siopau ffasiynol. Dw i'n mynd bob penwythnos gyda fy ffrindiau am **bimp o gloch**. Mae fy **ffrinds** yn dweud 'ti'n llygad dy le' achos **mae'n nhw'n** hoffi siopau ffasiynol hefyd.

Hwyl am y tro!

Sam.

4 Darllenwch y swigod ac atebwch y cwestiynau.

   a   Pwy sy'n hoffi gwisgo dillad ymlaciol?

   b   Beth mae ffrindiau Cade yn ei ddweud am y siopau?

   c   Beth mae Sara yn ei feddwl am y ffrogiau haf?

   ch Pwy sydd wrth ei bodd efo dillad chwaraeon?

   d   Nodwch y chwe ffordd o gytuno/anghytuno yn y darnau.

5 Ar ôl darllen y swigod, i bwy ydych chi'n debyg neu'n wahanol?

> **Cofiwch!**
>
> Defnyddiwch ymadroddion idiomatig i fynegi barn weithiau:
>
> **Dw i'n wahanol i …**
>
> **Bydd ddistaw! / Bydd dawel!**
>
> **Paid â malu awyr!**

> **Cofiwch!**
>
> Dilynwch y pedwar cam. Cofiwch ddefnyddio patrymau idiomatig i gytuno/anghytuno.
>
> Cam 1 – cyfeirio *e.e. Yn ôl ....,*
>
> Cam 2 – cytuno/anghytuno *e.e. Ti'n siarad trwy dy het!*
>
> Cam 3 – mynegi barn *e.e. Dw i'n caru …*
>
> Cam 4 – amser arall y ferf *e.e. Prynais i...*

6 Tasgau estynedig.

EFYDD
Rydych chi eisiau creu vlog ar gyfer S4C yn trafod ffasiwn a siopa. Rhaid cael sgwrs rhwng dau berson gan ddefnyddio'r eirfa newydd i gytuno/anghytuno â'ch gilydd.
Bydd eisiau:
    cytuno/anghytuno ag eraill
    peth ddefnydd o effeithiau sain
    propiau gwahanol
	Create a vlog for S4C discussing fashion and shopping.

ARIAN
Rydych chi eisiau creu vlog ar gyfer S4C yn trafod ffasiwn a siopa. Rhaid cael sgwrs rhwng dau berson gan ddefnyddio'r eirfa newydd i gytuno/anghytuno â'ch gilydd. Dylai un person yn y grŵp garu siopau dillad a'r llall yn caru siopau cyfrifiaduron.
Bydd eisiau:
    • deialog rhwng cymeriadau yn dangos gwahanol safbwyntiau
    • ychydig o effeithiau sain
    • propiau gwahanol
	Create a vlog for S4C discussing fashion and shopping. Have a conversation between two people using the new vocabulary to agree/disagree with each other.

AUR
Rydych chi eisiau creu vlog ar gyfer S4C yn trafod ffasiwn a siopa. Rhaid cael sgwrs rhwng tri pherson gan ddefnyddio'r eirfa newydd i gytuno/anghytuno â'ch gilydd. Dylai un person yn y grŵp garu siopau bwyd, un yn caru siopau dillad ac un siopau gêm.
Bydd eisiau:
    • deialog rhwng cymeriadau yn dangos gwahanol safbwyntiau
    • effeithiau sain yn hyderus
    • propiau gwahanol
	Create a vlog for S4C discussing fashion and shopping. You must have a conversation between three people using the new vocabulary to agree/ disagree with each other.

5 Llanast y llifogydd

Casglu a chyfnewid gwybodaeth

BODDI TREFI SIR NEWYDD!

Ers 2012, mae'r broblem yma wedi bod. Tro ar ôl tro, rhaid i bobl adael eu tai a gadael eu pethau. Colli eu pethau, eu hatgofion. Mae'n amser i'r Llywodraeth wneud rhywbeth, meddai rhai. Does dim eisiau sefyllfa fel Cantre'r Gwaelod ar neb na digwyddiad fel Capel Celyn.

Roedd y newyddion yn dân ar groen llawer o bobl yn Sir Ddinbych heddiw. Roedd pobl yn poeni am eu teuluoedd a'r trefi o gwmpas yr ardal.

Mae pobl Sir Newydd yn drist heddiw achos dydy'r cyngor ddim wedi gwneud dim i helpu atal y llifogydd. Dywedodd Mr Pritchard, cynghorydd y cyngor, 'Mae pethau pwysicach i boeni amdanyn nhw na bagiau tywod! Mae digon o dywod ar y traeth. Gallai pobl ddefnyddio'r tywod yna; bydd yn arbed arian a bydd mwy o gyfle i wario ar bethau eraill yn yr ardal.'

cyngor council	
atal (to) stop	
llifogydd floods	
pwysicach more important	
bagiau tywod sand bags	
arbed (to) save	
atgofion memories	
Llywodraeth Government	
tân ar groen irritate/upset	

Y DRYWERYN NEWYDD?

bost ac 800 acer o dir. Roedd teuluoedd wedi byw yno ers blynyddoedd ac roedd 70 o bobl wedi gorfod gadael eu cartrefi.

Ar 28 Hydref 1965, agorodd cronfa ddŵr Llyn Celyn ac roedd Capel Celyn a Chwm Tryweryn wedi mynd. Ydyn ni eisiau i hyn ddigwydd yn y sir? Gall ein hardal ni foddi fel digwyddodd yn y Bala!

Ar 1 Awst 1957 penderfynodd y Senedd foddi pentref Capel Celyn a Chwm Tryweryn yn Y Bala. Pam? Roedd Lerpwl angen dŵr ac roedd Capel Celyn a Chwm Tryweryn wedi cael eu boddi i greu cronfa ddŵr Llyn Celyn.

Yng Nghapel Celyn, roedd 12 fferm, ysgol, mynwent, swyddfa

y Senedd Parliament	
angen (to) need	
boddi (to) drown	
creu (to) create	
cronfa ddŵr reservoir	
mynwent graveyard	
gorfod (to) have to	
gadael (to) leave	

1 Dyma ddwy erthygl yn sôn am lifogydd. Darllenwch yr erthyglau ar goedd:

   a yn unigol

   b gyda phartner neu ffrind

   c fel grŵp/dosbarth

2 Fedrwch chi ddarganfod gwybodaeth am lifogydd yn eich ardal chi?

   a Crëwch siart pei i ddangos yr effaith yn y gwahanol siroedd ar draws Cymru.

   b Pa sir ydy'r gwaethaf?

   c Ysgrifennwch am eich canlyniadau.

3 Darllenwch y datganiadau isod. Copïwch y tabl a thiciwch gywir neu anghywir:

	Cywir	Anghywir
Mae'r cyngor heb wneud llawer i stopio'r llifogydd.		
Hoffai'r cyngor wario arian ar bethau eraill.		
Mae'r broblem yn bodoli ers y flwyddyn dau dim dau dim.		
Hoffen nhw weld Cantre'r Gwaelod yn digwydd eto.		
Roedd y bobl yn hoffi'r newyddion; doedd neb yn poeni dim.		
Roedd Lloegr angen dŵr – felly roedd angen cronfa ddŵr.		
Digwyddodd boddi Capel Celyn a Thryweryn ym mis Hydref.		
Roedd rhaid i fwy na hanner cant o bobl adael eu tai yn y Bala.		

4 Rhowch y digwyddiadau yma yn y drefn maen nhw'n ymddangos yn yr erthygl:

   • Agorodd y gronfa ddŵr ym mil naw chwe pump. ☐

   • Roedd deuddeg fferm yng Nghapel Celyn. ☐

   • Ym mis Awst, penderfynodd y Senedd foddi Capel Celyn. ☐

   • Roedd wyth cant erw o dir wedi cael eu boddi. ☐

   • Roedd Lerpwl angen cronfa ddŵr. ☐

   • Gall ein hardaloedd ni foddi hefyd. ☐

5 Ydych chi'n cytuno bod problemau yn eich ardal?

   a Beth ydy'r problemau?

   b Sut allech chi helpu i wella'r broblem?

Gwallau cyffredin

✗ Dw i'n gwelais i sbwriel ar y llawr.

✓ Gwelais i sbwriel ar y llawr.

6   Beth ydy themâu'r erthyglau? Oes problemau fel hyn yn eich ardal chi?
    Dylech chi:

    a   gyfeirio at y darnau darllen

    b   defnyddio eich ymchwil chi

Yn ôl yr ymchwil *According to the research*	**llawer o** *lots of*
Dywedodd ___ ___ *said*	**ychydig o** *a little of*
Dw i'n debyg *I'm similar*	**digon o** *enough of*
Dw i'n wahanol *I'm different*	**Faswn i ddim yn** *I wouldn't*
Does dim dwywaith amdani *There are no two ways about it*	**Gwelais i** *I saw*
	Darllenais i *I read*
i'r dim *exactly*	**Gwyliais i** *I watched*

7   Gwyliwch y clip fideo 'Annwyl Lywodraeth Cymru' sy'n sôn am lifogydd
    mewn ardaloedd gwahanol a'r effaith maen nhw'n ei chael. Ymatebwch
    yn eich grwpiau gan ddilyn y pedwar cam.

taflu'r cyfan *(to) throw the lot*	**profi** *(to) test*
angen *(to) need*	**yn golygu** *(to) mean*
addo *(to) promise*	**diweddaraf** *most recent*
dodrefn *furniture*	**tir** *land*
offer trydanol *electric equipment*	**cnydau** *crops*
trysorau *treasures*	**ailblannu** *replant*
tynnu sylw *(to) draw attention*	**cloddiau** *hedges*
sylw *comment*	**llysdyfiant naturiol** *natural vegetation*
tybed *I wonder*	
clefyd *disease*	**adeiladau** *buildings*

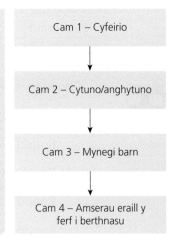

Cam 1 – Cyfeirio

Cam 2 – Cytuno/anghytuno

Cam 3 – Mynegi barn

Cam 4 – Amserau eraill y ferf i berthnasu

Cofiwch!

Bydd idiomau yn codi safon eich gwaith:

Rhaid i chi beldio *You mustn't*

Ar ôl pwyso a mesur *After weighing up*

arllwys y glaw *pouring down with rain*

8   Tasgau estynedig.

EFYDD	*Write a diary entry talking about a trip to see your local council to discuss the problem with flooding in your area.*
Ysgrifennwch gofnod dyddiadur yn sôn am daith i weld eich cyngor lleol am y broblem llifogydd yn eich ardal. Cofiwch ddefnyddio'r dystiolaeth o'r siart pei a'r ymchwil i'ch helpu.	
Cofiwch gynnwys:	
● eich rheswm dros ysgrifennu	
● problemau eraill sydd yn yr ardal	
● sut hoffech chi helpu i wella'r broblem	
ARIAN	*Write a diary entry summarising the main points you would like to discuss in an interview about flooding.*
Ysgrifennwch gofnod dyddiadur yn crynhoi'r prif bwyntiau hoffech chi eu trafod mewn cyfweliad am lifogydd. Cofiwch ddefnyddio'r dystiolaeth o'r siart pei a'r ymchwil i'ch helpu.	
Cofiwch gynnwys:	
● ble rydych chi'n byw a sôn am y broblem yno	
● barn rhywun sy'n eich gwrthddweud chi	
● beth hoffech chi ei weld yn digwydd i wella'r broblem	
AUR	*Write a diary entry as a member of a village after having to leave due to flooding.*
Ysgrifennwch gofnod dyddiadur fel trigolyn o bentref ar ôl gorfod gadael oherwydd llifogydd. Cofiwch ddefnyddio'r dystiolaeth o'r siart pei a'r ymchwil i'ch helpu.	
Cofiwch gynnwys:	
● pam rydych chi wedi gorfod gadael	
● ymatebion eraill i'r broblem	
● beth allai'r cyngor / llywodraeth ei wneud i helpu atal hyn yn y dyfodol	

6 Y gwyliau perffaith?

Mynegi barn

Adolygiad 1

Lleoliad y trip: Llundain

Pris y trip: £400 y pen (penwythnos)

Es i i Lundain dros nos yn ystod y gwyliau ar fy mhen fy hun. Arhosais i mewn gwesty pum seren yng nghanol y ddinas.

Mae'n rhaid i fi ddweud bod y gwesty yn hyfryd iawn. Roedd lleoliad y gwesty yn agos at y siopau poblogaidd felly roeddwn i'n gallu cerdded i'r siopau mewn munud. Gwaetha'r modd, roedd y ddinas yn rhy swnllyd yn ystod y nos.

Yn fy marn i, roedd yn brofiad da achos teithiais i mewn bws moethus o fy ardal leol i Lundain heb unrhyw broblemau. Roedd y daith yn bleserus ac roedd atyniadau Llundain yn anhygoel.

Sali115@hotmail.co.uk

> **lleoliad** *location*
>
> **y pen** *per person*
>
> **atyniadau** *attractions*

Adolygiad 2

Lleoliad y trip: Iwganda

Pris y trip: £380 y pen (mis)

Dros yr haf, es i i Iwganda gyda grŵp o bobl er mwyn helpu plant sy'n byw mewn tlodi. Oxfam oedd yn arwain y daith ond roedd rhaid i ni godi arian er mwyn hedfan o Lundain i Iwganda.

Arhoson ni mewn pabell mewn pentref bach yn Iwganda achos doedd dim gwestai yno. Yn ystod y dydd, helpais i'r plant i ddysgu geiriau Saesneg. Wedyn, bob nos, roedd rhaid i ni helpu'r plant i gasglu dŵr a bwyd i fwydo'r pentref. Mwynheuais i helpu'r plant yn fawr iawn.

Roedd yn brofiad gwerthfawr a hoffwn i fynd yn ôl eto y flwyddyn nesaf.

Marcjones141@outlook.co.uk

> **tlodi** *poverty*
>
> **casglu** *(to) collect*

mordaith *cruise*
gweithgareddau *activities*

Adolygiad 3

Lleoliad y trip: Mordaith – Gogledd Amerig

Pris y trip: £1400 y pen (pythefnos)

Ym mis Awst, es i ar fordaith o gwmpas Gogledd Amerig gyda fy nheulu. Yn ystod y daith, ymwelon ni ag Alasga, Hawaii, Canada a Seattle. Roedd y llong yn enfawr ond roedd y daith o Alasga i Ganada yn ofnadwy achos roedd hi'n stormus!

Mwynheuais i'r fordaith achos roedd llawer o weithgareddau ar gael ar y llong fel snorclo, dawnsio, dringo, bowlio, syrffio a llawer mwy. Roedd rhywbeth newydd ar gael bob dydd. Hefyd, mwynheuais i'r bwyd yno achos roedd digon o ddewis.

Dewidyn01@msn.com

golygfeydd *scenery*

Adolygiad 4

Lleoliad y trip: Maiorca

Pris y trip: £700 y pen (wythnos)

Dros y Pasg, es i i Sbaen gyda fy nheulu. Teithion ni o Faes Awyr Heathrow i Faes Awyr Palma. Roedd llawer o bobl swnllyd ar yr awyren a doedd dim llawer o le ar gyfer coesau fy nhad ac roedd y bwyd yn afiach! Cyrhaeddon ni'r maes awyr ond roedd y bws yn hwyr. O'r diwedd, cyrhaeddon ni'r gwesty – yn flinedig ac yn teimlo'n ddiflas.

Roedd y gwesty yn fawr ac yn agos i'r traeth gyda golygfeydd hyfryd. Mwynheuais i hwylfyrddio yn y môr bob bore achos roedd y môr yn lân.

Malismithxoxo@hotmail.co.uk

Adolygiad 5

Lleoliad y trip: Y Garreg Las (*Bluestone*), Gorllewin Cymru

Pris y trip: £180 y pen (penwythnos hir)

Yn ystod hanner tymor, es i gyda grŵp o ffrindiau i aros yn *Bluestone*, Sir Benfro. Arhoson ni mewn caban enfawr yno. Roedd pedair ystafell wely yn y caban felly roedd digon o le i bawb. Aethon ni i'r parc dŵr bob dydd achos rydyn ni'n dwlu ar nofio, ond hefyd aethon ni i dorheulo ar y traeth yn Ninbych-y-pysgod achos roedd y tywydd yn fendigedig. Gwaetha'r modd, roedd y tacsi o barc Bluestone i'r traeth yn gostus iawn!

Gwylion ni'r tân gwyllt ar yr harbwr nos Sadwrn – roedden nhw'n fawreddog!

Llionwynne83@aol.com

 1   Darllenwch yr adolygiadau uchod. Copïwch y grid isod. Ticiwch gywir neu anghywir.

Gosodiad	Cywir	Anghywir
1 Aeth Sali am wythnos.		
2 Mwynheuodd Sali deithio ar y bws.		
3 Doedd dim cost ar gyfer yr awyren i Iwganda.		
4 Mwynheuodd Marc y profiad.		
5 Roedd y gweithgareddau ar y llong yn dda.		
6 Roedd y bwyd ar awyren Mali yn sbwriel.		
7 Mae tad Mali yn berson tal.		
8 Roedd hi'n bwrw glaw yn Ninbych-y-pysgod.		

 2   Hoffai Jack fynd ar wyliau dros yr haf.

a   Darllenwch yr adolygiadau yng nghwestiwn 1 eto.

b   Nodwch y pwyntiau positif a'r pwyntiau negyddol am y gwyliau gwahanol. Copïwch a llenwch y grid isod.

Gwyliau	Pwyntiau positif	Pwyntiau negyddol
Llundain		
Iwganda		
Gogledd Amerig		
Maiorca		
Y Garreg Las (*Bluestone*)		

3   Helpwch Jack i ddewis gwyliau.

> Hoffwn i fynd ar wyliau am wythnos gyda grŵp mawr o ffrindiau. Hoffen ni aros mewn adeilad mawr er mwyn bod yn agos at ein gilydd. Dydyn ni ddim yn gallu gwario mwy na phedwar can punt yr un ar y teithio, y llety a'r bwyd. Rydyn ni'n hoffi chwaraeon dŵr ac mae cadw'n heini yn bwysig i ni.

a   Ble ddylai Jack fynd ar wyliau? Pam? Rhowch ddau reswm.

b   Ble hoffech chi fynd ar wyliau? Rhowch resymau.

4   Cywirwch y deg gwall isod.

Gwesty San Manala, Maiorca, **sbaen.**

22 **Hyfred** 2019

Arhosais ni yng ngwesty San Manala yn ystod yr haf.

Roedd y gwesty yn **gwarthus** gyda sbwriel ym mhobman.

Roedd yr **ystafellau** yn rhy boeth a swnllyd bob nos.

Roedd dim ffenestri yn yr ystafell ac roedd y gwely yn anghyfforddus iawn.

Mwynheuais i'r disgo **a y** chwaraeon **dwr** ond roedd y bwyd yn **costus**.

Roedd Maiorca yn lle hyfryd ond **hoffwn** ni aros mewn gwesty gwahanol y tro nesaf.

Danny0990@gmail.com

5   a   Darllenwch yr hysbyseb isod.

Gwesty San Manala, Maiorca

Dewch i aros yn San Manala!

Mae gwesty San Manala yn agos i draeth Maiorca – dim ond pum munud i fwrdd!

Rydych chi'n gallu gweld y môr o'r gwesty. Mae gwely enfawr a moethus ym mhob ystafell.

Mae glendid yn bwysig iawn i ni, ac rydyn ni'n ailgylchu yn gyson er mwyn helpu byd natur a chreu byd gwell i'r dyfodol.

Mae adloniant pum seren bob nos. Rydyn ni'n addas i bobl o bob oed felly.

Cysylltwch â ni ar Sanmanalamaiorca@sbaen.com i gael mwy o wybodaeth!

b   Hoffech chi aros yng ngwesty San Manala? Pam?

6 Mae pecyn cais am ganiatâd cynllunio wedi'i gyflwyno ar gyfer parc gwyliau newydd ym Merthyr Tudful, yn cynnwys:

- llythyr cais
- map o'r lleoliad
- canlyniadau i ddangos barn pobl leol
- sylwadau positif a negyddol ar Weplyfr

Martin Gwilym Shaw a'r Mab, Casnewydd NP54 8HJ
07827364473 www.gwilymshaw@gmail.com

Cyngor Merthyr Tudful

Y Ganolfan Ddinesig

Stryd y Castell

Merthyr Tudful

CF47 8AN

Annwyl Syr/Fadam

Ysgrifennaf atoch chi ar ran Cwmni Martin Gwilym Shaw a'r Mab i wneud cais am ganiatâd cynllunio i adeiladu parc gwyliau newydd yn y goedwig uwchben y dref. Rydyn ni'n adnabyddus fel cwmni am ein gwaith arbennig ond hefyd mae enw da gyda ni am barchu'r ardal a'r bobl leol bob tro.

Ein bwriad ydy adeiladu parc gwyliau modern er mwyn denu twristiaid i Gymru. Does dim llety addas iddyn nhw ar hyn o bryd ac felly gallai'r ardal fanteisio ar y cyfle i roi Merthyr ar y map. Bydd gwesty naw deg ystafell gyda ni gyda phob ystafell yn *en-suite* ac o'r safon uchaf, ond hefyd hoffwn gael tri deg caban gwyliau (neu yurt) ar wahân. Bydd y cabanau yn hunan-arlwyo ond bydd modd i bobl ddefnyddio cyfleusterau'r gwesty os ydyn nhw eisiau. Bydd canolfan arbennig gyda phwll nofio, spa harddwch, campfa a stiwdio dawns – cyfle i bobl ymlacio neu i wella'u ffitrwydd.

Bydd manteision amlwg i'r ardal leol. Yn gyntaf, bydd hyn yn dod â nifer o swyddi newydd. Rydyn ni'n awyddus i ddefnyddio cwmni adeiladu lleol a hefyd i gynnig swyddi o safon i'r bobl leol, gan gynnwys hyfforddiant i bobl ifanc. Bydd ymwelwyr y parc yn gwario arian yn lleol a byddwn ni'n cefnogi crefftwyr lleol ac yn hysbysebu eu gwaith. Yn olaf, byddwn ni'n creu polisi amgylcheddol er mwyn amddiffyn byd natur y goedwig.

Ar hyn o bryd, does dim parc gwyliau yn yr ardal felly fydd dim cystadlcuacth. Mae ystadegau yn dangos bod pobl o bob rhan o Gymru yn ymweld â Merthyr bob blwyddyn. Mae pobl yn mwynhau ymweld â chanolfan siopa Cyfarthfa gyda'i siopau diddorol, unigryw. Hefyd, mae castell Cyfarthfa yn boblogaidd gyda llawer o dwristiaid ac yn rhan bwysig o hanes Cymru. Hoffen ni gynnig tripiau a gwasanaethau bws yn rhad ac am ddim i'r twristiaid ymweld ag atyniadau eraill yn yr ardal leol.

Rydyn ni'n edrych ymlaen at glywed oddi wrthych ac yn gobeithio y byddwch chi'n ystyried ein cais yn ffafriol.

Yr eiddoch yn gywir

Mr Martin Gwilym Shaw

(cyfarwyddwr)

caniatâd cynllunio *planning permission*

parchu *(to) respect*

bwriad *intention*

manteision *advantages*

anfanteision *disadvantages*

ymwelwyr *visitors*

amgylcheddol *environmental*

amddiffyn *(to) protect*

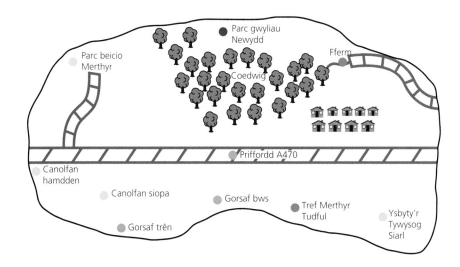

Pryderon pobl Merthyr

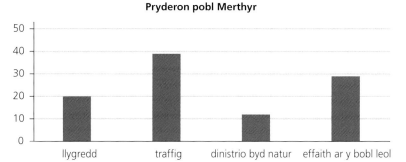

llygredd	traffig	dinistrio byd natur	effaith ar y bobl leol

yn agos at *close to*

ger *by*

rhy bell i ffwrdd *too far away*

ffordd/heol *road*

effeithio ar *to effect (something)*

yn achosi *cause(s)*

a   Atebwch y cwestiynau:

   i   Beth ydy'r pryder mwyaf?

   ii   Beth ydy'r pryder lleiaf?

   iii Ydych chi'n cytuno gyda'r canlyniadau? Pam?

   iv   Edrychwch ar y map. Oes pryderon eraill?

Maer y dref

> Dw i'n meddwl bod cael parc gwyliau newydd yn ardal Merthyr yn syniad da. Mae llawer o bobl heb waith yn byw yn yr ardal felly bydd y parc yn helpu darparu mwy o swyddi i'r bobl leol, yn enwedig ein pobl ifanc.

Swyddog Twristiaeth y Cyngor

> Hoffwn i weld parc gwyliau yn dod i ardal Merthyr er mwyn denu mwy o dwristiaid i'r ardal. Hefyd bydd yn rhoi Merthyr ar y map. Bydd y datblygiad hwn yn helpu dod ag arian i'r ardal a bydd yn cadw busnesau'n fyw.

Mae dinistrio'r goedwig yn ofnadwy. Bydd bywyd gwyllt yn colli eu cartrefi.

Bydd y gwasanaeth bws yn helpu lleihau'r traffig yn yr ardal.

Fydd y gwesty bach lleol ddim yn gallu cystadlu â'r parc gwyliau.

Bydd mwy o swyddi'n gostwng diweithdra yn yr ardal.

Does dim digon o le yn y ganolfan siopa.

Mae'r siop trin gwallt yn y dref yn cynnig triniaethau harddwch yn barod. Fydd dim dyfodol gyda nhw!

Bydd y parc gwyliau'n sbwylio'r golygfeydd.

Bydd mwy o bobl yn dod i Ferthyr. Bydd enw da gyda Merthyr. Beth ydy'r broblem?

 b Rydych chi'n gweithio ar y cyngor. Rhaid i chi greu rhestr o bwyntiau positif a phwyntiau negyddol i'ch helpu i wneud penderfyniad.

Cofiwch ystyried:

i y llythyr

ii lleoliad y parc

iii barn pobl leol

7   Tasgau estynedig.

Rydych chi'n byw ac yn gweithio yn ardal Merthyr. Rydych chi'n ymateb i gais Cwmni Martin Gwilym Shaw a'r Mab.

EFYDD Rydych chi'n berson sy'n byw ym Merthyr Tudful. Ysgrifennwch neges ar Weplyfr yn cefnogi'r parc gwyliau newydd.	*You are a local resident. Write a social media post in support of the new holiday park.*
ARIAN Ysgrifennwch neges i'r papur bro yn ymateb i'r llythyr cais. Nodwch y pwyntiau da a'r pethau sy'n eich poeni. Rhaid i chi: • gyflwyno eich hunan a'ch rheswm dros ysgrifennu • nodi'r pwyntiau da • nodi'r pethau sy'n eich poeni • gorffen yn briodol	*Write a letter to the local newspaper, responding to the planning application letter.*
AUR Ysgrifennwch neges i'r cyngor yn ymateb i'r llythyr cais. Gallwch chi fod o blaid neu yn erbyn y parc gwyliau. Rhaid i chi: • gyflwyno eich hunan a'ch rheswm dros ysgrifennu • crynhoi cais y cwmni • cytuno neu anghytuno â'r parc gwyliau • esbonio eich rhesymau yn glir gyda thystiolaeth • gorffen yn briodol	*Write a letter to the council, responding to the planning application letter.*

7 Ga i gyfarwyddiadau?

Gofyn am ganiatâd/Gofyn am a rhoi cyfarwyddiadau

1 Darllenwch y gwahoddiad i barti isod:

> **PARTI!**
>
> Dewch i'r parti ar ôl y perfformiad olaf nos
> Sadwrn. Bydd llawer o fwyd ar gael i bawb.
>
> Dewch draw am hanner awr wedi chwech yn Neuadd y Dref.
>
> Gwisgwch wisg ffansi.
>
> Cofiwch dalu ychydig wrth y drws i gyfrannu at y sioe gerdd nesaf.
>
> Sut i gyrraedd?
>
> - Teithiwch i'r ysgol uwchradd.
> - Trowch i'r chwith o'r ysgol uwchradd ac ewch ymlaen hyd at Morrisons.
> - Trowch i'r dde o Morrisons a gyrrwch ddwy filltir tan i chi gyrraedd cylchfan.
> - Wrth y cylchfan, cymerwch y chwith cyntaf a bydd Neuadd y Dref yno.
>
> Ebostiwch Mrs Davies am fwy o wybodaeth. Gwelwn ni chi'n fuan!

ar gael *available*

cyfrannu *(to) contribute*

hyd at *up until*

tan *until*

cyrraedd *(to) arrive*

ymlaen *forward*

cylchfan *roundabout*

Gramadeg

Use the command form of the verb to give instructions. For example:

tro / trowch

paid â / peidiwch â

cer / ewch

2 Darllenwch y gwahoddiad uchod. Copïwch y grid isod. Ticiwch gywir neu anghywir.

Gosodiadau	Cywir	Anghywir
1 Bydd y parti ar y penwythnos.		
2 Fydd dim bwyd yn y parti.		
3 Bydd gwledd o fwyd ar gael.		
4 Fydd dim rhaid talu llawer wrth y drws.		
5 I gyrraedd, bydd rhaid teithio i'r ysgol gynradd.		
6 Bydd rhaid teithio heibio tri pheth i gyrraedd Neuadd y Dref.		

3 Hoffech chi fynd i barti ffrind ond mae parti nain yr un amser.
Rydych chi eisiau perswadio'r teulu i adael i chi fynd i'r parti hefyd.
Dilynwch y meini prawf isod:

 a Gofyn caniatâd, e.e. 'Ga i fynd i ...'

 b Perswadio cael mynd i barti eich ffrind, e.e. 'Rhaid i mi fynd achos ...'

 c Rhesymau dilys.

 ch Siarad am ffrindiau sy'n mynd i'r parti.

 d Defnyddio amser arall y ferf, e.e. 'Bydd y parti yn ...'

4   Edrychwch ar y map isod.

    a   Rhaid i chi roi cyfarwyddiadau i ffrind sut i gyrraedd y parti.

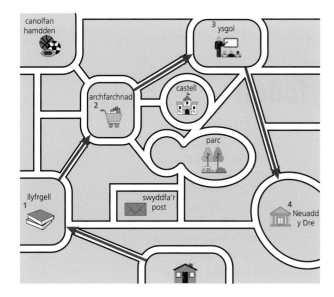

    b   Defnyddiwch y map i roi cyfarwyddiadau i'r parc.

5   Cyfieithwch y neges. Byddwch chi a'ch ffrind yn mynd i'r parti gyda'ch gilydd.

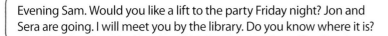

> Evening Sam. Would you like a lift to the party Friday night? Jon and Sera are going. I will meet you by the library. Do you know where it is?

6   Tasgau estynedig.

EFYDD
Rhaid i chi gael sgwrs gyda ffrind yn rhoi cyfarwyddiadau at eich digwyddiad arbennig.
Cofiwch gynnwys:
   beth ydy'r digwyddiad
   cyfarwyddiadau manwl i'r digwyddiad
   Snapmaps eich hunain
	Have a conversation with a friend, giving instructions/ directions to your special event.

ARIAN Rhaid i chi gynnal sgwrs gyda'r ysgol yn gofyn caniatâd i gynnal digwyddiad o'ch dewis. Cofiwch gynnwys: ● beth ydy'r digwyddiad ● cyfarwyddiadau manwl i'r digwyddiad ● cyfleusterau – beth sydd angen	*Have a conversation with your school asking permission to host an event of your choice.*
AUR Rhaid i chi gynnal sgwrs gyda'r neuadd gymunedol yn gofyn caniatâd i ddefnyddio eu lleoliad ar gyfer digwyddiad. Cofiwch gynnwys: ● argaeledd y lleoliad – dyddiadau delfrydol ● maint ystafell – faint fydd yn cystadlu ● cyfleusterau – beth sydd ar gael	*Have a conversation with your community hall asking permission to use their venue for an event.*

8 Teg neu ddim?

Cymharu

1 Darllenwch yr erthygl am waith rhan-amser ac atebwch y cwestiynau.

Dim Gwaith – Dim Dyfodol!

Mae dros 132,000 o bobl yn byw yn Sir Powys, gyda dros 2500 yn byw yn nhref Llanfair-ym-Muallt. Lefel diweithdra yn Llanfair-ym-Muallt ydy 3.1%, gyda 2.2% o bobl ifanc yn ddi-waith. Mae hyn yn dda! Dyma un o'r ffigurau isaf yng Nghymru!

Ond yn anffodus, does gan lawer o bobl oed gweithio ddim cymwysterau! Mae'n rhaid i'r cyngor wneud rhywbeth. Os does dim gwaith, bydd pobl ifanc Llanfair-ym-Muallt yn symud i ffwrdd i weithio, a beth fydd dyfodol yr iaith Gymraeg wedyn? Yn ôl cyfrifiad 2001, roedd bron 26,000 o bobl Bowys yn siarad Cymraeg, ond erbyn 2011, roedd y nifer wedi mynd i lawr i tua 24,000.

Stori debyg oedd hi yng Ngheredigion, gyda 37,918 o siaradwyr yn 2001 yn gostwng i 34,964 yn 2011. Os does dim gwaith i bobl ifanc yn yr ardal, byddan nhw'n symud i ffwrdd ac yn mynd â'r iaith efo nhw.

diweithdra *unemployment*

ymysg *among*

gwarthus (yn warthus) *disgraceful*

cymwysterau *qualifications*

cyfrifiad *census*

gostwng *(to) decrease*

a Dewiswch dri llun addas i'r erthygl:

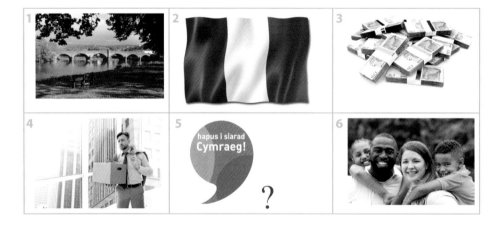

b   Dewiswch yr ateb cywir.

Faint o bobl oed gweithio sydd heb gymwysterau?
i   dim
ii   llawer
iii ychydig

Faint o bobl sy'n siarad Cymraeg ym Mhowys rŵan?
i   mwy nag 20,000
ii   llai nag 20,000

Beth ydy'r lefel diweithdra yn Llanfair-ym-Muallt i bobl ifanc?
i   dau
ii   dau dim dau
iii dau pwynt dau

2   Gwrandewch ar y clipiau sain ac atebwch y cwestiynau.

a   Ysgrifennwch nodiadau ar gyfer y pwyntiau isod:
i   Prentisiaeth: Pwy sydd eisiau?
ii   Dim llawer o gymwysterau: Pwy?
iii Siarad tair iaith: Pwy? Pa ieithoedd?
iv   Darren: Ennill faint yr awr?
v   Darren: Pwysig cael arian poced – pam?
vi   Siân: Eisiau gwaith rhan-amser – pam?
vii Eisiau mynd i ddinas fawr: Pwy? Pam?
viii Defnyddiol mewn swydd: Beth?

b   Nodwch un pwynt positif o'r erthygl.

c   Nodwch ddau bwynt negyddol o'r clipiau sain.

3   Cyfieithwch yr hysbyseb isod am waith gwirfoddol.

WANTED

Young people to help in the village café on Wednesday and Thursday.

Ten o'clock until half past four.

Must speak Welsh.

Phone Cai or Heledd for more information on
01978 526672.

---

4   Ydych chi'n cytuno neu'n anghytuno â Sam? Mae e'n dweud:

> Mae swyddi rhan-amser a gwirfoddol yn helpu datblygu sgiliau allweddol sy'n bwysig at y dyfodol. Dydy gwaith ysgol ddim yn bopeth!

Cofiwch!

Cofiwch ddefnyddio rhesymau estynedig ac amseroedd eraill y ferf.

Dylech ddefnyddio idiomau hefyd, er enghraifft:

ar ôl pwyso a mesur

5   Edrychwch ar y graff bar yn trafod gwaith rhan-amser/gwirfoddol yng ngwahanol siroedd Cymru.

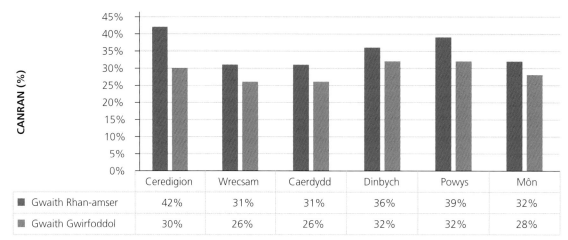

	Ceredigion	Wrecsam	Caerdydd	Dinbych	Powys	Môn
Gwaith Rhan-amser	42%	31%	31%	36%	39%	32%
Gwaith Gwirfoddol	30%	26%	26%	32%	32%	28%

SIROEDD

■ Gwaith Rhan-amser   ■ Gwaith Gwirfoddol

Graff bar yn dangos lefelau gwaith mewn chwe sir yng Nghymru

Atebwch y cwestiynau isod. Cofiwch gymharu â'r graff bar.

a   Ble mae'r mwyafrif o bobl yn gweithio'n rhan-amser?

b   Ble mae'r lleiafrif o bobl yn gwirfoddoli?

c   Ydych chi wedi synnu gan ganlyniadau'r graff?

ch   Ydych chi'n cytuno/anghytuno â'r graff?

d   Beth hoffech chi wneud i wirfoddoli/weithio'n rhan-amser?

6   Edrychwch ar y ddwy gerdd a'r llun. Beth ydy eich barn chi am waith gwirfoddol/gwaith rhan-amser?

Teg?

Ges i rhain ar y Sêl.
Gostion nhw dri deg pump yn lle saith deg,
Ar y cyfan wedwn i, bargen deg.

Ges i saith deg am eu gwneud.
Rwy'n gwnïo cannoedd o'r rhain bob wythnos hir.
Tri deg pump ceiniog am bob Nike a dweud y gwir.

Ond yma
yn Indonesia
bargen deg oedd cael y job i ddechra.

Einir Jones

Pres y palmant

...
Ond pwy ydy hwn
Ar y palmant oer?
Y llygaid cryf, crwn,
Yn wag heno
Fel y nos.

'*Big Issue*, syr? Dim ond punt ...'

Dim ond punt? Ond dw i eisiau pob punt
Am docyn i'r sêr!
Star Wars neu'r *Big Issue*?
Fi – neu fe?

Cerdded adre, *Big Issue* yn fy llaw.

Ond, heno, fydd y palmant ddim mor oer.

Robat Powell

> **Cofiwch!**
>
> Defnyddiwch ffurfiau byr yr amser amodol o dro i dro. Bydd yn gwneud eich gwaith yn fwy diddorol. Bôn y ferf + terfyniad yr amodol (-wn i / -ai o/e ayyb).
>
> Er enghraifft:
>
> caru = **carwn i** (baswn i'n caru)
>
> gweld = **gwelen ni** (basen ni'n gweld)
>
> gwirfoddoli = **gwirfoddolwn i** (baswn i'n gwirfoddoli)

7   Tasgau estynedig.

EFYDD
 Rhaid i chi gymryd rhan mewn cystadleuaeth siarad cyhoeddus yn trafod sut i helpu eraill a gwaith elusennol. Bydd un o blaid y ddadl a'r llall yn erbyn – dylech gyfeirio at y cerddi uchod i gael cydymdeimlad.
 	
 Bydd eisiau:
    rhesymau clir dros eich barn
    barn eraill gan gytuno/anghytuno
    siarad am beth wnaethoch chi
	You must take part in a public-speaking competition discussing how to help others and charity work.

ARIAN Rhaid i chi gyflwyno araith ffurfiol i'ch athro/awes dosbarth yn cymharu amodau gwaith yma â gwlad sy'n datblygu – dylech gyfeirio at y cerddi uchod i gael cydymdeimlad. Bydd eisiau: • ffeithiau am amodau gwaith mewn gwledydd sy'n datblygu • trafod pa wlad ydy'r gorau • barn eraill gan gytuno/anghytuno	*You must present a formal speech to your class teacher comparing work conditions here with a developing country.*
AUR Rhaid i chi gyflwyno araith ffurfiol i'ch cyngor lleol yn cymharu hawliau pobl ifanc yn y gweithle – dylech gyfeirio at y cerddi uchod i gael cydymdeimlad. Bydd eisiau: • ffeithiau am hawliau plant yma ac mewn gwlad arall • syniadau ar sut i helpu pobl ifanc • cymharu gwahanol swyddi i bobl ifanc a'r sgiliau sydd angen	*You must present a formal speech to your local council discussing comparing young people's rights in the workplace.*

9 Technoleg talentog

Dehongli

Sgwrs Ffion ac Efan am waith cartref

Ffion	Gwaith cartref ar ddydd Llun?! … O na! Does dim batri 'da fi.
Efan	Pa waith cartref?
Ffion	**Hoffwn i** wneud fy ngwaith cartref Ffrangeg – dysgu geirfa ar Quizlet. **Dylwn i** wneud erbyn yfory, Ebrill 3.
Efan	**Hoffet ti** ddefnyddio fy iPad?
Ffion	Os wyt ti'n siŵr?
Efan	Paid â thorri fe neu **baswn i'n** mynd yn wyllt a dweud wrth Mam!
Ffion	Diolch, Ef! **Gallwn i** ymarfer y cardiau fflach, chwarae gêm i ymarfer eto ac wedyn trio'r prawf ar-lein. Mae'n ddefnyddiol ac yn helpu.
Efan	**Dylet ti** ofyn i Mam am iPad newydd Nadolig!
Ffion	**Beth faset ti'n** defnyddio os ydw i'n defnyddio'r iPad?
Efan	**Baswn i'n** defnyddio fy ffôn symudol. Mae gwaith Cymraeg gyda fi yn debyg i ti ar ap Quizlet erbyn dydd Mercher nesa hefyd ond **dylwn i** wneud gwaith cartref dylunio a thechnoleg – ymchwil ar Pinterest erbyn dydd Iau.
Ffion	Mae'r aps yn ddefnyddiol iawn am waith cartref. Beth ydy dy hoff ap?
Efan	Dw i ddim yn siŵr a bod yn onest. Mae popeth yn dda.
Ffion	Cytuno. Sshh nawr. Mae gwaith i'w wneud.

> **prawf** *test*
>
> **tebyg** *similar*
>
> **ymchwil** *research*
>
> **popeth** *everything*
>
> **torri** *(to) break*

1 Actiwch y sgwrs gyda phartner!

2 Beth am greu pedair brawddeg am y sgwrs – un bocs o bob colofn. Dyma enghraifft mewn lliw.

Dydy Ffion ddim	fod yn	dda i ymarfer	ei ffôn symudol.
Hoffai Ffion	yn gallu	gydag	ar Quizlet.
Does dim	ymarfer	defnyddio	Efan.
Gallai Quizlet	hoff ap	ei Chymraeg	sgiliau Cymraeg.

3　Darllenwch y sgwrs eto. Copïwch y grid isod. Ticiwch gywir neu anghywir.

Gosodiad	Cywir	Anghywir
1 Mae gwaith cartref ieithoedd modern gyda Ffion.		
2 Mae Ffion ac Efan yn dod o'r un teulu.		
3 Does dim iPad gyda Ffion.		
4 Dylai Efan wneud ei waith cartref technoleg cyn ei waith cartref Cymraeg.		
5 Yn ôl Ffion, does dim lle i apiau wrth wneud gwaith cartref.		

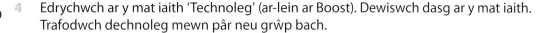

4　Edrychwch ar y mat iaith 'Technoleg' (ar-lein ar Boost). Dewiswch dasg ar y mat iaith.
　　Trafodwch dechnoleg mewn pâr neu grŵp bach.

5　Dydych chi ddim yn cytuno â barn Sam am nwyddau Apple.
　　Ysgrifennwch nodyn yn ymateb i flog Sam. Gallwch chi gynnwys:
- cyflwyno'ch hun
- eich barn am nwyddau Apple
- eich hoff dechnoleg a pham
- cwestiwn i Sam am Alexa

Wel, **hoffwn i ddim** byw heb fy nghyfrifiadur, fy ffôn symudol na fy wats Apple a bod yn onest. **Baswn i'n dweud** bod pob un werth y byd i fi. Mae MacBook 'da fi ac wedyn mae iPhone 'da fi hefyd. Dw i'n gwybod bod llawer o bobl yn casáu Apple, ond heb os nac oni bai dyma'r dechnoleg orau yn fy marn i. **Dylai pawb gael** MacBook ac iPhone. Mae nwyddau Apple yn ddrud wrth gwrs ond **faswn i byth** yn newid nawr.

Basai'r MacBook yn ddefnyddiol iawn i bobl achos **gallech chi** gysylltu â'r we a rhannu gwaith yn hawdd. **Hoffai Dad** gael Alexa hefyd achos mae'n ddefnyddiol. Mae un 'da fi a does dim rhaid i fi godi o'r gwely i droi'r golau i ffwrdd yn y nos neu droi'r golau ymlaen yn y bore, 'Alexa! Faint o'r gloch yw hi?', 'Alexa! Sut mae'r tywydd heddiw?' Mae hi'n gwneud llawer o dasgau bach os dw i'n gofyn a does dim rhaid i fi symud. Mae hi'n dweud jôcs hyd yn oed.

Adnodd adolygu

Darllen

1   a   Darllenwch yr hysbyseb.

> **CYNGERDD Y *DREIGIAU ROC***
>
> Bydd y *Dreigiau Roc* yn perfformio eu halbwm roc newydd mewn cyngerdd ar y 7fed o Fawrth ym Mharc y Ddinas.
>
> Bydd y gyngerdd yn dechrau am hanner awr wedi saith ac yn gorffen am ddeg o'r gloch yn y nos.
>
> Mae tocynnau oedolion yn costio saith punt y person. Mae tocynnau plant yn costio tair punt y person.
>
> Mae toiledau ac ystafelloedd newid. Does dim cyfleusterau i'r anabl.
>
> Ffoniwch ni ar 08343 783929 i gael mwy o wybodaeth.
>
> Gallwch chi brynu tocynnau ar-lein. Ewch i'r wefan isod:
>
> **parcyddinas@cymru.co.uk**

b   Dewiswch yr ateb cywir:

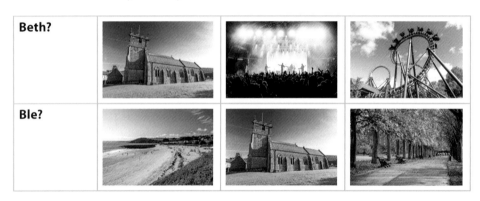

c   Darllenwch yr hysbyseb eto. Copïwch y grid. Ticiwch gywir neu anghywir.

Gosodiad	Cywir	Anghywir	Tystiolaeth
1 Bydd y gyngerdd yn cymryd pedair awr.			Bydd y gyngerdd yn dechrau am hanner awr wedi saith ac yn gorffen am ddeg o'r gloch.
2 Does dim ramp i'r anabl.			
3 Mae tocynnau ar gael ar y wefan.			
4 Mae tocyn plant yn costio mwy na'r tocyn oedolion.			

2   Sut i ateb cwestiynau'n dda.

Rheswm syml: ✓

> Yn fy marn i, mae'n hwyl.

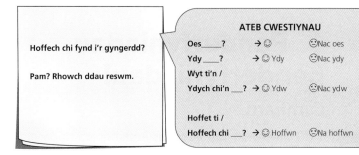

Hoffech chi fynd i'r gyngerdd?

Pam? Rhowch ddau reswm.

ATEB CWESTIYNAU

Oes____?	→ ☺	☹Nac oes
Ydy____?	→ ☺ Ydy	☹Nac ydy
Wyt ti'n /		
Ydych chi'n ___?	→ ☺ Ydw	☹Nac ydw
Hoffet ti /		
Hoffech chi ___?	→ ☺ Hoffwn	☹Na hoffwn

Rheswm gwych: ✓✓

> Yn fy marn i, mae'n hwyl ac yn heriol a bydd yn helpu yn y dyfodol.

3   Rydych chi eisiau mynd i'r gyngerdd ond does dim copi o'r hysbyseb gyda chi.

Pa gwestiynau hoffech chi eu gofyn? Er enghraifft:

> Pryd mae'r gyngerdd?

4   a   Darllenwch y cyfweliad gydag Aled – aelod o'r *Dreigiau Roc*.

Cyfwelydd   Ydych chi'n mwynhau perfformio?

Aled   Dw i'n dwlu ar berfformio yn fyw, yn enwedig mewn clybiau yng Nghymru. Mae'n gyffrous ac mae pobl Cymru'n gefnogol iawn. Dw i'n chwarae'r drymiau yn y band, mae Lewis yn chwarae'r gitâr ac mae Peter yn canu. Yr unig broblem ydy'r teithio ac felly rydyn ni'n blino yn aml.

Cyfwelydd   Sawl cân sydd ar eich albwm newydd?

Aled   Mae deg cân ar yr albwm newydd. Mae amrywiaeth o ganeuon gwahanol fel caneuon roc, caneuon acwstig a chaneuon pop. Caneuon roc ydy fy hoff fath o gerddoriaeth achos dw i'n hoffi sŵn y drymiau. Enw'r gân fwyaf poblogaidd ydy 'Paid â gofyn!' Yn fy marn i, rydyn ni'n eitha tebyg i'r *Beatles*.

Cyfwelydd   Ble hoffech chi chwarae nesaf?

Aled   Hoffen ni chwarae yn y Stadiwm Principality yn ystod gemau pêl-droed a rygbi.

   b   Ysgrifennwch:

   •   bwyntiau positif am berfformio
   •   pwyntiau negyddol am berfformio
   •   cwestiwn posibl i Aled am yr albwm newydd

5   Mae'r band yn rhoi tocynnau am ddim i ddeg cefnogwr. Ysgrifennwch baragraff yn esbonio pam hoffech chi ennill tocynnau.

Dylech gynnwys:

   •   manylion personol
   •   eich barn chi am y band
   •   rhesymau dros gael tocynnau

1 Penderfyniadau, penderfyniadau!

Cymharu

1 Darllenwch farn James ac Annabel am siopa.

> Shwmae! James ydw i a dw i'n dwlu ar siopa. Dw i'n mynd i siopa ar y penwythnos gyda ffrindiau achos mae'n well na mynd i siopa bwyd gyda mam! Fy hoff siop i ydy Sports Direct achos dw i'n chwarae llawer o chwaraeon.

> Helo, Annabel ydw i a dw i'n mwynhau siopa weithiau hefyd, ond siopa ar-lein! Mae'n well gyda fi siopa ar-lein achos dw i'n casáu mynd i siopa ac aros yn y ciw, ffeindio dillad trendi – mae siopa ar-lein yn wych! Fy hoff siop ydy JD Sports achos mae treinyrs JD yn ardderchog, ond dw i ddim yn hoffi Zara achos mae'n gostus!

2 Copïwch y croesair yn eich llyfrau.

Rhaid i chi ddefnyddio'r cliwiau i ddatrys y croesair.

I lawr:

1 Mae James yn siopa ar y …

2 Dydy James ddim yn hoffi mynd i siopa …

Ar draws:

3 Mae James wrth ei fodd mewn siopau …

4 Mae Annabel yn mynd i siopa …

5 Mae Annabel yn meddwl bod Zara yn …

3 Sut mae Tomos yn debyg ac yn wahanol i James ac Annabel?

> Tomos ydw i. Dw i'n casáu mynd i siopa, mae'n ofnadwy! Dw i'n mynd i siopa i Tesco gyda mam ond dw i ddim yn hoffi siopa am ddillad. Dw i'n mwynhau siopa am gemau fideo ar-lein achos mae'n haws.

4 Dyma beth mae Annabel wedi ei brynu ar-lein.

£40 £30 £15 £120 £60

Rhaid i chi ddefnyddio'r geiriau isod i lenwi'r bylchau ar dudalen 183:
hanner, siwmper, mwy na'r, dwbl, £120, llai na

> Mae'r cap yn costio ………. popeth, yn costio £15.
> Nesaf, mae'r jîns yn costio ………. pris y cap. Mae'r ………. yn rhesymol achos mae'n costio £10 ………. siwmper. Wedyn mae'r siaced yn costio £60, ………. pris y treinyrs. Mae'r treinyrs yn gostus iawn, yn costio ………. .

5   Siopa stryd fawr neu siopa ar-lein?

Copïwch y grid isod a rhowch y pwyntiau bwled yn y golofn gywir.

> **Cofiwch!**
> Cofiwch am y mat iaith 'Siopa/Ffasiwn' ar-lein ar Boost.

Siopa	Siopa ar-lein

- Mae'n gyfleus.
- Mae'n gallu bod yn beryglus.
- Mae'n rhy brysur.
- Mae'n dda i'r Stryd Fawr.
- Rydych chi'n gallu trio'r dillad ymlaen.

- Mae mwy o ddewis.
- Mae disgownt weithiau.
- Rydych chi'n gallu mynd gyda ffrindiau.
- Rydych chi'n gallu gweld y safon.
- Mae ciwiau bob amser.

6

> Dw i'n dwlu ar siopa ar-lein achos mae'n haws na mynd i siopa. Dw i ddim yn hoffi aros yn y ciwiau!

Mae Annabel yn hoffi siopa ar-lein. Beth amdanoch chi, a'ch partner?

7   Mae James eisiau wats smart newydd, ond pa un ydy'r gorau?

Wats 1
Ffrind Ffitrwydd
Maint: 25 x 25 milimedr
Lliwiau: du, llwyd, pinc, porffor a glas
Yn gallu: tracio ymarfer, cwsg, defnyddio apiau, talu am bethau mewn siop.
Cost: £169.99
Bywyd batri: mwy na chwe diwrnod
Cytundeb: ddim ar gael

Wats 2
Enw: Mêt Monitro
Maint: 42 x 36 milimedr
Lliwiau: Gwyn, du, gwyrdd, melyn, coch, pinc, oren a glas
Yn gallu: Tracio ymarfer, cwsg, ffonio, siarad â Siri, defnyddio apiau, talu am bethau mewn siop.
Cost: £199
Bywyd batri: 18 awr
Cytundeb: £15 y mis am flwyddyn a hanner

a   Copïwch y grid isod. Ticiwch gywir neu anghywir.

Gosodiad	Cywir	Anghywir
1 Mae Wats 1 yn costio mwy na Wats 2.		
2 Rydych chi'n gallu prynu Wats 2 lliw llwyd.		
3 Mae bywyd batri Wats 1 yn well na Wats 2.		
4 Mae Siri gyda Wats 1.		
5 Mae Wats 1 yn fach ond mae Wats 2 yn fawr.		

b Gofynnwch eich partner:

- Faint fyddai wats 2 yn costio ar gytundeb?
- Beth sy'n costio mwy? Prynu wats 1 neu gael wats 2 ar gytundeb?
- Rydych chi'n prynu wats 1 a chas ffôn yn costio £12.99. Faint o arian sy gyda chi ar ôl rhoi £200?

8 a Beth sy'n bwysig i chi am wats smart? Copïwch a llenwch y diagram isod yn eich llyfrau.

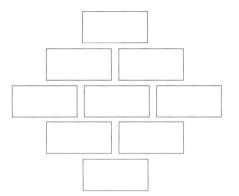

1 Enw

2 Lliw

3 Bywyd batri

4 Barn eraill

5 Pris

6 Alexa neu beidio

7 Tracio ymarfer

8 Maint

9 Monitro'r galon

b Nawr, mae'n rhaid i chi aildrefnu'r brawddegau isod i greu paragraff.

> Y peth lleiaf pwysig ydy …

> Dydy … ddim mor bwysig.

> Mae … , … a … yn weddol bwysig.

> Imi, y peth pwysicaf ydy …

> Mae … a … yn bwysig hefyd.

c Gyda phartner, trafodwch beth sy'n bwysig a ddim yn bwysig i chi am wats smart.

9 Mae deg camgymeriad yn yr hysbyseb yma. Ysgrifennwch y cywiriadau.

AR WERTH

Wats smart **newidd** ar gael, lliw **di** ac yn dal yn y **box**!

Rydych chi'n gallu **ffônio** pobl, talu am bethau mewn **shop**, talu biliau a llawer mwy!

Ydych chi'n hoffi cadw'n ffit**.**

Mae'n tracio ymarfer a rydych chi'n gallu cystadlu yn erbyn **ffrindie**.

Pris y wats ydy cant a deuddeg **pint**.

Ffonio Andrew ar 01856 249761.

Lleoliad: **Ceardydd**

10 Darllenwch am broblem James.

> Mae problem gyda fi …
> ces i arian am fy mhenblwydd a dw i
> eisiau prynu hwdi newydd. Dw i'n hoffi hwdi 1 achos
> fy hoff liw ydy llwyd ac mae'r logo yn fach – mae'n edrych
> yn smart. Fodd bynnag, mae'r pocedi yn fach iawn. Ond dw
> i'n hoffi hwdi 2 hefyd achos mae'n enw ffasiynol, ond
> mae'n costio mwy na'r hwdi 1 ac mae'n well
> gyda fi logos bach.

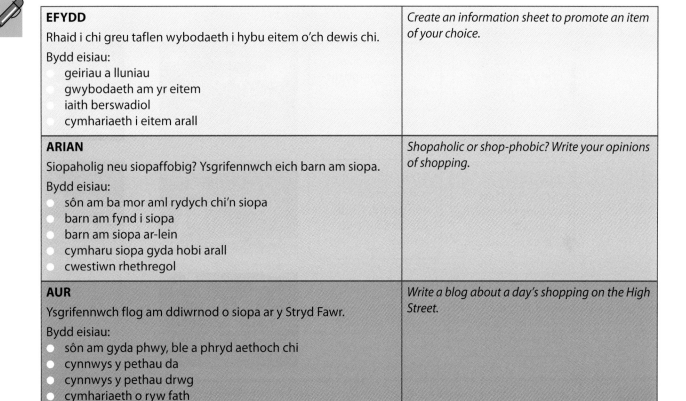

Hwdi 1
£40

Hwdi 2
£49.99

Nodwch y pethau da a drwg am y ddau hwdi.

11 Ydych chi'n cytuno gyda James? Trafodwch gyda phartner.

12 Tasgau estynedig.

EFYDD Rhaid i chi greu taflen wybodaeth i hybu eitem o'ch dewis chi. Bydd eisiau: • geiriau a lluniau • gwybodaeth am yr eitem • iaith berswadiol • cymhariaeth i eitem arall	*Create an information sheet to promote an item of your choice.*
ARIAN Siopaholig neu siopaffobig? Ysgrifennwch eich barn am siopa. Bydd eisiau: • sôn am ba mor aml rydych chi'n siopa • barn am fynd i siopa • barn am siopa ar-lein • cymharu siopa gyda hobi arall • cwestiwn rhethregol	*Shopaholic or shop-phobic? Write your opinions of shopping.*
AUR Ysgrifennwch flog am ddiwrnod o siopa ar y Stryd Fawr. Bydd eisiau: • sôn am gyda phwy, ble a phryd aethoch chi • cynnwys y pethau da • cynnwys y pethau drwg • cymhariaeth o ryw fath • sôn am beth brynoch chi a pham	*Write a blog about a day's shopping on the High Street.*

2 Gwlad y gân

Cytuno ac anghytuno

1 Yn y bocs isod mae geirfa cerddoriaeth. Copïwch y grid isod a rhowch yr eirfa dan y teitl cywir. Defnyddiwch eiriadur i'ch helpu chi.

canu	talentog	perfformio	llais	hwylus
cantores	talent	cyngerdd	lleisiau	cân
caneuon	cantorion	canwr	ysbrydol	cerddoriaeth

Enw benywaidd	Enw gwrywaidd	Enw lluosog	Berf	Ansoddair

2 Darllenwch y swigod isod. Dewiswch lun i fynd gyda'r swigod.

1 Dw i'n cytuno bod y gantores yn ysbrydol iawn.

4 Baswn i'n cytuno bod canwyr rap mor dalentog.

 A

 C

2 Dw i ddim yn cytuno bod llais da gyda fe – mae'n ofnadwy.

5 Dw i'n anghytuno gyda mam. Ei hoff gerddoriaeth ydy cerddoriaeth clasurol.

 B

 D

3 Dw i'n anghytuno gyda ti am y gyngerdd. Roedd hi'n ardderchog!

 C

3 Darllenwch yr hysbyseb am gyngerdd yn neuadd y dref. Cywirwch y deg camgymeriad.

CYNGERDD

Bydd **cyngerd** yn neuadd **yr** dref yn yr Eglwys Newydd **yn Caerdydd**.

Bydd llawer o **cantorion** gwahanol a thalentog gan gynnwys Elin Fflur, Sŵnami,, Bryn Fôn ac Al Lewis.

Bydd ar **Mehefin** 15. Bydd y **tocin** yn costio pum punt. Bydd **performiadau** yn dechrau am chwech **o gloch**. Dw i'n siwr byddwch **ti'n** cytuno y bydd hi'n noson i'w chofio!

Dod i'r gyngerdd gyda ffrindiau.

4   Mae Cymru yn edrych am berfformwyr ifanc i gystadlu dros Gymru yn Eurovision ieuenctid.

a   Edrychwch ar y negeseuon yma. Ysgrifennwch ymateb i gytuno neu anghytuno gyda'r dewis.

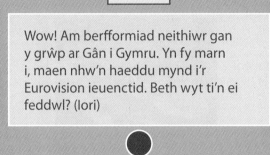

Wow! Am berfformiad neithiwr gan y grŵp ar Gân i Gymru. Yn fy marn i, maen nhw'n haeddu mynd i'r Eurovision ieuenctid. Beth wyt ti'n ei feddwl? (Iori)

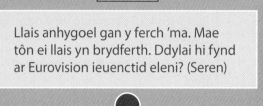

Llais anhygoel gan y ferch 'ma. Mae tôn ei llais yn brydferth. Ddylai hi fynd ar Eurovision ieuenctid eleni? (Seren)

b   Gwrandewch ar un o'r caneuon o Eurovision ieuenctid. Ysgrifennwch neges am y gân rydych chi'n ei dewis.

5   a   Dewch o hyd i dair cân Gymraeg i rannu gyda ffrind. Defnyddiwch y cwestiynau isod i drafod eich caneuon.

Wyt ti'n cytuno?

Beth ydy dy farn di?

P'un sy'n well 'da ti?

Beth wyt ti'n feddwl o'r gân?

P'un ydy dy hoff gân?

b   Cadwch sgôr gyda'r atebion. Defnyddiwch y bocsys isod yn eich atebion i ennill pwyntiau.

1 pwynt	2 bwynt	3 phwynt	4 pwynt
Dw i'n cytuno	Yn bendant	Baswn i'n dweud bod …	Yn wahanol i ti
Dw i'n anghytuno	Dw i ddim yn cytuno	Wyt ti wir?	Yn debyg i ti
Wrth gwrs	Dw i'n meddwl bod …	Paid â siarad dwli!	Dw i'n tueddu i gytuno / anghytuno
Dim o gwbl	Yn gwmws	Wyt ti'n wallgof?	Dw i o'r farn bod …
A bod yn onest			Hoffwn i gytuno ond …

6   a   Dilynwch daith drwy'r bocsys isod i fynegi barn am gerddoriaeth ar lafar.

b   Dilynwch daith drwy'r bocsys isod i ysgrifennu paragraff yn mynegi barn am gerddoriaeth.

Defnyddiwch y person cyntaf	Defnyddiwch y trydydd person	Defnyddiwch y lluosog

hoff ganwr/ fand?

meddwl bod

hoffi

cerddoriaeth

gwrando ar beth?

cytuno

ddim yn hoffi

cytuno bod

gofyn cwestiwn

cas gantores/ fand?

anghytuno

credu bod

3 Mae'n dda helpu

Trefnu

1   Darllenwch am sêl pobi Ysgol Dyffryn. Atebwch y cwestiynau isod.

> ### SÊL POBI
>
> Bydd stondin cacennau yn y dderbynfa ddydd Gwener.
>
> Byddwn ni'n gwerthu cacennau am hanner awr wedi deg.
>
> Fydd dim te, yn anffodus.
>
> Bydd Seb yn pobi'r gacen!
>
> Bydd cacennau yn costio pum deg ceiniog yr un.
>
> Dewch i brynu cacen achos bydd yr arian yn helpu elusen Barnados.

- Pryd fydd y stondin cacennau?
- Fydd y stondin ar amser egwyl neu amser cinio?

- Pwy fydd yn gwneud y gacen?
- Faint fydd y cacennau yn costio?
- Pam fydd stondin cacennau?

2   Darllenwch am Ffair Haf Clwb Rygbi Cwmafan.

> **Dewch i Ffair yr Haf yng Nghlwb Rygbi Cwmafan!**
>
> Rydyn ni eisiau codi arian at Make A Wish.
>
> Bydd y ffair ddydd Sadwrn Gorffennaf 29 ar y cae. Bydd ras hwyl o gwmpas y pentre hefyd – 3 milltir. Bydd hi'n costio £5 i oedolion a £2 i blant. Bydd yr arian yn helpu plant gyda phroblemau iechyd.
>
> Bydd chwaraewr rygbi lleol, a bydd Marc Davies yn eillio'i wallt i godi arian hefyd. Gallwch chi noddi Marc ar y dydd neu ar-lein. Cliciwch ei dudalen 'Just Giving'.
>
> Bydd llawer o stondinau – gemau, cacennau, bwyd, dillad chwaraeon. Bydd cerddoriaeth hefyd gan y band lleol.
>
> Am fwy o fanylion am ein digwyddiad elusennol, ewch i dudalen Gweplyfr Clwb Rygbi Cwmafan.

a   Dewch o hyd i'r eirfa yn yr hysbyseb:

fun run, three miles, stalls, local band, raise money, charity event, local rugby player, health problems, adults, to sponsor

b   Atebwch y cwestiynau gyda'r ateb cywir:
- Fydd y ffair ar y penwythnos?
- Ydy'r Ffair Haf yn addas i bobl o bob oed?
- Fydd yr arian yn helpu pobl?
- Oes bwyd ar gael?

c   Pa ddigwyddiad hoffech chi ei gefnogi, a pham?
     Rhowch ddau reswm.

3   Cywirwch y camgymeriadau yn y paragraff isod.
     Mae pob problem wedi'i thanlinellu.

Ydych chi'n hoffi **helpi**?

Mae'n **pwysig** helpu elusennau **ac** dangos gofal dros eraill.

Bydd ni'n codi arian at elusennau gyda digwyddiad bob mis eleni.
Bydd **y** arian yn mynd at **elussen** wahanol bob mis.

Hoffech **ti** helpu**.**

Ebostio Mrs Dunn i **cynnig** helpu.

4   Mae staff elusen Oxfam yn cael cyfarfod dros Skype. Mae pedwar o
     bobl yn y cyfarfod.

     Doedd y sain ddim yn dda yn ystod y cyfarfod dros y we. Copïwch a
     llenwch y bylchau gyda'r ffurf gywir.

> **Cofiwch!**
>
> Rydyn ni'n defnyddio 'chi' pan rydyn ni'n siarad gyda grŵp o bobl neu yn ffurfiol (*formal*).
>
> Rydyn ni'n defnyddio 'ti' pan rydyn ni'n siarad gydag un person neu ffrind (*anffurfiol*).

codi arian	mwynhau	dangos caredigrwydd
helpu pobl	hybu'r neges	gwirfoddoli
codi ymwybyddiaeth	gwneud gwahaniaeth	rhoi amser
	cefnogi'r achos	

Rheolwr Oxfam (Bethan)	Helo bawb! Sut ydych .... ?
Marged a Steffan	Iawn, diolch.
Ioan	Wedi blino. Mae'n rhy gynnar. Tro nesa, fydd.......... .... fodlon cwrdd yn y prynhawn, Bethan?
Bethan	Wel, Ioan, mae'n ddeg o'r gloch nawr! Ta beth pawb, fydd.......... ....'n fodlon helpu yn y siop wythnos nesa?
Marged	Wrth gwrs, pa ddiwrnod?
Steffan	Mae cyfarfod gyda fi ddydd Iau ond iawn, dim problem am weddill yr wythnos
Rheolwr	Ioan, beth amdanat .... ?
Ioan	Fydd.......... di'n gwneud y bore, Marged? Bydda i'n gwneud y prynhawn.
Bethan	Bydda i'n creu amserlen ac ebostio, te!

5   a   Beth ydy'r syniadau ar yr ochr yn Saesneg?

     b   Trafodwch yn eich grwpiau a rhowch y syniadau mewn trefn.
          Ydych chi'n gallu meddwl am dri syniad arall?

     c   Trafodwch waith elusennol.

          •   Beth sy'n bwysig?
          •   Sut ydych chi'n helpu elusennau?

6 a Darllenwch y ddeialog gyda phartner.

   b Actiwch y sgwrs.

cymdeithasu *(to) socialise*

plannu *(to) plant*

cynnig *(to) offer*

gwahodd *(to) invite*

benthyg *(to) borrow*

Llinos	Hoffwn i awgrymu te prynhawn er mwyn codi arian at yr ardd newydd.
Gruff	Bydd hen bobl y cartref henoed yn dwlu ar de prynhawn a chyfle i gymdeithasu. Mae deg ohonyn nhw yno ar hyn o bryd.
Llinos	'Dan ni isio codi arian i greu gardd newydd gyda lle i blannu llysie.
Gruff	Syniad da! Bydd cacen yn apelio at lawer o bobl – yn bendant bydda i'n dod.
Llinos	Mae'r parc lleol wedi cynnig y parc am ddim felly fydd dim tâl am le.
Gruff	Ardderchog! Fydd y staff yn helpu gyda'r bwyd?
Llinos	Siŵr o fod. Byddwn ni'n gwahodd pobl y pentre i dalu deg punt i fwynhau te prynhawn yn y parc.
Gruff	Llinos, rwyt ti wedi meddwl am bopeth – ond am y glaw: tasai hi'n bwrw glaw, beth fasen ni'n ei wneud?
Llinos	Dim problem! Mae pabell fawr efo'r cartref. Bydd y pres yn mynd at y cartref i dalu am blanhigion a llysie.
Gruff	Bydd yr ardd yn cynnig llawer i'r henoed yn y cartref er mwyn helpu lles meddwl a chadw'n ffit. Pryd fydd y te prynhawn?
Llinos	Beth am ddydd Sul nesa? Byddwn ni'n benthyg byrddau o'r cartref efallai deg efo pedwar sedd i bob bwrdd.
Gruff	Gwych! Syniad da. Af i i greu poster!

   c Copïwch y grid. Ticiwch gywir neu anghywir.

Gosodiad	Cywir	Anghywir
1 Mae Gruff yn hoffi bwyta teisen.		
2 Bydd Gruff yn hysbysebu.		
3 Bydd y te prynhawn yn addas i blant bach.		
4 Tasai hi'n bwrw glaw, fyddai dim te prynhawn.		

   ch Dewiswch ateb cywir:

   Bydd lle i .... o bobl eistedd.
   i 40   ii 50   iii 60

   Bydd cyfle i godi ....
   i £200   ii £400   iii £800

   d Atebwch y cwestiynau:
   • Pam mae'r te prynhawn yn bwysig?
   • Pwy fydd yn elwa?
   • A sut?

7   Mae'r brawddegau isod yn cynnwys Cymraeg, Saesneg a Ffrangeg.
     Ysgrifennwch y brawddegau yn gywir yn Gymraeg.

> In my opinion, mae'n important i support the cause et raise awareness yn fwy na raising money.

> There will be un sponsored swim on the plage next wythnos.

8   Cyfieithwch yr hysbyseb i'r Gymraeg:

There will be a coffee morning on Friday, June 15.

The coffee morning will be in room 105.

We would like to help the charity Macmillan.

E-mail Sali on 07546 654786.

9   Rydych chi'n gyfrifol am hysbysebu digwyddiad elusennol.
     Ysgrifennwch dudalen digwyddiad Gweplyfr i hysbysebu'ch digwyddiad.
     Cofiwch gynnwys:
     - teitl y digwyddiad
     - manylion y digwyddiad
     - manylion a rhesymau dros ddewis yr elusen
     - manylion cysylltu
     - perswadio pobl i ddod
     - cwestiynau a sylwadau posibl gan bobl gyda diddordeb

4 Corff a meddwl

Mynegi barn

1 a Gwnewch lun o Mr a Mrs Iach ac Afiach.

     • Defnyddiwch fwydydd gwahanol am rannau'r corff.

     • Labelwch rannau'r corff gyda'r bwydydd gwahanol yn Gymraeg.

  b Ydych chi'n gallu rhannu rhannau'r corff i gyfateb i'r Plât Bwyta'n Iach?

2 a Cysylltwch y brawddegau:

1 Dylech chi fwyta o leiaf pum darn o ffrwythau a llysiau bob dydd, yn ôl arbenigwyr.	**A** I should try and exercise about three times a week.
2 Ddylai pobl ddim bwyta gormod o siocled ond mae'n iawn yn gymedrol.	**B** Should people eat a balanced diet?
3 Dylen ni yfed digon o ddŵr yn ystod y dydd.	**C** You should eat at least five pieces of fruit and vegetables every day according to specialists.
4 Dylwn i drio ymarfer tua tair gwaith yr wythnos.	**Ch** We should drink plenty of water during the day.
5 Ddylai pobl fwyta deiet cytbwys i aros yn iach?	**D** You should find time to relax and rest to help your health too.
6 Dylech chi ffeindio amser i ymlacio a gorffwys i helpu'ch iechyd hefyd.	**Dd** People shouldn't eat too much chocolate but it's OK in moderation.

  b Ysgrifennwch restr geirfa newydd o'r brawddegau uchod.

  c Beth ydy'r rheolau'r amser amodol?

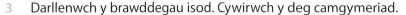

3 Darllenwch y brawddegau isod. Cywirwch y deg camgymeriad.

   • Ydych chi'n berson iachus**.**

   • Dylech **ti** fwyta o leiaf **pimp** darn o ffrwythau a llysiau bob dydd.

   • Dylai pobl **bwyta** bwydydd **affiach** yn gymedrol.

   • Mae'n **pwysig** ymarfer a bwyta deiet **cytbyws**.

   • **Dylech** chi ddim bwyta gormod o **braster** a siwgr.

   • Mae'n rhaid edrych ar ôl **dy** iechyd meddwl yn ogystal â'ch iechyd corfforol.

4 Mae'r ysgol gynradd eisiau rhannu syniadau i helpu plant bach i ddysgu am fwyta'n iach. Maen nhw'n creu clip fideo i ddangos sut i fwyta'n iach.

  Ysgrifennwch sgript i'r clip – rhwng un a dau funud. Defnyddiwch dasg 1 i'ch helpu.

  Er enghraifft:

> Dylech chi drio bod fel Mr Iach a bwyta …

> Ddylech chi ddim bod fel Mrs Afiach achos …

5   Astudiwch y graff isod.

Beth ydy hoff ffrwythau'r dosbarth

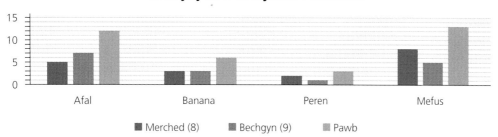

a   Mae dau gamgymeriad yn y teitl. Ysgrifennwch y teitl yn gywir.

b   Dewiswch yr ateb cywir:

Sawl disgybl sydd yn y dosbarth?
i   14   ii   16   iii   17

Faint o ferched sy'n hoffi afal?
i   5   ii   7   iii   12

Beth ydy'r ffrwyth mwyaf poblogaidd i'r dosbarth?
i   afal   ii   mefus   iii   peren

Mae mwy o ferched yn hoffi afal na ...
i   mefus   ii   banana   iii   peren

c   Llenwch y bylchau.
   i   Mae bron pawb yn y dosbarth yn hoffi bwyta ....
   ii   .... ydy'r ffrwyth lleiaf poblogaidd yn y dosbarth.
   iii Dim ond pump o ferched sy'n hoffi ....
   iv   Mae llai na chwarter y dosbarth yn hoffi ....

6   Defnyddiwch y dis a'r cwestiynau isod i drafod bwyta'n iach.

Taflwch y dis, yna siaradwch o gwmpas y cwestiwn. Dylech chi siarad o leiaf dwywaith yr un.

Cofiwch weithio tuag at sgwrs naturiol gyda'r awgrymiadau isod.

1	Wyt ti'n bwyta'n iach neu'n afiach fel rheol?
2	Beth ydy dy hoff/gas fwyd ar hyn o bryd?
3	Beth wyt ti'n ei feddwl o (ffrwythau/unrhyw fwyd arall)?
4	Beth ddylech chi ei fwyta i fyw bywyd iach yn eich barn chi?
5	Oes angen ymarfer hefyd?
6	Beth ydy'r peth pwysicach i gael bywyd iach yn eich barn chi?

7   Lluniwch holiadur i helpu codi ymwybyddiaeth am fwyta'n iach. Hoffai'r athrawes rannu gyda'r dosbarth. Dylech chi:
   •   gynnwys o leiaf pum cwestiwn
   •   amrywio fformat y cwestiynau

fel rheol *as a rule*

paid â siarad dwli
don't talk rubbish

ar y cyfan *on the whole*

wyt ti wir? *do you really?*

yn bendant *definitely*

wyt ti'n wallgof? *are you crazy?*

ti'n gwneud synnwyr
you're making sense

Cofiwch!

Defnyddiwch **dylech chi** i greu cwestiynau. Dyma rai geiriau i'ch helpu chi:

sawl? *how many?*

codi ymwybyddiaeth
(to) raise awareness

8   Mae Elin wedi bod i ddosbarth ioga yn y ganolfan hamdden. Mae hi'n ysgrifennu barn ar wefan y ganolfan hamdden ond mae yn Saesneg. Cyfieithwch ei neges i'r Gymraeg.

> My name is Elin. I went to the yoga class at seven o'clock on Tuesday night in Nantgwyn Leisure Centre. It was great. The teacher, Emma, was very friendly and the class was relaxing. I will be back again next week! Thank you!

9   Darllenwch yr hysbysebion am ddosbarthiadau newydd yn y ganolfan hamdden.

Dewch i'r dosbarth seiclo dan do yng nghanolfan hamdden Nantgwyn.	**Ymunwch â ni yn y gampfa nos Lun yn y dosbarth hyfforddi carosel.**	**Bydd clwb carati newydd yn dechrau'n fuan!**
Mae beiciau newydd gyda ni.	Bydd llawer o weithgareddau gwahanol mewn un dosbarth fel codi pwysau a seiclo.	Bydd dosbarth dwywaith bob wythnos – dydd Mawrth a dydd Sul am saith o'r gloch.
Byddwch chi'n cael llawer o hwyl a bydd seiclwyr proffesiynol a phencampwyr olympaidd, Becky James a Dani King, yn hyfforddi.	Bydd dosbarth i bobl newydd am hanner awr wedi chwech ac yna bydd dosbarth mwy uchelgeisiol am hanner awr wedi saith.	Bydd cyfle i weithio trwy bob gwregys gwahanol.
Bydd y dosbarth am saith o'r gloch bob nos Iau.	Mae'n rhaid bwcio lle wythnos cyn y dosbarth. Bydd hi'n costio chwe phunt bob dosbarth.	Bydd angen talu aelodaeth bob tri mis. Bydd e'n costio can punt.
Bydd y sesiwn gyntaf am ddim!		Bydd cyfle i wneud ffrindiau newydd, dysgu disgyblaeth a chadw'n ffit. Mae ffitrwydd yn bwysig i'r dosbarth yma.

a   Darllenwch y poster i ffrind. Dewiswch luniau addas i'r dosbarthiadau.

b   Rydych chi wedi bod i un o'r dosbarthiadau. Dewiswch o leiaf un dosbarth. Ysgrifennwch nodyn i'r hysbysfwrdd yn awgrymu'r dosbarth i bobl eraill.
Dylech chi gynnwys:
- pwy ydych chi a pha ddosbarth rydych chi'n ei awgrymu
- pam rydych chi'n dewis y cwrs yna
- manylion cyswllt rhywun am fwy o wybodaeth

10 Darllenwch am wythnos Dafydd.

Helo! Dafydd sy 'ma! Fel arfer dw i'n dechrau'r wythnos yn iachus iawn. Bob bore Llun dw i'n codi'n gynnar ac am chwech o'r gloch dw i'n mynd i'r pwll nofio a nofio fel arfer rhwng tri deg a phedwar deg munud cyn brecwast iachus yn y caffi. Dw i'n gwneud yr un peth ar fore Sul ond mae'r caffi ar gau felly dw i'n prynu brechdan bacwn o'r fan tu fas. Mae'n dda i'r corff ac i'r meddwl achos mae'r dŵr yn ymlaciol ond mae angen mynd i'r gwely yn gynnar i godi'n gynnar.

Bob penwythnos dydd Sadwrn neu brynhawn Sul dw i'n mynd i'r mynyddoedd. Dw i'n dwlu ar gerdded gyda Griff y ci – fy ffrind gorau. Mae'r awyr agored a natur yn dda iawn i les meddwl. Dw i wastad yn mynd nôl i'r gwaith dydd Llun wedi ymlacio a dw i'n cadw'n ffit yr un pryd. Perffaith. Mae Cymru yn brydferth!

Mae pwysau gwaith yn anodd trwy'r wythnos ond dw i'n trio ymlacio yn gwylio'r teledu a mynd am dro gyda Griff bob nos. Nos Wener dw i'n ymlacio gan fynd mas am bryd o fwyd gyda'r teulu neu ffrindiau – stêc a sglodion fel arfer yw fy hoff fwyd! Dw i wastad yn cael pwdin hefyd. Dyma fy noson *treat*! Dw i'n bwyta'n iach bob amser cinio yn ystod yr wythnos gyda salad neu basta felly dw i'n haeddu'r sglodion ac mae treulio amser gyda'r teulu a ffrindiau wastad yn hyfryd ac yn gweud i fi deimlo'n hapus.

haeddu *(to) deserve*

meddwl *mind*

awyr agored *open air*

lles meddwl *mental wellbeing*

a   Dewch o hyd i'r eirfa yn y darn:

- *before a healthy breakfast*
- *the same thing*
- *going out for a meal*
- *I deserve*
- *makes me feel happy*
- *I get up early*
- *the same time*
- *work pressure*

b   Ysgrifennwch yn nyddiadur Dafydd am yr wythnos nesa. Cofiwch sôn am y gwaith, gweithgaredd, bwyd a barn.

Er enghraifft:

Dydd Llun

6 y.b. pwll nofio wedyn brecwast iachus yn y caffi

9 y.b. gwaith

1 y.h. cinio – pasta

6 y.h. mynd am dro gyda Griff

7 y.h. gwylio'r teledu

Teimlo'n dda dydd Llun

c   Nawr, meddyliwch am un diwrnod hapus yn eich wythnos. Beth ydy trefn eich diwrnod?

- Ysgrifennwch dudalen am eich diwrnod.
- Defnyddiwch frawddegau llawn i ddangos un diwrnod.

ch Trafodwch y cwestiynau isod am wythnos Dafydd:

- Pa fwydydd iach mae Dafydd yn eu bwyta?
- Yn eich barn chi, ydy e'n ymarfer digon?
- Oes balans gyda fe yn ei fywyd? Bwyd? Ymarfer? Cymdeithasu? Lles meddwl?
- Ydych chi'n debyg neu'n wahanol i Dafydd? Sut?
- Hoffech chi dreulio diwrnod gyda Dafydd? Pa ddiwrnod a pham?

11 Gwyliwch y clip fideo 'Ffitrwydd'.

a Nawr, copïwch y grid isod. Ticiwch yr ateb cywir yn y grid.

Gosodiad	Cywir	Anghywir
1 Enw'r athrawes ydy Ffion.		
2 Mae Ffion yn helpu pobl gyda bwyta'n iach.		
3 Mae Ffion yn dweud bod pysgod yn afiach.		
4 Yn ôl y clip, mae'n rhaid ymarfer am awr bob dydd.		
5 Ddylech chi fwyta siocled bob dydd yn ôl Ffion.		
6 Mae syniadau bwyta'n iach gyda Ffion ar dudalen Instagram.		
7 Yn ôl Ffion, mae'n bwysig mwynhau ymarfer.		
8 Dywedodd hi fod ymlacio yn bwysig hefyd.		

b Tasg chwarae rôl:

Person 1	**Person 2**
Rydych chi eisiau ymuno â dosbarth ffitrwydd newydd ac eisiau mwy o wybodaeth am y dosbarth.	Rydych chi wedi bod i ddosbarth ffitrwydd Ffion ac yn rhannu'ch profiad gyda pherson 1.
Dylech chi:	Dylech chi:
• mynegi barn am ymarfer corff • siarad am beth rydych chi'n ei wneud i gadw'n iach • gofyn o leiaf dri chwestiwn am gadw'n iach • son am fanteision eraill	• ateb y cwestiynau a rhoi cyngor • mynegi barn am gadw'n iach • siarad am fwynhau'r sesiwn ffitrwydd • perswadio i ymuno â'r dosbarth

c Rydych chi wedi bod i'r dosbarth ac mae Ffion eisiau rhannu profiadau pobl i hybu'r dosbarth.

Recordiwch glip 30 eiliad i Ffion ei rannu ar Instagram yn perswadio pobl i ddod i'r dosbarth.

Gallwch chi gynnwys:

- pethau da am y dosbarth
- os ydych chi wedi mwynhau
- manylion y dosbarth – ble/pryd

12   Dewiswch dasg ysgrifennu:

Ar ddiwedd y clip fideo mae'n son am ddeiet. Rydych chi wedi ymuno â thudalen Gweplyfr Ffitrwydd Ffion. Ysgrifennwch ddiwrnod enghreifftiol gan Ffion ar ei thudalen Gweplyfr i rannu gyda'i dosbarth. Cofiwch gynnwys: ● pwyntiau da a drwg am ddilyn y deiet ● prydau gwahanol ● awgrymiadau gwahanol	Ar ôl y dosbarth ffitrwydd, rydych chi'n mynd ar y dudalen Gweplyfr i ysgrifennu gair o ddiolch am y dosbarth ffitrwydd. Ysgrifennwch neges yn diolch i Ffion. Cofiwch gynnwys: ● pwyntiau da a drwg am y sesiwn ● hoff beth am y dosbarth ● os hoffech chi fynd eto

13   Tasg estynedig.

Rydych chi ar daith bywyd iachus. Ysgrifennwch flog i ysbrydoli eraill i ddilyn bywyd iach er mwyn gwella deiet, ffitrwydd a lles meddwl.

Efydd Rydych chi newydd ddechrau ar eich taith. Sut ddylech chi newid eich deiet? Pa weithgareddau ydych chi'n mynd i'w trio i wella ffitrwydd? Sut ydych chi'n ymlacio?	*Consider the lifestyle choices you will need to make so that you can live a healthier life.*
Arian Rydych chi wedi bod ar eich taith am chwe mis. ● Sut ydych chi wedi newid eich deiet? Beth ydych chi'n awgrymu ei fwyta? ● Pa weithgareddau ydych chi'n awgrymu i wella ffitrwydd? Pa weithgareddau ydych chi wedi eu dechrau? ● Sut ydych chi'n ymlacio? Beth sy'n dda i'ch lles meddwl yn eich barn chi?	*What changes have you made to your life over the last six months, regarding diet, exercise and mental health?*
Aur Blwyddyn yn ôl roeddech chi'n teimlo'n drist trwy'r amser a doeddech chi ddim yn hapus gyda'ch pwysau. ● Pa bethau roeddech chi'n eu bwyta? Sut ydych chi wedi newid eich deiet? Beth ydych chi'n awgrymu ei fwyta? ● Sut roeddech chi'n treulio'r penwythnos blwyddyn diwethaf? Pa weithgareddau ydych chi'n eu hawgrymu i wella ffitrwydd? Pa weithgareddau ydych chi wedi eu dechrau? ● Sut ydych chi'n ymlacio? Beth sy'n dda i'ch lles meddwl, yn eich barn chi?	*A year into your journey towards healthier living, assess the changes you have made.*

5 Pwysau'r ifanc

Dehongli a dadansoddi

Dehongli iaith

1 Dyma farn chwaraewr rygbi am bobl ifanc heddiw. Ysgrifennwch ymateb i'r cwestiwn.

> Yn fy marn i, y broblem fwyaf ymhlith pobl ifanc heddiw ydy gordewdra. Pan oeddwn i'n ifanc, roeddwn i'n mwynhau chwarae rygbi, pêl-droed, pêl-fasged … chwaraeon o bob math! Ond heddiw, mae gormod o bobl ifanc yn aros yn y tŷ yn chwarae gemau fideo. Beth sy wedi newid?

2 Darllenwch sgwrs y tri ffrind.

Rhian	Bechgyn, mae gen i gwestiwn i chi. Beth ydy'r broblem fwyaf yn ein hysgolion heddiw?
Tom	Cwestiwn syml – ysmygu! Mae'n broblem enfawr yn fy ysgol i, ond mae'n ffiaidd yn fy marn i!
Dewi	Mae llawer o bobl yn ysmygu yn fy ysgol i hefyd, Tom. Ond dw i ddim yn gweld y broblem.
Tom	Beth? Mae ysmygu yn ddrwg i chi – mae'n troi dannedd person yn felyn, mae'n drewi ac mae'n achosi canser! Mae llawer o broblemau gydag ysmygu!
Rhian	Paid â dechrau ysmygu, Dewi! Mae'n gwestiwn anodd, Tom. Mae llawer o broblemau heddiw – ysmygu, gordewdra, bwlio … hyd yn oed yfed dan oed!
Tom	Yfed alcohol yn yr ysgol? Dim gobaith!
Dewi	Wel, dw i wedi trio ysmygu, Rhian, ond roedd yn ofnadwy! Dw i wedi yfed alcohol hefyd, ond nid yn yr ysgol! Mae gen i ffrindiau sy'n yfed alcohol bob penwythnos ac maen nhw'n iawn.
Tom	Pam mae pobl yn ysmygu ac yfed alcohol? Dydy hyn ddim yn cŵl!
Rhian	Dw i ddim yn eu deall nhw, Tom. Allwn i ddim ysmygu – mae'n rhaid i fi fod yn ffit i chwarae pêl-droed.
Dewi	Roeddwn i'n ysmygu i ffitio mewn, ond dydy ysmygu ddim i fi.
Tom	Diolch byth. Ddylech chi ddim yfed alcohol chwaith, Tom. Mae pobl ifanc blwyddyn deg yn achosi trwbl bob penwythnos ar ôl yfed alcohol. Daeth plismon i'r ysgol mis diwethaf i slarad â nhw.
Dewi	Beth? Dw i ddim eisiau bod mewn trwbl!
Rhian	Wel, beth wyt ti'n mynd i'w wneud 'te?

Pa un sy'n gywir? Dewiswch un datganiad o'r grwpiau a–ch isod.

a
- Mae ysmygu yn broblem yn y tair ysgol.
- Mae ysmygu yn broblem yn ysgol Rhian yn unig.
- Dydy ysmygu ddim yn broblem mewn ysgolion.

b
- Mae Tom yn ysmygu 10 sigarét bob dydd.
- Mae'r tri ffrind wedi trio ysmygu.
- Dim ond Dewi sy wedi trio ysmygu.

c   • Mae plant bl. 10 yn yfed alcohol yn ysgol Dewi.

    • Mae plant bl. 10 yn yfed alcohol yn ysgol Tom.

    • Mae plant bl. 10 yn yfed alcohol yn ysgol Rhian.

ch • Dydy Rhian ddim yn yfed alcohol i gadw'n ffit.

    • Mae Rhian yn ysmygu ac yfed alcohol weithiau.

    • Dydy Rhian ddim yn ysmygu i gadw'n ffit.

3 Crëwch dair brawddeg arall o'r grid isod, e.e. *Mae ysmygu yn achosi canser.*

Dylen ni	yfed alcohol	ddim yn	gyrru car
Dydy	ysmygu	a	yn yr ysgol
Mae	wneud	yn achosi	dderbyniol
Ddylen ni ddim	bwlio	ymarfer corff	canser

Dehongli data

4 Mae llawer o broblemau mewn ysgolion heddiw. Mae'r graff yn dangos beth mae cant o ddysgwyr blwyddyn 9 yn ei feddwl ydy'r broblem fwyaf. Edrychwch yn ofalus ar y graff.

Copïwch a llenwch y bylchau.

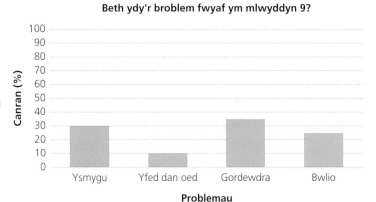

Beth ydy'r broblem fwyaf ym mlwyddyn 9?

> Yn ôl y graff, y broblem fwyaf yn yr ysgol ydy ..... . Mae chwarter y dysgwyr yn meddwl bod ...... yn broblem. Dydy ...... ddim yn broblem fawr yn yr ysgol. Mae ...... yn llai o broblem yn fy ysgol i. Mae ...... yn fwy o broblem yn fy ysgol i. Mae 15% yn fwy o bobl yn dweud bod ...... yn fwy o broblem na .... Mae 10% yn meddwl bod yfed dan oed yn broblem ond traean o'r ganran sy'n meddwl bod ...... yn broblem.

5 Gordewdra ydy'r broblem fwyaf yn yr ysgol hon. Rhaid i chi:

   • esbonio pam mae gordewdra yn broblem heddiw

   • cynnig cyngor ar sut i wella'r broblem

   • esbonio sut mae'ch ysgol chi yn debyg/wahanol

6 Tasgau estynedig. Edrychwch ar y mat iaith 'Dadansoddi a dehongli' ar-lein ar Boost.

EFYDD	Use your interpreting skills to respond to a stimulus on the language mat.
Defnyddiwch eich sgiliau dehongli i ymateb i un o'r sbardunau ar y mat iaith.	
ARIAN	Use your interpreting skills to respond to at least three stimuli on the language mat.
Defnyddiwch eich sgiliau dehongli i ymateb i o leiaf dri o'r sbardunau ar y mat iaith.	
AUR	Use your interpreting skills to respond to the majority of the stimuli on the language mat.
Defnyddiwch eich sgiliau dehongli i ymateb i fwyafrif y sbardunau ar y mat iaith.	

6 Atyniadau anhygoel

Casglu a chyfnewid gwybodaeth

		Tasg 1: darllen		Tasg 2: gwrando		Tasg 3: ymchwilio
Enw'r atyniad	Ewyn Eryri					
Ble?	Dolcarrog, Conwy					
Gweithgareddau	syrffio					
Gwefan	www.syrffiosnow.com					
Rhif ffôn	01552 689502					
Pris tocyn	Dechrau am £40					
Cyfleusterau	1 Lagŵn syrffio 2 Llety	1	2	1	2	
Parcio?	Oes					

1 a Edrychwch ar yr hysbyseb isod. Copïwch a llenwch y grid uchod yn y golofn 'Tasg 1: darllen'.

> Dewch i Drac Beicio Cymru ym Mhort Talbot, De Cymru. Gallwch chi feicio ar lwybrau gwahanol. Mae chwe llwybr gwahanol i'w dewis yn ôl gallu neu sgil (dringo neu gyflymder). Ewch i'n gwefan sef www.beiciocymru.cymru.
>
> Mae lle i olchi beiciau, caffi, siop a hefyd lle i gael lluniau. Mae'n berffaith i grwpiau o bob maint. Mae digon o barcio i bawb gyda maes parcio enfawr. Dim beic? Dim problem! Gallwch chi logi beiciau yma. Mae'n rhaid i chi ddod!
>
> Ffoniwch 01639 888888 i fwcio lle neu am fwy o wybodaeth. Mae'r pris yn amrywio, gan ddechrau yn un deg tair punt.

b Nawr, edrychwch ar y grid. Copïwch y grid isod a dewiswch ateb cywir neu anghywir.

Gosodiad	Cywir	Anghywir
1 Mae'r parc beicio yn y Gogledd.		
2 Does dim lle i fwyta yno.		
3 Mae'n addas i bob math o bobl.		
4 Gallwch chi ddysgu sgiliau newydd yno.		

llwybr *path*
cyflymder *speed*
llogi *(to) hire*

2 Gwrandewch ar yr hysbyseb radio am yr atyniad ac yna llenwch golofn 'Tasg 2: gwrando' ar y grid.

3 Ewch ar y we i edrych am atyniad yng Nghymru a llenwch y grid, colofn 'Tasg 3: ymchwilio' gyda manylion yr atyniad newydd.

4 Rydych chi wedi bod i un o'r atyniadau yn y grid gyda grŵp o ffrindiau. Ysgrifennwch nodyn am eich diwrnod i'r dudalen Gweplyfr (tua 100 gair).

Gallwch chi gynnwys:

- manylion yr atyniad, e.e. enw, math o atyniad
- manylion yr ymweliad, e.e. pryd, gyda phwy
- eich barn am yr atyniad, e.e. hoffi/ddim yn hoffi, pam?

5   Darllenwch ebost Magi Evans

At: help@bwrddcroesocymru.com

Oddi wrth: Magi.Evs1000@gmail.com

Testun: Atyniadau da

Shwmae,

F'enw i ydy Magi Evans ac rydw i eisiau syniadau am ddiwrnodau allan gyda fy nheulu bach – fy ngŵr, fy machgen Iori (8 oed) a fy merch Mabli (11 oed). Rydyn ni i gyd yn dwlu ar fod tu allan yn yr awyr agored. Byddwn ni'n aros yng Ngwersyll yr Urdd Glan-llyn ar ddiwedd mis Hydref. Does dim problemau teithio achos mae fan gyda ni. Rydyn ni'n byw yn Aberystwyth.

Mae fy ngŵr newydd golli ei swydd ac felly does dim llawer o arian gyda ni. Rydyn ni'n mwynhau mynydda a dringo, ond mae'n well gyda Iori a Steffan gweithgareddau dŵr fel nofio gwyllt a chanŵio.

Oes unrhyw awgrymiadau gyda chi os gwelwch yn dda? Fy rhif ffôn ydy 07657 877 888.

Diolch yn fawr. Edrychaf ymlaen at glywed oddi wrthych.

Magi Evans

a   Nawr, ymchwiliwch atyniadau'r ardal (ardal Gwersyll yr Urdd Glan-llyn, ger Y Bala) ar y we. Pa atyniadau sydd ar gael? Dylech chi ddewis o leiaf ddau atyniad gwahanol.

b   Copïwch a llenwch y grid isod. Trafodwch yr atyniadau ac anghenion y teulu.

Manteision	Anfanteision

c   Bydd un o staff y swyddfa yn ffonio Magi Evans gyda'r awgrymiadau. Ysgrifennwch nodyn gyda'r awgrymiadau ar gyfer staff y swyddfa.

Dylech chi gynnwys:

- manylion cysylltu, e.e. cyfeiriad, gwefan
- manylion ymarferol, e.e. cost, oriau agor
- opsiynau teithio posibl
- manylion bwcio

ch   Mae'r swyddfa newydd gael neges wrth Magi Evans. Rhaid i chi ateb ei chwestiynau.

Yn anffodus mae Iori wedi torri ei fraich mewn damwain wrth feicio mynydd.

- Fydd angen newid yr atyniad?
- Ble arall allen ni fynd?
- Ydy'r atyniad yn addas i Iori?
- Ydych chi'n gallu awgrymu atyniad arall posibl?
- Oes linc i'r atyniad, e.e. Gweplyfr?

Magi Evans

6   Darllenwch ebost Elis.

at: info@parcbywydgwyllt.com

oddi wrth: elis.james@jamesweb.com

pwnc: Ymweliad teulu

Shwmae!

Dwi'n ysgrifennu achos hoffwn i ddweud diolch am ein diwrnod ym Mharc Bywyd Gwyllt Sir Benfro. Roeddwn i'n aros yng ngharafan mam-gu yn agos i Ddinbych-y-pysgod wythnos ddiwetha a daethon ni i'r parc am y diwrnod. Ces i lawer o hwyl achos dw i'n dwlu ar anifeiliaid, yn enwedig anifeiliaid gwyllt.

Dw i'n falch iawn i gael cyfle eu gweld nhw yng Nghymru. Fy hoff anifail oedd Mabli, y teigr. Roedd e'n anhygoel a mor brydferth. Roedd pris tocyn yn rhesymol hefyd – un deg pum punt am ddiwrnod. Roedd hi'n hyfryd cael cyfle i fwydo rhai o'r anifeiliaid anwes hefyd gyda'r plant yn cael dysgu mwy amdanynt. Roedden ni'n mwynhau gweld yr anifeiliaid yma ac mae'n dda i weld eu bod nhw'n cael eu trin yn dda hefyd er nad ydyn nhw'n byw'n wyllt. Darllenais i hysbyseb yn disgrifio profiadau unigryw hefyd fel cwrdd â'r teigr neu fod yn geidwad sŵ am ddiwrnod. Hoffwn i drio hynny. Gobeithio cael tocyn fel anrheg penblwydd.

Roedd y staff yn hyfryd ac roedd popeth yn drefnus a glân. Roeddwn i'n gallu gweld bod y bobl yn gweithio yno yn gofalu'n dda iawn am yr anifeiliaid ac yn mwynhau eu gwaith.

Diolch yn fawr unwaith eto. Edrychaf ymlaen at ddod yn ôl yn y dyfodol.

Elis James

Beth sy'n dda am ebost Elis? Trafodwch fel grŵp. Rydych chi'n chwilio am y pethau yn y grid.

Cynnwys	Iaith
Rheswm dros ysgrifennu (reason for writing)	**Paragraffau** (paragraphs)
Manylion ei ymweliad, e.e. ble, gyda phwy, pam (details of his visit, e.g. where, with who, why)	**Amrywiaeth o frawddegau llawn** (variety of full sentences)
Barn a rhesymau (expressing and supporting opinion)	**Atalnodi a sillafu da** (punctuation and good spelling)
Cynnig gwybodaeth ychwanegol (offer additional information)	**O leiaf ddau amser y ferf** (at least two tenses)
Gorffen yn briodol (end appropriately)	**Cysyllteiriau ac idiomau** (connectives and idioms)

gwyllt wild

ceidwad keeper

gofalu (to) care (berf/verb)

gofal care (enw/noun)

gofalus (yn ofalus) careful (ansoddair/adjective)

7   Darllenwch bost Gweplyfr gan Rhys.

Rhys Jones

Lawr i Battlefield Live yn Sir Benfro gyda grŵp o ffrindiau. Yn Sir Benfro yn aros ger Dinbych-y-pysgod. Perffaith am barti penblwydd – llawer o hwyl. Staff i gyd yn gyfeillgar a phroffesiynol hefyd. Braf bod allan yn yr awyr agored, dim ffôn symudol yn chwarae yn y goedwig. Helpu datblygu sgiliau tîm hefyd. Y tro nesa, eisiau ennill yn bendant! Un broblem – dim ond awr a hanner, ond pris da. Siom!

Dydy Rhys ddim yn defnyddio brawddegau llawn bob tro. Ysgrifennwch ebost o ddiolch at Battlefield Live oddi wrth Rhys yn defnyddio'r manylion yn ei bost.

Defnyddiwch y meini prawf uchod i'ch helpu chi.

8   Cyfieithwch y poster yma i'r Gymraeg i hysbysebu 'Monkey Madness'.

Come to 'Monkey Madness' in Margam Park!

The park is open every day. There is no cost.

Parking costs £5 per car.

You will not be disappointed.

Go to the website for more information: www.afanpark.co.uk

9   Rydych chi wedi cael manylion sawl atyniad. Nawr, dewiswch atyniad.

   a   Ysgrifennwch hysbyseb fideo i'r atyniad. Rhaid i chi gynnwys manylion y grid a pherswadio.

   b   Ysgrifennwch sylwadau am eich atyniad i helpu hysbysebu'ch atyniad. Cofiwch gynnwys manylion y grid a pherswadio.

10 Mae Cymru yn llawn atyniadau cyffrous fel rydych chi wedi gweld. Ysgrifennwch dudalen gwefan i athrawon Cymru i ddenu ymweliadau ysgol. Dylech chi gynnwys:

   •   o leiaf ddau atyniad yn y gogledd a dau o'r de

   •   manteision i dripiau ysgol

   •   manylion cysylltu'r atyniadau

   •   recordiadau/clipiau fideo gyda dyfyniadau barn ymwelwyr, e.e. barn/ neges diolch

7 Ffrindiau neu fwy?

Disgrifio

1 Dyma Jack.

    a   Dewiswch yr ansoddeiriau perthnasol i ddisgrifio Jack.

        Gwallt:

i	tywyll	iv	byr	
ii	golau	v	cyrliog	
iii	hir			

        Corff:

i	tew	iii	tal	
ii	tenau	iv	byr	

        Dillad:

i	smart	iii	ffasiynol	
ii	ymlaciol	iv	unigryw	

        Hobïau:

i	gwrando ar fiwsig	iii	sgrialu	
ii	clybio	iv	siopa	

    b   Copïwch y grid isod. Defnyddiwch y llun i benderfynu a yw'r gosodiadau'n gywir neu anghywir.

Gosodiad	Cywir	Anghywir
1 Mae llygaid tywyll gyda Jack.		
2 Mae e'n hoffi gwisgo dillad llachar fel yr enfys bob dydd.		
3 Mae e'n gwisgo tracwisg wrth wrando ar ganeuon RnB.		
4 Mae Jack yn mwynhau cael tyllau yn ei gorff.		

    c   Mae eich ffrind chi wedi cael cais ffrind ar Weplyfr oddi wrth Jack ond dydy hi ddim yn siŵr a ddylai hi dderbyn ei gais achos mae golwg od arno fe.

        Rydych chi'n adnabod Jack o'r ysgol. Disgrifiwch bersonoliaeth Jack i'ch ffrind. Dylech chi ysgrifennu 50–75 gair.

    ch   Hoffech chi gael ffrind fel Jack? Pam?

2 Mae eich ffrind chi wedi cael cais y ffrind. Roedd dolen ar ei dudalen Gweplyfr at y blog isod. Darllenwch y blog ac atebwch y cwestiynau.

Dyddiad: Dydd Sadwrn, 15 Rhagfyr

Amser: 1.00pm

Ar hyn o bryd, dw i'n eistedd ar wal yng nghanol y dref ar fy mhen fy hun. Heddiw, mae'r dref yn brysur iawn gyda phobl o bob oed yn cerdded o gwmpas ar frys i brynu anrhegion Nadolig. A dweud y gwir, dw i ddim yn hoffi mynd i siopa, yn enwedig yn ystod amser y Nadolig – mae'n hunllef! Mae'n well gyda fi chwarae gemau fideo ar y PS4 achos mae'n fwy ymlaciol.

Yn y pellter, dw i'n gallu gweld merch ifanc yn sefyll ger siop sglodion ar ei phen ei hun. Mae ei llygaid glas yn sgleinio fel y môr. Mae ganddi het aeaf yn cuddio gwallt hir, tywyll sy'n llifo fel rhaeadr i lawr ei chefn. Mae ei siwmper enfawr yn boddi ei chorff bach, eiddil a'i choesau hir, a'i hwyneb fel llygoden. Does dim côt glaw neu ymbarél gyda hi er ei bod hi'n bwrw glaw. Mae hi'n cario bag lliwiau'r enfys ond does dim haul ar fryn heddiw – dim ond cymylau llwyd, yn anffodus.

Jack

yng nghanol *in the centre of*	
o gwmpas *around*	
ar frys *in a hurry*	
anrhegion *presents/ gifts*	
hunllef *nightmare*	
rhaeadr *waterfall*	
boddi *drown*	
corff *body*	
eiddil *slight/slender*	
cymylau *clouds*	

a   Ar ôl darllen y blog, ydych chi wedi newid eich meddwl am Jack?

b   Dewiswch yr ateb cywir.

Sut le ydy'r dref?
i   tawel   ii   ymlaciol   iii   swnllyd

Sut mae'r ferch yn teimlo?
i   yn hapus   ii   yn drist   iii   yn egnïol

Pa liw gwallt sy gyda'r ferch?
i   du   ii   melyn   iii   sinsir

Pa fath o wallt sy gyda'r ferch?
i   hir   ii   byr   iii   pigog

c   Nodwch ddwy frawddeg negyddol sydd yn y darn.

ch   Chwiliwch am y prif bwyntiau yn y darn. Copïwch a llenwch y grid isod.

Disgrifiad o'r ferch	Llygaid y ferch	Gwallt y ferch	Gwisgo
Corff:	Lliw:	Lliw:	
Coesau:	Disgrifiad:	Disgrifiad:	
Wyneb:			

d   Nawr, tynnwch lun o'r ferch i gyd-fynd â'r disgrifiad.

dd   Ydych chi'n debyg neu'n wahanol? Ysgrifennwch neges i fynd ar eich tudalen Trydar i ddisgrifio eich hunain mewn dim mwy na 15 gair.

3   a   Crëwch ddiagram Venn i nodi'r prif ffeithiau amdanoch chi, Jack, a'r ferch.

b   Atebwch mewn brawddegau llawn:

• Sut mae Jack yn debyg i'r ferch?

• Sut mae Jack yn wahanol i'r ferch?

• Ydych chi'n debycach i Jack neu i'r ferch? Sut?

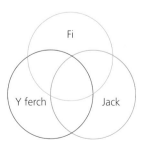

4 Mae bachgen wedi ymuno â Jack yn y dref. Mae'n rhaid i chi greu sgwrs rhwng Jack a'r bachgen ac ateb y cwestiynau isod yn eich sgwrs:

- Pa fath o berson ydych chi?
- Pam ydych chi'n eistedd ar y wal?
- Beth ydy eich barn chi am y ferch?
- Hoffech chi fod yn ffrindiau gyda'r ferch? Pam?

5 a Chwiliwch am dri chyffelybiaeth yn y darn.

b Cwblhewch y cyffelybiaethau isod er mwyn disgrifio'r ferch.

- Mae ei breichiau fel ....
- Mae clustiau enfawr gyda hi fel ....
- Mae trwyn hir gyda hi fel ....

c Meddyliwch am gyffelybiaeth i gynnwys y ffrwythau yma.

> **Beth ydy cyffelybiaeth?**
>
> Mae cyffelybiaeth yn cynnwys y gair **'fel'** i gymharu pethau.
>
> **Dyma enghraifft o gyffelybiaeth:**
>
> **Mae bochau tew <u>fel</u> afalau braf.**

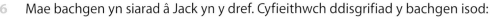

6 Mae bachgen yn siarad â Jack yn y dref. Cyfieithwch ddisgrifiad y bachgen isod:

- *He has green eyes and dark hair.*
- *His hair is spiky like a pineapple*
- *and his eyes are green like the grass.*
- *He has big ears like the BFG*
- *and a long nose like Pinocchio.*
- *He wears a red rain coat*
- *but he doesn't have an umbrella.*

7 Mae un o'r siopau poblogaidd yn chwilio am rywun i fodelu dillad newydd ar gyfer y Nadolig. Mae'r siop yn recriwtio pobl ifanc i fodelu yn yr hysbyseb.

a Dyma hysbyseb isod ond mae rhai gwallau. Cywirwch y deg gwall.

Yn eisiau:

Merch ifanc rhwng un deg pump oed <u>**a**</u> un deg <u>saeth</u> oed i <u>chwaer</u> rhan Sophie yn yr hysbyseb.

Bydd eisiau rhywun tal gyda gwallt hir, golau.

<u>**Hyfed**</u>, rydyn <u>i</u> eisiau bachgen byr gyda gwallt <u>tywydd</u> yn <u>gwisg</u> sbectol.

Bydd eisiau gweld copi o bortffolio modelu ymgeiswyr yn ystod <u>yr</u> cyfweliad.

<u>**Ffonio**</u> Aled Morgans ar 02839928370 am fwy o <u>gwybodaeth</u>.

---

b Dyma bum proffil o ymgeiswyr sydd wedi ymgeisio am y swydd. Trafodwch a dewis y ddau ymgeisydd sydd fwyaf addas ar gyfer y swydd ac esbonio pam.

Enw: Dewi Lloyd
Oed: 15
Gwallt: du
Llygaid: glas
Taldra: 6 troedfedd 4 modfedd
Hobïau: nofio, modelu ac actio
Gwybodaeth ychwanegol: wedi modelu i gwmni Hollister

Enw: Eleri Johns
Oed: 16
Gwallt: coch, cyrliog
Llygaid: gwyrdd
Taldra: 5 troedfedd 3 modfedd
Hobïau: actio, canu'r piano a modelu
Gwybodaeth ychwanegol: wedi modelu dillad Marks & Spencer, siarad Cymraeg a Sbaeneg

Enw: Aaron Smith

Oed: 13

Gwallt: brown

Llygaid: gwyrdd

Taldra: 5 troedfedd 3 modfedd

Hobïau: actio, canu a modelu

Gwybodaeth ychwanegol: wedi modelu dillad i gatalog Next, yn gwisgo sbectol

---

Enw: Mohammed Khan

Oed: 14

Gwallt: du

Llygaid: brown

Taldra: 5 troedfedd 6 modfedd

Hobïau: modelu, actio a chwarae golff

Gwybodaeth ychwanegol: chwarae golff yn broffesiynol

Enw: Hannah Price

Oed: 17

Gwallt: golau, hir

Llygaid: glas

Taldra: 5 troedfedd 12 modfedd

Hobïau: actio, canu, modelu a dawnsio stryd

Gwybodaeth ychwanegol: wedi modelu i gwmnïau New Look a Matalan

c   Ysgrifennwch lythyr cais ffurfiol am y swydd eich hunain. Cofiwch ddilyn y meini prawf isod:

- dechrau'r llythyr yn briodol
- disgrifiad corfforol
- dau hobi
- rheswm dros ymgeisio
- profiad gwaith
- cloi'r llythyr yn briodol

8   Tasgau estynedig.

EFYDD Ysgrifennwch ddisgrifiad manwl o ffrind ar ddiwrnod Nadolig. Bydd eisiau: disgrifiad corfforol amrywiaeth o ansoddeiriau/lliwiau patrymau iaith positif a negyddol barn o leiaf un gyffelybiaeth	*Write a detailed description of a friend on Christmas day.*
ARIAN Roeddech chi'n siopa Nadolig yn un o siopau poblogaidd y dref ond roedd problem wrth y til. Mae'r heddlu wedi gofyn i chi ddisgrifio'r person oedd yn creu'r broblem. Bydd eisiau: dechrau yn briodol amrywiaeth o ansoddeiriau patrymau iaith positif a negyddol barn gyda rhesymau positif a negyddol effeithiau (idiomau, cyffelybiaethau, ayyb)	*You were Christmas shopping in one of the popular shops in town but there was a problem by the till. The police have asked you to describe the person who created the problem.*
AUR Ysgrifennwch ddisgrifiad manwl o'r un diwrnod sydd yn y darn ond o safbwynt y ferch y tro hwn. Rhaid i chi ddisgrifio'r dref a'r bobl sydd yn siopa ar gyfer y Nadolig. Bydd eisiau: dechrau yn briodol amrywiaeth o ansoddeiriau patrymau iaith positif a negyddol barn gyda rhesymau positif a negyddol. ystod o effeithiau (idiomau, cyffelybiaethau, ayyb) sôn am sut maen nhw'n debyg/yn wahanol	*Write a detailed description of the same day mentioned in the passage but from the viewpoint of the girl this time. Describe the town and the people who are Christmas shopping.*

8 Ymlaen at TGAU

Gofyn am ganiatâd/Gofyn am a rhoi cyfarwyddiadau

1   a   Cyfieithwch y neges gan y pennaeth blwyddyn am bynciau opsiwn.

> ## Need help with GCSE options?
>
> Which subjects do you enjoy?
>
> What would you like to study next year?
>
> There will be advice sessions every day next week.
>
> First, music: Monday 1:00 p.m. in Room 107.
>
> E-mail Mr Jenkins for more information on sejenkins@HwbCymru.net.

     b   Hoffech chi astudio pwnc fel cerddoriaeth? Pam?

2   Darllenwch yr hysbysebion isod yn siarad am gymwysterau/sgiliau angenrheidiol.

Enw: Niamh Jones
Oed: 30
Gwaith: Meddyg
Pynciau TGAU: gwyddoniaeth, mathemateg, Cymraeg
Manteision: helpu eraill
Anfanteision: gweithio gormod
Sgiliau: siarad gydag eraill, gweithio gydag eraill, datrys problemau

Enw: Arthur Williams
Oed: 26
Gwaith: Plymwr
Pynciau TGAU: dylunio a thechnoleg, Saesneg, mathemateg, celf
Manteision: rhywbeth ymarferol
Anfanteision: gorfod teithio llawer
Sgiliau: siarad gydag eraill, datrys problemau, bod yn drefnus

     a   Rhaid i chi greu dau gwestiwn i bob un yn gofyn am fwy o wybodaeth.
          Cofiwch amrywio amser y ferf hefyd.
     b   Edrychwch ar y grid. Copïwch ac ysgrifennwch pa sgiliau/pynciau sydd eisiau ar bob swydd.

Enw: Sara Ifans
Oed: 28
Gwaith: Cyfreithwraig
Pynciau TGAU: hanes, llenyddiaeth Saesneg, Ffrangeg, astudiaethau busnes
Manteision: helpu eraill
Anfanteision: defnyddio gormod o egni
Sgiliau: siarad gydag eraill, datrys problemau, bod yn drefnus

	Athro	Peilot	Heddwas	Cyflwynydd
Pynciau TGAU				
Manteision				
Anfanteision				
Sgiliau				

Ysgrifennu 8

3   Darllenwch yr enghraifft o lythyr ffurfiol isod.

> 4 Afon Wen
> Llandegfedd
> NP10 7GP
>
> Ionawr 13eg 2021

Ysgol Uwchradd Llandegfedd
Llandegfedd
NP22 5BJ

Annwyl Mrs Jones

Prynhawn da Mrs Jones, Sali Williams o 9DO ydw i. Dw i'n ysgrifennu heddiw achos hoffwn i siarad am bynciau TGAU. Hoffwn i astudio TGAU addysg gorfforol achos mae gen i ddiddordeb mawr yn y byd athletau.

Ym mlwyddyn 8, cynrychiolais i'r ysgol yn rhedeg dros y sir. Roedd e'n brofiad anhygoel. Hefyd, derbyniais i'r wobr *Victrix Ludorum* yn yr ysgol – gobeithio bydda i'n ei hennill hi eto eleni. Dw i'n caru'r pwnc llawer. Dw i wedi gweithio'n galed mewn bioleg i wybod mwy am y corff. Hoffwn i ddim astudio theori achos mae'n well gen i redeg nag ysgrifennu!

Mae cadw'n heini yn bwysig iawn yn fy marn i. Hoffwn i gadw'n heini bob dydd. Dw i'n ceisio bwyta 5 ffrwyth y dydd a gwneud hanner awr o ymarfer corff. Mae hyn wedi helpu i gadw'n iach yn gorfforol ac yn feddyliol. Dylai mwy o bobl gadw'n heini a gwneud ymarfer corff.

Felly, dw i'n gwybod bod llawer o bobl eisiau astudio addysg gorfforol fel pwnc TGAU ond credaf yn gryf dylwn i gael lle ar y cwrs. Dw i'n berson brwdfrydig, gweithgar a dw i wrth fy modd efo chwaraeon.

Yn gywir
Sali Williams, 9DO

a   Beth sydd angen mewn llythyr ffurfiol? Atebwch y cwestiynau isod:
- Sawl cyfeiriad? Ble?
- Siarad gyda'r gynulleidfa – sut?
- Dyddiad – ble?
- Strwythur – sut?
- Dechrau – sut?
- Gorffen – sut?

b   Rhaid i chi greu meini prawf llwyddiant eich hunain at y cwestiwn olaf.

4   Ysgrifennwch lythyr ffurfiol at eich pennaeth blwyddyn yn trafod pwnc arall (nid addysg gorfforol) hoffech chi ei gymryd. Mae lle i ddau ddisgybl ar y cwrs. Rhaid i chi ddadlau am le ar y cwrs.

Cofiwch gynnwys:
- pwy ydych chi a'r rheswm dros ysgrifennu
- rhesymau am fod yn rhan o'r cwrs
- trafod eich sgiliau
- cynlluniau at y dyfodol
- gorffen yn briodol

Cofiwch!

Dylech geisio defnyddio iaith berswadio yma.

Er enghraifft:

Dw i'n gwybod bod . . .

Credaf fod . . .

Dylwn i . . . / Dylen ni . . .

9 Mae gen i gwestiwn

Cwestiynu

Y Gorffennol

1 a Darllenwch y sgwrs isod rhwng Tom ac Iestyn.

Tom   Shwmae Iestyn, rwyt ti'n edrych yn fwy tywyll nag arfer! 1 ▬

Iestyn   Shwmae Tom! Do, mwynheais i yn fawr, diolch!

Tom   Gwych! Wel, rwyt ti wedi bod i Sbaen sawl gwaith nawr, ond y tro yma, 2 ▬

Iestyn   Llawer o bethau a bod yn onest – aethon ni i'r traeth bron bob dydd, treulion ni amser yn ymlacio wrth y pwll, mwynheuon ni'r chwaraeon dŵr a bwyton ni mewn sawl tŷ bwyta crand!

Tom   O, tŷ bwyta crand! 3 ▬

Iestyn   Naddo! Fwytais i ddim ceffyl na malwod, dim gobaith!

Tom   Allwn i ddim bwyta ceffyl na malwod chwaith, ych a fi! Ond, wyt ti'n diflasu gyda Sbaen? Hoffwn i ddim mynd 'nôl i'r un lle bob blwyddyn.

Iestyn   Nac ydw, mae Sbaen yn enfawr ac mae'r tywydd yn hyfryd bob tro. Dyna pam rydyn ni'n dewis Sbaen.

Tom   Iawn, ond beth am wledydd eraill? 4 ▬

Iestyn   Naddo, roeddwn i'n casáu'r trip America gyda'r ysgol.

Tom   Pam?

Iestyn   Achos doeddwn i ddim yn hoffi bod ar awyren am oriau, hefyd mae'n gas gyda fi'r acen Americanaidd, a doeddwn i ddim yn hapus yn aros yn y ciwiau parc thema. Yn olaf, doedd y bwyd ddim yn plesio.

Tom   Iawn, dwyt ti ddim yn mynd i America eto 'te. Beth am le arall? 5 ▬

Iestyn   Nac ydw, dw i ddim wedi bod i Eryri. Ydy'r lle yn dda?

Tom   Lle da? Mae'n anhygoel! Dw i wedi bod dair gwaith gyda'r teulu ac mae llawer i bawb yno. Dw i wrth fy modd yn yr awyr agored yn dringo'r Wyddfa ac yn syrffio yn 'Surf Snowdonia'. Mae Cymru yn bert pan fydd yr haul allan.

Iestyn   Ond dyma'r broblem … mae'n bwrw glaw trwy'r amser yng Nghymru. Bydda i'n aros gyda Sbaen, Tom.

Tom   Sbaen eto? O Iestyn!

Iestyn   Hwyl fawr, Tom!

Tom   Da bo!

b Mae Tom wedi gofyn pum cwestiwn i Iestyn am ei wyliau yn Sbaen. Ond beth ydy'r pum cwestiwn? Ysgrifennwch y pum cwestiwn yn lle'r pum rhif.

2   Cafodd Gayatri amser arbennig yn Ffrainc! Dyma rai o'r lluniau.

Nodwch bum cwestiwn i'w gofyn i Gayatri ar ôl gweld ei lluniau.

3   a   Dyma grid o wybodaeth am wyliau Eleri, Jac ac Amber.
          Astudiwch y grid yn ofalus.

	Eleri	Jac	Amber
Pryderon cyn mynd ar wyliau	Y daith – dw i ddim wedi hedfan o'r blaen!	Y llety – pum person mewn pabell!	Y tywydd – mae'n berwi yn Sbaen!
Pwyntiau positif am y gwyliau	Tywydd heulog bob dydd, traethau hyfryd a dim gwaith ysgol.	Tywydd braf a llawer i weld a gwneud.	Staff y gwesty yn anhygoel, trip cwch diddorol.
Pwyntiau negyddol am y gwyliau	Gwesty yn ofnadwy, wedi colli pwrs ac arian.	Cwmni diflas fy chwaer, mynd i'r ysbyty achos damwain.	Dim amrywiaeth ar fwydlen y gwesty.

b   Rydych chi eisiau trafod gwyliau gydag Eleri, Jac ac Amber. Rhaid i chi ofyn cwestiynau i'r tri, am:

- eu pryderon cyn mynd ar wyliau
- pethau postif a phroblemau'r gwyliau

c   Yn debyg i Amber, rydych chi'n hedfan o faes awyr Bryste eleni gyda'r teulu, ac yn byw yng Nghasnewydd. Gofynnwch gwestiynau am:

- y daith
- y cyfleusterau
- parcio yn y maes awyr

ch Mae'r adran chwaraeon yn yr ysgol yn trefnu trip i Salou ym mis Mai. Dydych chi ddim yn siŵr am dreulio amser gydag athrawon. Aeth Amber ar wyliau gyda'r ysgol – pa gwestiynau hoffech chi eu gofyn iddi?

d   Cyfieithwch y cwestiynau isod i ddysgu mwy o wybodaeth am y gwyliau:

i   How many friends did you go with, Eleri?

ii   What was the name of the flight company, Amber?

iii How was the weather in Greece, Eleri?

iv   Why didn't you enjoy in Ireland, Jac?

v   How many stars was the hotel, Eleri?

4   Rydych chi'n gweithio i gwmni teithio. Rhaid i chi greu holiadur ar gyfer eich teithwyr.

Rhaid i chi gynnwys:

- cyflwyniad i'r cwmni
- rheswm dros yr holiadur
- cwestiynau cefndir, e.e. enw, oedran
- cwestiynau penodol am y cwmni, e.e. y staff, gwasanaethau
- cwestiynau penodol am y lle gwyliau, e.e. lleoliad, llety, teithio, cyfleusterau
- diwedd priodol

Y Presennol

5   Darllenwch gyfweliad Sienna Howells.

Cyfwelydd   Pwy wyt ti?

Christy   Sienna Howells.

Cyfwelydd   Ble wyt ti'n byw?

Christy   Rhiwbina, Caerdydd, y brifddinas! Dw i'n dwlu ar fyw yma achos mae cymaint o siopau gwych yma.

Cyfwelydd   Beth wyt ti'n hoffi?

Christy   Dw i'n hoffi coffi, teithio, harddwch ac wrth gwrs, dillad. Dw i'n mwynhau blogio hefyd.

Cyfwelydd	Pryd ddechreuaist ti flogio?
Christy	Dechreuais i ysgrifennu blog yn 2016 ar ôl astudio ffasiwn yn y brifysgol.
Cyfwelydd	Beth ydy'r blog?
Christy	Wel, enw'r blog ydy 'Sienna Styles' a dw i'n rhannu cyngor ffasiwn a syniadau harddwch.
Cyfwelydd	Beth ydy'r pethau gorau i ti?
Christy	Dw i wrth fy modd gyda dillad a dw i wedi bod yn lwcus i weithio gyda Dr Martens, New Look, Benefit, House of Fraser a llawer mwy.
Cyfwelydd	Oes pethau negyddol?
Christy	Oes, dw i'n dwlu ar deithio gyda'r gwaith ond dw i'n colli fy nheulu hefyd.

a   Pa gwestiynau hoffech chi eu gofyn i Christy?

b   Mae cylchgrawn yr ysgol eisiau cynnwys y cyfweliad yma, ond mae'n rhy fyr. Rhaid i chi ofyn mwy o gwestiynau i Christy am:

- ei bywyd personol/teulu
- ei harwyr
- y byd ffasiwn

c   Nawr, rhaid i chi ddewis chwe chwestiwn yn unig i ychwanegu i'r cyfweliad.

6   Rydych chi'n gweithio mewn ysgol uwchradd fel cynghorydd gyrfaoedd.

a   Darllenwch ebost Lowri.

Shwmae, Lowri ydw i a dw i ym Mlwyddyn 9. Bydda i'n dewis fy opsiynau TGAU cyn bo hir a hoffwn i astudio ffasiwn a thecstilau.

Darllenais i gyfweliad Christy yng nghylchgrawn yr ysgol, a hoffwn i fod fel hi achos mae hi'n ysbrydoledig! Dw i'n dwlu ar siopa am ddillad a dw i'n greadigol iawn, felly baswn i'n berson delfrydol. Dw i'n breuddwydio am wisgo dillad pert ar lwyfan fawr! Ond o dro i dro, dw i'n gallu bod yn eithaf swil yn yr ysgol, yn enwedig gyda phobl newydd.

Dw i wrth fy modd yn cadw'n heini ac mae fy ffrindiau yn dweud fy mod i'n ddigon tenau a digon pert i fod yn fodel … ond dw i'n un deg pedair ac mae pethau yn gallu newid. Yn achlysurol, dw i'n gwisgo colur achos dydy fy nghroen i ddim yn berffaith er fy mod i'n bwyta'n iach … ond pwy a ŵyr? Efallai bydd yn gwella?

b   Rhaid i chi gwestiynu Lowri i weld a ydy hi'n barod am y byd ffasiwn.

c   Darllenwch y swigod ar dudalen 214 am siopa a ffasiwn.

Helo, Efan ydw i a dw i'n un deg pedair oed o Aberdaron. Mae siopa yn boenus – dw i'n casáu mynd achos dw i ddim yn mwynhau aros yn y ciwiau. Fy hoff siop ydy Game achos mae'r staff yn gymwynasgar a does dim rhaid i fi aros. Does dim ots gen i am ffasiwn – mae'n ddibwynt! Beth ydy dy farn di am ffasiwn?

Shwmae, Leisa ydw i a dw i wir yn mwynhau siopa. Yn fy marn i, mae ffasiwn yn bwysig iawn. Mae llawer o bwysau ar bobl ifanc heddiw i edrych yn dda ac i wisgo'r enwau gorau, ond ffasiwn ydy fy hobi beth bynnag. I fi, mae siopa yn dda i anghofio am waith coleg a phethau negyddol. Bron bob penwythnos, dw i'n mynd o siop i siop yng Nghaerdydd – mae cymaint o ddewis yno, a'r peth gorau ydy … mae Dad yn talu. Wyt ti'n poeni am wisgo'r enwau gorau?

Prynhawn da, Katie ydw i a dw i'n byw yng Nghasnewydd. A bod yn onest, does dim ots gyda fi am yr enwau mawr … dw i'n siopa yn siopau elusen a siopau ail-law. Mae bargeinion ar gael a dw i ddim yn talu llawer am ddillad! Dw i'n meddwl bod ffasiwn yn bwysig, ond dw i'n hoffi bod yn unigryw. Mae'n gas gyda fi siopau fel River Island a New Look! Pa mor bwysig ydy bod yn unigryw i ti?

 ch Ysgrifennwch ymateb i un person.
Rhaid i chi gynnwys o leiaf ddau gwestiwn iddyn nhw eu hateb.

Mae problem gyda fi.
Dw i'n siopa gormod.
Mae'r cwpwrdd dillad yn rhy fach.
Dw i wedi gwario llawer o arian ar ddillad.
Mae parti gyda fi ar y penwythnos a dw i eisiau ffrog newydd.
Oes problem gyda fi? Ydw i'n shopaholic?

 7 Ydy Sarah yn siopaholic? Gofynnwch gwestiynau am:
- amlder y siopa
- yr effaith ariannol
- ffyrdd i helpu

Y Dyfodol

8 Mae Elis yn trefnu ar gyfer y dyfodol.

Rhaid i chi gysylltu trefniad → cyngor ffrind → cwestiwn.
Mae'r grid yn dangos esiampl.

Trefniadau Elis	Cyngor ffrind	Cwestiwn Elis
Dw i'n mynd i Dubai blwyddyn nesaf gyda ffrindiau	Bydd rhaid i chi gael fisa i fynd	Ydy Dubai yn ddrud?
Hoffwn i brynu car smart	Bydd rhaid i chi ddysgu coginio	Ble allwn i brynu siwt?
Hoffwn i fynd i'r prom eleni	Bydd rhaid i chi ddechrau cynilo arian	Ydy'r prawf yn gostus?
Bydda i'n mynd i brifysgol flwyddyn nesaf	Bydd rhaid i chi basio prawf gyrru yn gyntaf	Fydd rhaid i fi olchi fy nillad hefyd?
Hoffwn i fynd i Awstralia yn y dyfodol	Bydd rhaid i chi brynu siwt ffurfiol	Beth yn y byd ydy fisa?

9 Os a Xs! Chwaraewch yn erbyn partner. Rhaid i chi greu llinell o dri chwestiwn addas o'r atebion isod.

Rhaid i'r cwestiynau fod yn yr amser dyfodol.

Hoffwn i fod yn feddyg.	Ant a Dec … yn bendant!	Faswn i ddim yn newid o gwbl.
Byddai Jac yn casáu parti penblwydd.	Rhoi i elusennau? Dim gobaith!	Actor fyddai swydd ddelfrydol Alex!
Pysgod a sglodion os gwelwch yn dda.	Hoffwn i fyw mewn plasty enfawr.	Dim diolch, mae'n well gyda fi Ferrari.

10 Mae'n rhaid i'r rhan fwyaf o bobl weithio i gael pethau moethus.

a Darllenwch yr hysbyseb swydd isod.

Canolfan Hamdden y Drindod

HYSBYSEB SWYDD

Yn eisiau: person brwdfrydig a chyfeillgar i helpu yn y ganolfan hamdden. Rydyn ni eisiau help yn y pwll nofio, yn y gampfa, ar y wal ddringo ac yn y dderbynfa.

Rhaid: siarad Cymraeg, gallu gweithio mewn tîm, siarad yn dda ar y ffôn, mwynhau chwaraeon, sgiliau cyfrifiadurol arbennig.

Oriau gwaith: 10 awr y penwythnos (dydd Sadwrn a dydd Sul)

Cyflog: dibynnu ar brofiad

Cysylltwch â'r ganolfan hamdden ar 01120 963279 am fwy o wybodaeth.

Rydych chi eisiau ymgeisio am y swydd ond:

- dydych chi ddim yn gallu nofio ond rydych chi'n mwynhau chwaraeon ac mae'r sgiliau eraill gyda chi
- dydych chi ddim yn gallu gweithio rhwng 10.00 a 11.30 y.b. ar ddydd Sul achos rydych chi'n chwarae gyda'r band yn y capel

b Ydych chi'n addas? Nodwch dri chwestiwn i ofyn i reolwr y ganolfan hamdden.

c Ar ôl y cyfweliad, rydych chi'n cael y swydd! Pa gwestiynau sy gyda chi nawr? Peidiwch â defnyddio gwybodaeth o'r hysbyseb uchod. Beth am:

- ddyddiad dechrau
- amser dechrau
- gwisg?

ch Nawr, rydych chi eisiau helpu eich ffrind i baratoi am gyfweliad. Dyma ffurflen wybodaeth James am swydd mewn siop ddillad.

- Pa gwestiynau hoffech chi eu gofyn i James mewn cyfweliad?
- Nodwch dri chwestiwn yn yr amser dyfodol.

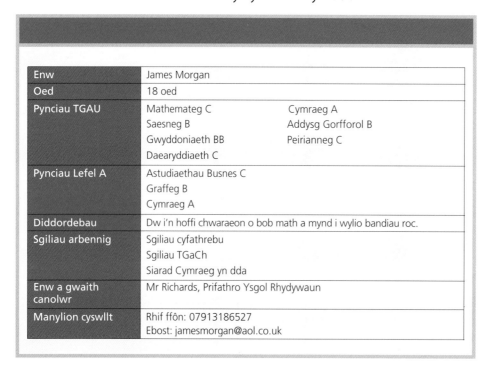

Enw	James Morgan	
Oed	18 oed	
Pynciau TGAU	Mathemateg C	Cymraeg A
	Saesneg B	Addysg Gorfforol B
	Gwyddoniaeth BB	Peirianneg C
	Daearyddiaeth C	
Pynciau Lefel A	Astudiaethau Busnes C	
	Graffeg B	
	Cymraeg A	
Diddordebau	Dw i'n hoffi chwaraeon o bob math a mynd i wylio bandiau roc.	
Sgiliau arbennig	Sgiliau cyfathrebu	
	Sgiliau TGaCh	
	Siarad Cymraeg yn dda	
Enw a gwaith canolwr	Mr Richards, Prifathro Ysgol Rhydywaun	
Manylion cyswllt	Rhif ffôn: 07913186527	
	Ebost: jamesmorgan@aol.co.uk	

11 Tasgau estynedig.

EFYDD
 	
Rhaid i chi ysgrifennu sgript ar gyfer sioe cwis. Ysgrifennwch gwestiynau ar gyfer y tair rownd gyntaf.
 	
Rhaid i chi gynnwys:
  • cyflwyniad i'r sioe
  • cwestiynau gwybodaeth gyffredinol
  • cwestiynau am Gymru
  • cwestiynau ar thema'r wythnos
  • diwedd priodol
	Write a script for a quiz show, with three rounds of questions.

ARIAN
 	
Rhaid i chi ysgrifennu sgript ar gyfer cwis poblogaidd. Ysgrifennwch gwestiynau ar gyfer y tair rownd gyntaf a'r rownd derfynol.
 	
Rhaid i chi gynnwys:
  • cyflwyniad a diwedd i'r sioe
  • cwestiynau gwybodaeth gyffredinol
  • cwestiynau am Gymru
  • cwestiynau ar thema'r wythnos
  • cwestiynau am sêr y byd chwaraeon (rownd derfynol)
	Write a script for a quiz, with four rounds of questions.

AUR
 	
Rhaid i chi ysgrifennu sgript ar gyfer cwis poblogaidd. Ysgrifennwch gwestiynau ar gyfer y pedair rownd a'r rownd derfynol.
 	
Rhaid i chi gynnwys:
  • cyflwyniad a diwedd i'r sioe
  • cwestiynau gwybodaeth gyffredinol
  • cwestiynau am Gymru
  • cwestiynau ar thema'r wythnos
  • cwestiynau ar bwnc o'ch dewis chi
  • cwestiynau am sêr y sgrin (rownd derfynol)
	Write a script for a quiz, with five rounds of questions.

Adnodd adolygu

1   Beth sy'n bwysig yma?

   a   Sillafu: Cywirwch y ddau gamgymeriad.

   b   Y treiglad meddal: Cofiwch dreiglo ansoddair ar ôl
        'yn', e.e. bendigedig → yn fendigedig. Cywirwch y
        broblem.

   c   Y treiglad trwynol: Mae 'fy' yn achosi treiglad trwynol.
        Mae treiglad trwynol ar goll yma, ond ble?

> Dw i'n hoffi **noffio** achos mae'n **da** i chi.
> Mae'n **ymlacoil** hefyd yn fy **barn** i.

2   Beth arall sy'n bwysig? Ydych chi'n gallu creu rhestr idiomau neu
    gysylIteiriau? Byddwch yn greadigol! Dyma dri i ddechrau.

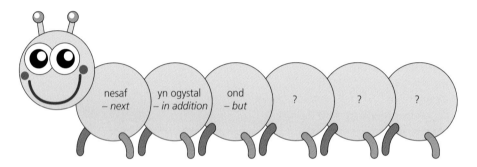

nesaf – next   yn ogystal – in addition   ond – but   ?   ?   ?

3   Cysylteiriau. Dyma farn Gwenllian am gacennau ond mae dau gysylltair ar
    goll. Beth allech chi ei roi yn y bwlch?

> Mae'n gas 'da fi gacen moron .... dw i ddim yn hoffi
> llysiau o gwbl. Maen nhw'n afiach. Fy hoff gacen ydy cacen
> siocled .... dw i'n hoffi cacen sinsir hefyd.

4   Mynegi barn. Dyma baragraff yn mynegi barn. Mae'r paragraff yn
    defnyddio'r trydydd person.

    Chwiliwch am enghreifftiau o:

   •   fynegi barn

   •   defnyddio'r trydydd person

> Mae Gwion yn hoffi'r ysgol ac mae
> e'n meddwl bod Sbaeneg yn wych yn ogystal
> â Ffrangeg, achos mae'n brofiad newydd. Mwynheuodd
> e ddysgu pynciau newydd ond dydy e ddim yn hoffi celf yn
> anffodus. Yn ei farn e, mae'n rhy heriol. Mae'n well 'da
> fe ymarfer corff.

5   Nawr, beth am ysgrifennu paragraff yn y trydydd person? Mae pedwar topig yma. Dewiswch un:

- yr ardal
- chwaraeon
- athrawon
- ffilmiau

Cofiwch ddefnyddio:

- o leiaf pedair cystrawen wahanol
- mynegi barn gyda rhesymau
- idiomau
- cysyllteiriau i helpu llif y paragraff

6   Darllenwch y darn ysgrifennu isod a chwiliwch am yr elfennau yn y swigod.

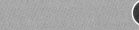

F'enw i ydy Gwenllian. Dw i'n dysgu Cymraeg yn yr ysgol a dw i'n siarad Cymraeg weithiau yn y tŷ, hefyd. Dw i'n mwynhau gwersi Cymraeg fel rheol achos maen nhw'n hwyl. Dylai pawb yng Nghymru siarad Cymraeg yn fy marn i achos mae'r gallu i siarad Cymraeg yn sgil ac mae'n agor drysau i bobl. Bydd yn helpu yn y dyfodol a bydd yn edrych yn dda ar eich CV. Hefyd, mae'n brofiad newydd wrth gwrs.

Fel mae'n digwydd, mae Ruth Jones yn dysgu siarad Cymraeg achos mae hi'n parchu'r wlad. Gwyliais i raglen ar S4C gyda Ruth yn dysgu Cymraeg. Hoffwn i siarad Cymraeg yn rhugl yn y dyfodol achos dywedodd fy athrawes fod Cymraeg yn anhygoel. Dylech chi ddysgu Cymraeg heddiw! I ddechrau, gallwch chi siarad gyda ffrindiau neu ddefnyddio ap fel Duolingo. Fyddwch chi ddim yn difaru. Pob lwc!

Swigod: idiomau, y person cyntaf, yr amser presennol, y trydydd person, mynegi barn, yr amser dyfodol, yr amser amodol, yr amser gorffennol, brawddeg negyddol, cysyllteiriau

7   Nesaf, ydych chi'n gallu creu esiamplau eich hunan? Er enghraifft: amser gorffennol – *prynais i, astudion ni, aeth hi.*

Cofiwch am y **meini prawf llwyddiant** ar gyfer tasgau ysgrifennu. Mae rhai yn y grid yn barod. Beth arall allech chi ei gofio amdano?

Cynnwys	Iaith
Ateb y cwestiwn (*answer the question*)	Amrywio brawddegau (*vary sentences*)
Defnyddio'r ffurf gywir (*use the correct written form*)	Amrywio amser y ferf (*vary verb tenses*)

Gramadeg
Enwau *Nouns*

Nouns are names of things and refer to something or someone. In Welsh, nouns are either masculine (nm), feminine (nf) or plural (npl), e.g.

teledu (nm)   television
cath (nf)   cat
ysgolion (npl)   schools

Masculine/Feminine

It is important to know whether a noun is masculine or feminine.

1. Feminine singular nouns take **soft mutation** after *y/y/'r*, e.g.
*y **g**ath* **the cat**

2. Adjectives take **soft mutation** after feminine singular nouns, e.g.
*ysgol **f**awr*   a large school

3. The words *dwy*, *tair* and *pedair* are used before feminine singular nouns, e.g.
dwy *** **g**adair*   two chairs
tair *athrawes*   three teachers
pedair *wal*   four walls

4. The words *dau*, *tri* and *pedwar* are used before masculine singular nouns, e.g.
dau* *d*eledu*   two televisions
tri** *ch*yfrifiadur*   three computers
pedwar *bwrdd*   four tables
**dwy/dau*   cause soft mutation
***tri*   causes aspirate mutation

5. The word *un* causes **soft mutation** to feminine singular nouns (apart from nouns beginning with *ll* and *rh*), e.g.
un *** **g**wningen*   one rabbit BUT
un *rh*aw*   one shovel

It

1. There is no 'it' in Welsh – all nouns are either masculine or feminine.
   - With feminine nouns, use *hi* for it, e.g.
   *Ffilm: Roedd **hi**'n gyffrous. Gwyliais i **hi** neithiwr*
   A film: **It** was exciting. I watched **it** last night
   - With masculine nouns, use *e, fe* (SW)/ *o, fo* (NW) for it, e.g.
   *I lyfr: Roedd **e**'n/**o**'n ddiddorol. Darllenais i **fe**/**fo** yn y tŷ*
   A book: **It** was interesting. I read **it** in the house

2. There is no 'its' in Welsh either.
   - When **its** refers to feminine nouns, use *ei ... (hi)* (+ **aspirate mutation**), e.g.

*Mae'r gath yn llyfu **ei ph**awennau (hi)*
The cat is licking **its** paws
   - When **its** refers to masculine nouns, use *ei ... (e/o)* (+ **soft mutation**), e.g.
*Mae'r ci'n cysgu yn **ei f**asged (e/o)*
The dog is sleeping in **its** basket

3. Always use *hi* when talking about the **weather**, the **time** and **distance**, e.g.
*Mae **hi**'n wyntog*
It's windy
*Mae **hi**'n saith o'r gloch*
It's seven o'clock
*Mae **hi**'n bell iawn*
It's very far

Yn/'n

All nouns take soft mutation after *yn/'n*, apart from nouns beginning with *ll* and *rh*, e.g.

*Mae Rhosllannerchrugog **yn b**entref mawr.*
Rhos is a large village.

Hwn a Hon

Gwrywaidd/masculine:

Y bachgen **hwn**   **This** boy
Y bachgen **yma**   **This** boy
Hwn   **This one**
Y bachgen **hwnnw**   **That** boy
Y bachgen **yna**   **That** boy
Hwnnw/Hwnna   **That one**

Benywaidd/feminine:

Y ferch **hon**   **This** girl
Y ferch **yma**   **This** girl
Hon   **This one**
Y ferch **honno**   **That** girl
Y ferch **yna**   **That** girl
Honno/Honna   **That one**

See 'Demonstrative pronouns', p. 224.

Masculine or feminine?

1   Some words are obviously feminine, e.g.
merch   girl
Nain   Grandmother (NW)
cath   cat

Some words are obviously masculine, e.g.
dyn   man
brawd   brother
ci   dog

2   There are some clues as to the gender of a noun.

Many feminine words end in:
-fa, e.g. *swydd**fa***   office
-len, e.g. *rhag**len***   programme
-en, e.g. *llygod**en***   mouse
-aeth, e.g. *gwybod**aeth***   information

-eb, e.g. *deis**eb***   petition
-es, e.g. *gweinydd**es***   waitress
-wraig, e.g. *llysieu**wraig***   vegetarian (f)
-iaith, e.g. *tafod**iaith***   dialect

Many masculine words end in:
-yn, e.g. *nod**yn***   note
-wr, e.g. *chwarae**wr***   player (m)
-(i)adur, e.g. *cyfrif**iadur***   computer

3   Some nouns can be either masculine or feminine, e.g.
breuddwyd   dream
clust   ear
afal   apple
cyngerdd   concert

Plural nouns

There are many ways of forming a plural in Welsh.

1   Adding a plural ending:
-au, e.g. *llyfr**au***   books
-iau, e.g. *clust**iau***   ears
-ion, e.g. *dyn**ion***   men
-i, e.g. *tref**i***   towns
-oedd, e.g. *marchnad**oedd***   markets
-edd, e.g. *bys**edd***   fingers
-ed, e.g. *merch**ed***   girls
-od, e.g. *cath**od***   cats
-iaid, e.g. *doctor**iaid***   doctors
-ydd, e.g. *afon**ydd***   rivers
-ys/s (borrowed words), e.g. *piano**s**, jôc**s**, bocs**ys***   pianos, jokes, boxes

2   Dropping letter/s at the end of a word, e.g.
*llygod**en** → **llygod***   mice
*coed**en** → **coed***   trees
*moch**yn** → **moch***   pigs

3   Dropping letter/s and changing a vowel, e.g.
*ader**yn** → ad**ar***   birds

4   Changing a singular ending for a plural ending, e.g.
*cwning**en** → cwning**od***   rabbits
*fferm**wr** → fferm**wyr***   farmers
*amgwedd**fa** → amgwedd**feydd***   museums

5   Altering vowel/s, e.g.
*c**a**r → c**ei**r*   cars
*c**a**stell → c**e**st**y**ll*   castles

6 Altering vowel/s and adding an ending, e.g.
brawd → *brodyr* brothers
chwaer → *chwiorydd* sisters

Using plural nouns

Plural nouns are often used:

1 With numbers after 10 + *o* (+ soft mutation), e.g.
Un deg pump o geir Fifteen cars

2 With phrases ending in *o* (+ soft mutation), e.g.
llawer o dai lots of houses

digon o bapurau enough/plenty of papers
rhagor o bysgod more fish
ychydig o goed a few trees
gormod o blant too many children
mwy o gestyll more castles
llai o ddisgyblion less/fewer pupils

When writing your vocabulary lists, make a note of whether a noun is:
eg/nm = masculine
eb/nf = feminine
and make a note of the ell/pln – plural form.

Rhagenwau *Pronouns*

Pronouns are words such as '**me**', '**your**', '**himself**' etc. They take the place of nouns. The different types of pronoun are described below.

Personal pronouns

These are used with verbs, prepositions and on their own:
fi/i me
ti/di you
fe/e (SW) / *fo/o* (NW) he/him
hi she
ni us
chi you
nhw they/them

For example:
Roedden nhw **They** were
Mae annwyd arni hi **She** has a cold
Fi sy'n siarad It's **me** who's talking

Possessive pronouns

These are used in front of a noun to tell us who owns something. The noun is usually followed by a personal pronoun when speaking or emphasising. Most possessive pronouns cause mutations:

Pronoun	Mutation	Example	English
Fy ... (i)	Nasal	*Teulu* → *Fy nheulu (i)*	Family → My family
Dy ... (di)	Soft	*Beic* → *Dy feic (di)*	Bike → Your bike
Ei ... (e/o)	Soft	*Llyfr* → *Ei lyfr (e/o)*	Book → His book
Ei ... (hi)	Aspirate +	*Car* → *Ei char (hi)*	Car → Her car
	h before words beginning with a vowel	*Afal* → *Ei hafal (hi)*	Apple → Her apple
Ein ... (ni)	None	*Tŷ* → *Ein tŷ (ni)*	House → Our house
	h before words beginning with a vowel	*Ysgol* → *Ein hysgol ni*	School → Our school
Eich ... (chi)	None	*Eich plant (chi)*	Your children
Eu ... (nhw)	None	*Garden* → *Eu gardd (nhw)*	Garden → Their garden
	h before words beginning with a vowel	*Athrawon* → *Eu hathrawon (nhw)*	Teachers → Their teachers

When *ei*, *ein*, *eich* or *eu* follow words ending in a vowel, they are shortened. The mutation still takes place:

Pronoun	Example	English
Ei … (e/o) → *'i*	*Aeth e gyda'i frawd (e/o)*	He went **with his** brother
Ei … (hi) → *'i*	*Mae hi wedi dod â'i chamera (hi)*	She's brought **her** camera
Ein → *'n*	*Mae'n hysgol (ni) ar gau*	**Our** school is closed
Eich → *'ch*	*Eich ci a'ch cath (chi)*	Your dog **and your** cat
Eu → *'u*	*Maen nhw'n mynd gyda'u ffrindiau (nhw)*	They are going with **their** friends

When *ei* or *eu* follow *i* (**to**), they are shortened to *'w*. Again, the mutation still takes place:

Pronoun	Example	English
Ei … (e/o) → *'w*	*Mae e'n cerdded i'w dŷ (e/o)*	He's walking **to his** house
Ei … (hi) → *'w*	*Mae hi'n mynd i'w char (hi)*	She's going **to her** car
Eu … (nhw) → *'w*	*Maen nhw'n gofyn i'w rhieni (nhw)*	They are asking **their** parents

Possessive pronouns with verbs

When using pronouns with standalone verbs (those not normally followed by a preposition) such as

cofio   to remember
gweld   to see
deall   to understand
clywed   to hear
talu   to pay
gwerthu   to sell
prynu   to buy
hoffi   to like
mwynhau   to enjoy
adnabod   to know a person; to recognise
gwybod   to know a fact
ateb   to answer
dilyn   to follow

follow this pattern:

Cofio to remember

He remembers me	*Mae e'n/o'n **fy ngh**ofio (i)*
She remembers you	*Mae hi'n **dy g**ofio (di)*
I remember him	*Dw i'n **ei g**ofio (fe/fo)*
We remember her	*Rydyn ni'n **ei ch**ofio (hi)*
They remember us	*Maen nhw'n **ein** cofio (ni)*
She remembers you	*Mae hi'n **eich** cofio (chi)*
I remember them	*Dw i'n **eu** cofio (nhw)*

Mutation rules must still be followed.

Possessive pronouns with prepositions

Some prepositions contain two words e.g.

wrth ochr   by the side of
ar ôl   after
o flaen (← blaen)   in front of
yn lle   instead of
uwchben (← uwch + pen)   above

When using pronouns with these prepositions, follow this pattern:

*Mae e'n sefyll wrth ochr **y bwrdd**.*
He is standing by the side of **the table**.
*Mae e'n sefyll wrth **ei** ochr **(e/o)**.*
He is standing by the side of **it** (by **its** side).

Mutation rules must still be followed, e.g.

*Maen nhw'n gadael o **fy m**laen (i).*
They are leaving **before me** (in front of me).

Wrth + bodd

Wrth + bodd ('**to the liking of**') is extremely useful when we want to avoid using *hoffi* or *mwynhau* too much. It's well worth learning in full:

*wrth **fy m**odd*   in my element
*wrth **dy f**odd*   in your element
*wrth **ei f**odd*   in his element
*wrth **ei** bodd*   in her element
*wrth **f**odd y bobl ifanc*   in the young people's element
*wrth **ein** bodd/au*   in our element
*wrth **eich** bodd/au*   in your element
*wrth **eu** bodd/au*   in their element

Wrth fodd has many uses:

* + *gyda/efo* + something, e.g.
   *Roeddwn i wrth fy modd **gyda'r ffilm**.*
   I was in my element with the film (I really enjoyed the film).

- + *yn* + a verb, e.g.
  *Maen nhw wrth eu bodd **yn hwylio**.*
  They are in their element sailing (They really enjoy sailing).
- + a place/a time, e.g.
  *Rydyn ni wrth ein bodd/au **yng ngogledd Cymru**.*

We are in our element in north Wales (We love being in north Wales).
*Rwyt ti wrth dy fodd **yn y gaeaf**.*
You are in your element in the winter (You really enjoy the winter (time)).

Reflexive pronouns

To express 'myself'/'my own' etc., the words *hun/ hunan* ('self' or 'own') / *hunain* ('selves') are added to the possessive pronouns (much like in English):

fy hun/fy hunan	myself/my own
dy hun/dy hunan	yourself/your own
ei hun/ei hunan	himself/his own
ei hun/ei hunan	herself/her own
ein hunain	ourselves/our own
eich hun	yourself/your own
eich hunain	yourselves
eu hunain	themselves/their own

- *Hun* is used mostly in north Wales.
- *Hunan* is used both in north and south Wales.
- *Hunain* is the plural form.

Reflexive pronouns used with verbs

helpu dy hun/an	(to) **help** yourself
mwynhau ein hunain	(to) **enjoy** ourselves
gwisgo'i hun/an	(to) **dress** himself/herself
brifo fy hun/an	(to) **injure** myself
bwydo'ch hunain	(to) **feed** yourselves
beio eu hunain	(to) **blame** themselves
gweld fy hun/an	(to) **see** myself

Reflexive pronouns used with nouns

Fy nillad fy hun/an	**My** own **clothes**
Eu harian eu hunain	**Their** own **money**
Dy fwyd dy hun/an	**Your** own **food**

*ar **fy mh**en **fy hun / hunan***
on **my** own/by **my**self
*ar **dy b**en **dy hun / hunan***
on **your** own/by **your**self
*ar **ei b**en **ei hun / hunan***
on **his** own/by **him**self
*ar **ei ph**en **ei hun / hunan***
on **her** own/by **her**self
*ar **ein** pennau **ein hunain***
on **our** own/by **our**selves
*ar **eich** pen **eich hun / hunan***
on **your** own/by **your**self
*ar **eich** pennau **eich hunain***
on **your** own/by **your**selves
*ar **eu** pennau **eu hunain***
on **their** own/by **them**selves

Gilydd

Gilydd has three forms:

1 *Ei gilydd* (**they**), e.g.
   *Maen nhw'n gweld **ei gilydd** yn y sinema.*
   They see **each other** in the cinema.

2 *Eich gilydd* (**you**), e.g.
   *Ewch **gyda'ch gilydd**!*
   Go **together (with each other)**!

3 *Ein gilydd* (**us**), e.g.
   *Cerddon ni **gyda'n gilydd**.*
   We walked **together (with each other)**.

Demonstrative pronouns

Demonstrative pronouns are used:

1 **Instead of nouns** (when pointing or referring to something):
   Hwn **this one** (masculine), e.g.
   *Dw i eisiau **hwn**.*
   I want **this (one)**.
   Hon **this one** (feminine), e.g.
   *Dw i ddim eisiau **hon**.*

I don't want **this (one)**.
Hyn **this** (abstract), e.g.
*Mae **hyn** yn hyfryd.*
This is lovely.
Hwnnw/Hwnna **that one** (masculine), e.g.
*Mae **hwnna'n** wych.*
That one is great.
Honno/Honna **that one** (feminine), e.g.
*Mae **honno'n** ofnadwy.*

That one is awful.
Hynny that (abstract), e.g.
*Bydd **hynny'n** berffaith.*
That will be perfect.
Y rhain these (ones), e.g.
Mae'n well gen i'r rhain.
I prefer **these (ones)**.
Y rheini/Y rheiny those (ones), e.g.
Dw i wrth fy modd gyda'r rheini.
I really love **those (ones)**.

2 As adjectives:
*y bachgen **hwn** or y bachgen **yma** this boy*
*y ferch **hon** or y ferch **yma** this girl*
*y bechgyn/merched **hyn** or y bechgyn/merched*
***yma** these boys/girls*
*y bachgen **hwnnw** or y bachgen **yna** that boy*
*y ferch **honno** or y ferch **yna** that girl*
*y bechgyn/merched **hynny** or y bechgyn/merched*
***yna** those boys/girls*

Other points

1 As with most other languages, there are two words for '**you**' *and* '**your**' in Welsh:

- *ti*, *dy* – used with close friends and family, pets and children
- *chi*, *eich* – used with anyone else, more than one person, and to show respect

2 He/him:

- The forms *e/fe* are used mainly in the south.
- The forms *o/fo* are used mainly in the north.

3 There is no word for '**it**' in Welsh (see p. 220).

All nouns are either masculine of feminine:
*Mae'r **gath** yn bwyta.* → *Mae **hi**'n bwyta.*
*Mae'r **ci**'n bwyta.* → *Mae **e/o**'n bwyta.*

4 The pronoun *hi* (she) is used for '**it**' with general things such as *tywydd* (**weather**), *amser* (**time**), *barn* (**opinion**) and *pellter* (**distance**), e.g.
*Mae **hi**'n oer.*
It's cold.
*Mae **hi**'n saith o'r gloch.*
It's seven o'clock.
*Mae **hi**'n bell iawn.*
It's very far.

Yr amser presennol *Present tense*

Talking or writing about what *is* happening or what people *are* doing is one of the most useful things to learn in any language. This is how we form the present tense in Welsh:

Positive

This is when something *is* happening or *does* happen.

Rydw i or Dw i	I am/I do
Rwyt ti	You are/You do
Mae e/o	He is/He does
Mae hi	She is/She does
Mae Bethan	Bethan is/Bethan does
Mae bechgyn	Boys are/Boys do
Mae'r bachgen	The boy is/The boy does
Mae'r bechgyn	The boys are/The boys do
Rydyn ni	We are/We do
Rydych chi	You are/You do
Maen nhw	They are/They do

Negative

This is when something *isn't* happening or *doesn't* happen.

Dydw i ddim or *Dw i ddim*	I'm not/I don't
Dwyt ti ddim	You're not/You don't
Dydy e/o ddim	He isn't/He doesn't
Dydy hi ddim	She isn't/She doesn't
Dydy Bethan ddim	Bethan isn't/Bethan doesn't
Dydy bechgyn ddim	Boys don't
Dydy'r bachgen ddim	The boy isn't/doesn't
Dydy'r bechgyn ddim	The boys aren't/The boys don't
Dydyn ni ddim	We aren't/we don't
Dydych chi ddim	You're not/You don't
Dydyn nhw ddim	They aren't/They don't

Building sentences

Extend sentences by adding appropriate words to columns 3, 4, and 5, e.g.

1 Present tense	2 *Yn /'n /ddim yn*	3 Verb/noun/adjective	4 Other information	5 Other information
Rydw i/Dw i	*'n*	*chwarae*	*gemau bwrdd*	*yn y tŷ*
Dydy Bethan	*ddim yn*	*dal*	*iawn*	
Rydyn ni	*'n*	*hoffi*	*gwylio'r teledu*	*bob nos*
Dydyn nhw	*ddim yn*	*prynu*	*losin*	*heddiw*
Mae'r plant	*yn*	*rhedeg*	*yn y parc*	*dydd Sadwrn*
Mae Iwan	*yn*	*fachgen*	*deallus*	*dros ben*

Yn/'n

- **Yn** follows a consonant; **'n** follows a vowel.
- **Yn** or **'n** is used before verbs, nouns and adjectives.
- **Yn/'n** causes **soft mutation** to **adjectives and nouns** beginning with **p, t, c, b, d, g, m**, e.g.
  Rydyn ni'n glyfar.
  We are clever.
  Mae hi'n ferch arbennig.
  She is a special girl.
  but **not to verbs**, e.g.
  Rydyn ni'n cerdded.
  We are walking.
- **Mae e/o/hi'n** can be shortened to **Mae'n** when we want to say or write **it's**, e.g.
  Mae'n dda.   **It's** good.
  Mae'n braf.   **It's** fine.

Third person singular

Use the **third person singular** with plural as well as with singular nouns, e.g.
  Mae'r plentyn yn rhedeg.
  The child **is** running/**does** run.
  Mae'r plant yn rhedeg.
  The children **are** running/**do** run.

Use the third person plural forms to write or say that **they** are doing something e.g.
  Maen nhw'n rhedeg.
  They are running.

Questions and answers (1)

As with most tenses in Welsh, the **yes/no** answers depend on the question.

Here are the questions and answers you are most likely to see and use:

→

Question	English	Answer	English
Wyt ti?	Are you?/Do you?	*Ydw (rydw i/dw i)*	Yes (I am/Yes, I do)
		Nac ydw (dydw i/dw i ddim)	No (I'm not/No I don't)
Ydy e/o?	Is he?/Does he?	*Ydy (mae e/o)*	Yes (he is/he does)
		Nac ydy (dydy e/o ddim)	No (he isn't/he doesn't)
Ydy hi?	Is she?/Does she?	*Ydy (mae hi)*	Yes (she is/she does)
		Nac ydy (dydy hi ddim)	No (she isn't/she doesn't)
Ydy Bethan?	Is Bethan?/Does Bethan?	*Ydy (mae Bethan)*	Yes (Bethan is/Bethan does)
		Nac ydy (dydy Bethan ddim)	No (Bethan isn't/Bethan doesn't)
Ydych chi?	Are you?/Do you?	*Ydw (rydw i/dw i)*	Yes (I am/Yes, I do)
		Nac ydw (dydw i/dw i ddim)	No (I'm not/No I don't)
		Ydyn (rydyn ni)	Yes (we are/we do)
		Nac ydyn (dydyn ni ddim)	No (we aren't/we don't)
Ydyn nhw?	Are they?/Do they?	*Ydyn (maen nhw)*	Yes (they are/they do)
		Nac ydyn (dydyn nhw ddim)	No (they're not/they don't)

Questions and answers (2)

And here are the others:

Question	English	Answer	English
Ydw i?	Am I?/Do I?	*Wyt (rwyt ti)*	Yes (you are/you do)
		Ydych (rydych chi)	
		Nac wyt (dwyt ti ddim)	No (you're not/you don't)
		Nac ydych (dydych chi ddim)	
Ydy bechgyn?	Are boys/Do boys?	*Ydyn (*mae bechgyn)*	Yes, (boys are/boys do)
		Nac ydyn, (**dydy bechgyn ddim)	No, (boys aren't/boys don't)
Ydy'r bechgyn?	Are the boys/Do the boys?	*Ydyn (*mae'r bechgyn)*	Yes (the boys are/the boys do)
		Nac ydyn (**dydy'r bechgyn ddim)	No (the boys are not/the boys don't)
Ydyn ni?	Are we?/Do we?	*Ydych (rydych chi)*	Yes (you are/you do)
		Nac ydych (dydych chi ddim)	No (you're not/you don't)
		Ydyn (rydyn ni)	Yes (we are/we do)
		Nac ydyn (dydyn ni ddim)	No (we're not/we don't)

*also, *maen nhw* they are/they do   **also, *dydyn nhw ddim* they aren't/they don't

Mae

Mae is used before other definite forms such as:

1 Possessive pronouns: *fy* (**my**), *dy* (**your**), *ei* (**his/her**), *ein* (**our**), *eich* (**your**), *eu* (**their**), e.g.
   *Mae **fy** mrawd yn hoffi cola.*
   My brother likes cola.

(See 'Possessive pronouns' p. 222.)

2 *Pob* (**every**) / *Popeth* (**everything**) / *Pawb* (**everyone**) + a noun, e.g.
   *Mae **pob** plentyn yn gweithio.*
   Every child is working/does work.

3 Definite nouns without *'r*, e.g.
   Mae anifeiliaid yn hoffi rhedeg.
   Animals like running.

When *mae* is definite:
- the negative is *dydy ... ddim*, e.g.
  Dydy pob plentyn ddim yn gweithio.
  Every child **isn't** working / **doesn't** work.
- the question is *ydy?* e.g.
  Ydy pawb yn iawn?
  Is everyone OK?

(See above for yes/no answers.)

Mae is also used before indefinite forms:

1 Indefinite nouns, e.g.
   *Mae **plant** yn yr ysgol.*
   There are (**some**) **children** in school.

2 *Llawer o* (**lots (of)**); *digon o* (**plenty (of)/enough (of)**); *gormod o* (**too much/many**); *rhagor o* (**more (of)**); *ychydig o* (**a little (of)**), e.g.
   *Mae **llawer o** sbwriel ar y stryd.*
   There's **lots of** rubbish on the street.

3 *Rhywbeth* (**something**); *rhywun* (**someone**); *rhai* (**some**), e.g.
   *Mae **rhywbeth** ar y bwrdd.*

There's **something** on the table.

4 *Angen* (**need**); *rhaid* (**must**), e.g.
   *Mae **angen** mwy o arian.*
   There's **a need** for more money. (More money **is needed**.)

When *mae* is indefinite:
- the negative is *does (dim)*, e.g.
  Does dim plant yn yr ysgol.
  There are no/There aren't any children in school.
- the question is *oes?* e.g.
  Oes rhywun wrth y drws?
  Is there anyone by the door?

The **yes** answer to an *oes* question is *oes*.

The **no** answer to an *oes* question is *nac oes*.

Note:
Mae rhywbeth
There is something / Something is →
Does dim byd
There's nothing (at all), e.g.
Does dim byd ar y teledu heno.
There's nothing (at all) on TV tonight.
Mae rhywun
There is someone/someone is →
Does neb
No one/nobody (does something), e.g.
Does neb yn gwylio'r newyddion.
No one watches the news.

Summary of mutation rules with the present tense

Meddal Soft
Adjectives and **nouns** beginning with *p, t, c, b, d, g, m* following *yn/'n*

Yr amser perffaith *Perfect tense*

The perfect tense is used to talk or write about something you **have** done, or which **has** happened in the recent past.

> To form the perfect tense, take the present tense and replace *yn/'n* with *wedi*:
> *Rydw i/Dw i'n rhedeg*
> I run/I am running/I do run   **BUT**
>   ↓
> *Rydw i/Dw i **wedi** rhedeg*
> I **have** run

*Dydyn nhw ddim **yn** chwarae*
They are not playing/They don't play **BUT**
↓
*Dydyn nhw ddim **wedi** chwarae*
They **haven't** played
*Ydy Sian **yn** talu?*
Is Sian paying?/Does Sian pay? **BUT**
↓
*Ydy Sian **wedi** talu?*
Has Sian paid?

The **yes** and **no** answers are the same as for the present tense, e.g.

__Ydy__ Sian wedi talu?
Has Sian paid?

Ydy *(mae Sian wedi talu).*
Yes (Sian **has** paid).
Nac ydy *(dydy Sian ddim wedi talu).*
No (Sian has not paid).

Present tense + *wedi bod* **= have been/has been**, e.g.

*Mae e/o **wedi bod yn** gweithio'n galed.*
He **has been** working hard.
*Ydyn nhw **wedi bod** i B̲ortiwgal?*
Have they **been** to Portugal?
*Ble rwyt ti **wedi bod?***
Where **have** you **been**?
*Dydyn ni **ddim wedi bod** yn siopa.*
We **have not been** shopping.

Erioed Ever/Never

We can add the word *erioed* to the perfect tense:

- In a question, e.g.
*Wyt ti **wedi** bod i Sbaen?*
Have you been to Spain? **BUT**
*Wyt ti **erioed wedi** bod i Sbaen?*
Have you **ever** been to Spain?

- In a negative sentence, *erioed* replaces *ddim*, e.g.
*Dw i **ddim** wedi chwarae rygbi.*
I have **not** played rugby. **BUT**
*Dw i **erioed** wedi chwarae rygbi.*
I've **never** played rugby.

(See p. 234 for more examples.)

By replacing *wedi* with *newydd* (**+ soft mutation**) it means that something has '**just**' happened, e.g.

*Maen nhw **wedi** cyrraedd.*
They **have** arrived. **BUT**
*Maen nhw **newydd** gyrraedd.*
They **have just** arrived.

Wedi + cael in the perfect tense = **have / has had**, e.g.

*Rydyn ni **wedi cael** amser da.*
We **have had** a good time.

The perfect tense with indefinite nouns, e.g.

*Mae **rhywun wedi** bwyta fy uwd.*
Someone has eaten my porridge.
***Does neb wedi** gwneud y gwaith.*
No one has done the work.
***Does dim (byd) wedi** digwydd.*
Nothing (at all) has happened.

Phrases using *wedi*:
***wedi** blino* tired
***wedi** cael llond bol* have/has had enough (of something)

Yr amser amherffaith *Imperfect tense*

This tense is used to talk or write about what you **were** doing or what **was** happening.

Positive (something was happening)

Roeddwn i	I was
Roeddet ti	You were
Roedd e/o	He was
Roedd hi	She was
Roedd Bethan	Bethan was
Roedd bechgyn	Boys were
Roedd y bachgen	The boy was
Roedd y bechgyn	The boys were
Roedden ni	We were
Roeddech chi	You were
Roedden nhw	They were

Negative (something wasn't happening)

Doeddwn i ddim	I was not/wasn't
Doeddet ti ddim	You were not/weren't
Doedd e/o ddim	He was not/wasn't
Doedd hi ddim	She was not/wasn't
Doedd Bethan ddim	Bethan was not/wasn't
Doedd y bachgen ddim	The boy was not/wasn't
Doedd bechgyn ddim	Boys were not/weren't
Doedd y bechgyn ddim	The boys were not/weren't
Doedden ni ddim	We were not/weren't
Doeddech chi ddim	You were not/weren't
Doedden nhw ddim	They were not/weren't

Building sentences

Extend sentences by adding appropriate words to columns 3, 4, and 5, e.g.

1 Imperfect tense	2 *Yn/'n/ddim yn*	3 Verb/noun/adjective	4 Other information	5 Other information
Roeddwn i	*'n*	*bwyta*	*cinio*	*yn yr ysgol*
Doedd Bethan	*ddim yn*	*gyflym*	*iawn*	
Roedden ni	*'n*	*gwylio'r*	*teledu*	*neithiwr*
Doedd y bobl	*ddim yn*	*eistedd*	*yn y gyngerdd*	
Roedd y plant	*yn*	*nofio*	*yn y môr*	*dydd Sadwrn*
Roedd Iwan	*yn*	*fachgen da*	*yn y capel*	*dydd Sul*

Yn/'n

1   **Yn** follows a consonant; **'n** follows a vowel.

2   **Yn** or **'n** is used before verbs, nouns and adjectives.

3   **Yn/'n** causes **soft mutation** to **adjectives and nouns** beginning with *p, t, c, b, d, g, m* but **not to verbs**.

Third person singular

Use the **third person singular** with plural as well as with singular nouns, e.g.
> ***Roedd y*** *plentyn yn rhedeg.*

The child **was** running.
> ***Roedd y*** *plant yn rhedeg.*

The children **were** running.

Use the third person plural forms to write or say that '**they**' were doing something, e.g.
> ***Roedden nhw'n*** *rhedeg.*
> ***They were*** running.

Questions and answers (1)

As with most tenses in Welsh, the **yes**/**no** answers depend on the question.

Here are the questions and answers you are most likely to see and use:

Question	English	Answer	English
Oeddet ti?	Were you?	*Oeddwn (roeddwn i)*	Yes (I was)
		Nac oeddwn (doeddwn i ddim)	No (I wasn't)
Oedd e/o?	Was he?	*Oedd (roedd e/o)*	Yes (he was)
		Nac oedd (doedd e/o ddim)	No (he wasn't)
Oedd hi?	Was she?	*Oedd (roedd hi)*	Yes (she was)
		Nac oedd (doedd hi ddim)	No (she wasn't)
Oedd Dewi?	Was Dewi?	*Oedd (roedd Dewi)*	Yes (Dewi was)
		Nac oedd (doedd Dewi ddim)	No (Dewi wasn't)
Oeddech chi?	Were you?	*Oeddwn (roeddwn i)*	Yes (I was)
		Nac oeddwn (doeddwn i ddim)	No (I wasn't)
		Oedden (roedden ni)	Yes (we were)
		Nac oedden (doedden ni ddim)	No (we weren't)
Oedden nhw?	Were they?	*Oedden (roedden nhw)*	Yes (they were)
		Nac oedden (doedden nhw ddim)	No (they're weren't)

Questions and answers (2)

And here are the others:

Question	English	Answer	English
Oeddwn i?	Was I?	*Oeddet (roeddet ti)*	Yes (you were)
		Oeddech (roeddech chi)	
		Nac oeddet (doeddet ti ddim)	No (you weren't)
		Nac oeddech (doeddech chi ddim)	
Oedd y merched?	Were the girls?	*Oedden (roedd y merched/roedden nhw)*	Yes (the girls were/they were)
		Nac oedden (doedd y merched ddim/ doedden nhw ddim)	No (the girls weren't/they weren't)
Oedden ni?	Were we?	*Oeddech (roeddech chi)*	Yes (you were)
		Nac oeddech (doeddech chi ddim)	No (you weren't)
		Oedden (roedden ni)	Yes (we were)
		Nac oedden (doedden ni ddim)	No (we weren't)

Roedd

Roedd is used before other definite forms, such as:

1. Possessive pronouns: *fy* (**my**), *dy* (**your**), *ei* (**his/her**), *ein* (**our**), *eich* (**your**), *eu* (**their**), e.g.
   *Roedd **fy** mrawd yn chwarae.*
   My brother was playing.

(See 'Pronouns', p. 222 for usage and mutation rules.)

2. *Pob* (**every**) / *Popeth* (**everything**) / *Pawb* (**everyone**) + a noun, e.g.
   *Roedd **pob** person yn hapus.*
   Every person was happy.

3. Definite nouns without *'r*, e.g.
   ***Roedd pobl yn chwarae** tenis.*
   People were playing tennis.

   When *roedd* is definite:

   • the negative is *doedd … ddim*, e.g.
   ***Doedd** yr athrawon **ddim** yn barod.*
   The teachers **weren't** ready.

   • the question is *oedd?*
   ***Oedd** pawb yn iawn?*
   Was everyone OK?

(See above for yes/no answers.)

Roedd is also used before indefinite forms such as:

1. Indefinite nouns, e.g.
   ***Roedd** plant yn yr ysgol.*
   There were (some) children in school.

2. *Llawer o* (**lots (of)**); *digon o* (**plenty (of)/enough (of)**); *gormod o* (**too much/many**); *rhagor o* (**more (of)**); *ychydig o* (**a little (of)**), e.g.
   ***Roedd llawer o** sbwriel ar y stryd.*
   There was lots of rubbish on the street.

3. *Rhywbeth* (**something**); *rhywun* (**someone**); *rhai* (**some**), e.g.
   ***Roedd rhywun** wrth y drws.*
   There was someone by the door.

4. *Angen* (**need**); *rhaid* (**must**), e.g.
   ***Roedd angen** mwy o amser.*
   There was a need for more time. (More time **was needed**.)

When *roedd* is indefinite:

• the negative is *doedd (dim)*, e.g.
   ***Doedd dim** arian ar y ddesg.*
   There was no money on the desk.

• the question is *oedd?*
   ***Oedd** rhywun wrth y drws?*
   Was there anyone by the door?

The **yes** answer to an *oedd* question is *oedd*.

The **no** answer to an *oedd* question is *nac oedd*.

Note:

 rhywbeth **something**
Roedd rhywbeth **There was something/something was →**
Doedd dim (byd) **There was nothing** (at all), e.g.
Doedd dim (byd) ar y teledu heno.
There was nothing (at all) on television tonight.

 rhywun **someone**
Roedd rhywun **There was someone/someone was →**
Doedd neb **No one/nobody** (was doing something), e.g.
Doedd neb yn gwylio'r ffilm.
No one was watching the film.

Pwysig/**Important:**

1 The imperfect tense can be used instead of the concise past tense to discuss things that happened over a long period of time, e.g.

Roeddwn i'n eistedd ar bwys John yn y wers Ffrangeg.
I sat/used to sit by John in the French lesson.
(I sat by John not just once, but over a long period of time)

(See 'Concise past tense', p. 234 for more information.)

2 The phrases *yn arfer/yn arfer bod* can be added to emphasise that something used to happen, e.g.
Roedd e'n arfer canu yn y côr.
He used to sing in the choir.
Roedden nhw'n arfer bod yn ddiog.
They used to be lazy.

Summary of mutation rules with the imperfect tense

Meddal Soft
Adjectives and **nouns** beginning with *p, t, c, b, d, g, m* after *yn/'n*

Yr amser gorberffaith *Pluperfect tense*

This tense is used to talk or write about things which **had** happened.

To form the pluperfect tense, take the imperfect tense and replace *yn/'n* with *wedi*:

Roeddwn i'n chwarae.
I was playing. **BUT**
↓
*Roeddwn i **wedi** chwarae.*
I **had** played.
*Doedden ni ddim **yn** nofio.*
We were not swimming. **BUT**
↓
*Doedden ni ddim **wedi** nofio.*
We **had**n't swum.
*Oedd Sian **yn** mwynhau?*
Was Sian enjoying? **BUT**
↓
*Oedd Sian **wedi** mwynhau?*
Had Sian enjoyed?

The **yes** and **no** answers are the same as for the imperfect tense, e.g.
*Oedd Sian **wedi** mwynhau?*
Had Sian enjoyed?
Oedd (roedd hi/roedd Sian wedi mwynhau).
Yes (she/Sian had enjoyed).
Nac oedd (doedd hi/doedd Sian ddim wedi mwynhau).
No (she/Sian had not enjoyed).

Imperfect tense + *wedi bod* = had been, e.g.
*Roedd e **wedi bod** yn siopa.*
He **had been** shopping.
*Oedden nhw **wedi bod** yn canu?*
Had they **been** singing?
*Ble roeddet ti **wedi bod**?*
Where **had** you **been**?
*Doeddwn i **ddim wedi bod** yn gwylio ffilm.*
I **had not been** watching a film.

Erioed Ever/Never

We can add the word *erioed* to the pluperfect tense:

- In a question, e.g.
  *Oeddet ti **wedi** gweld y ffilm?*
  Had you seen the film? **BUT**
  *Oeddet ti **erioed wedi** gweld y ffilm?*
  Had you **ever** seen the film?

- In a negative sentence, *erioed* replaces *ddim*, e.g.
  *Doedd hi **ddim wedi** hedfan o'r blaen.*
  She **had not** flown before. **BUT**
  *Doedd hi **erioed wedi** hedfan o'r blaen.*
  She **had never** flown before.

(See 'Adverbs', p. 261 for more examples.)

Wedi + cael Had had

Wedi + cael in the pluperfect tense = **had had**, e.g.
  *Roedden ni **wedi cael** amser da.*
  We **had had** a good time.

Indefinite nouns

Using the pluperfect tense with indefinite nouns, e.g.
  *Roedd **rhywun wedi** cnocio'r drws.*
  Someone had knocked the door.

***Doedd neb wedi** ennill y wobr.*
No one had won the prize.
***Doedd dim (byd) wedi** digwydd.*
Nothing (at all) had happened.

Amser gorffennol cryno *Concise past tense*

The short form of the past tense is used to speak and write about things which you and others *did*.

Follow these rules to form the concise past tense:

1 Take the stem of the verb (see below).

2 Add an ending according to who is being spoken or written about.

Look at the example *rhedeg* (to run):
  Rhed (stem) + ending
  *Rhed**ais i*** I ran
  *Rhed**aist ti*** You ran
  *Rhed**odd e /o*** He ran

*Rhed**odd hi*** She ran
*Rhed**odd Tom*** Tom ran
Rhedodd y bobl*** The people ran
*Rhed**on ni*** We ran
*Rhed**och chi*** You ran
*Rhed**on nhw*** They ran

* As with all other tenses, the third person singular is used with nouns, whether singular or plural.

Finding the stem of the verb

1 The stem is sometimes the whole verb, e.g.

eistedd – ***eistedd**ais i*   I sat
deall – ***deall**ais i*   I understood
dangos – ***dangos**ais i*   I showed
chwerthin – ***chwerthin**ais i*   I laughed
cadw – ***cadw**ais i*   I kept
darllen – ***darllen**ais i*   I read
agor – ***agor**ais i*   I opened
siarad – ***siarad**ais i*   I talked/spoke
chwarae – ***chwarae**ais i* – I played
cwrdd – ***cwrdd**ais i*   I met

2 Some verbs drop final letter/s:

• Verbs which end in the following vowels:
-u e.g. *prynu* – ***pryn**ais i* – I bought
-i e.g. *codi* – ***cod**ais i* – I got up
-o e.g. *nofio* – ***nofi**ais i* – I swam;
deffro – ***deffr**ais i* – I woke up
-a e.g. *bwyta* – ***bwyt**ais i* – I ate

• Verbs which end in:
-ed e.g. *cerdded* – ***cerdd**ais i* – I walked
-eg e.g. *rhedeg* – ***rhed**ais i* – I ran
-yd e.g. *dychwelyd* – ***dychwel**ais i* – I returned

3 Some verbs change slightly in the middle or at the end to form the stem, e.g.

Verb	English	Stem	Example
aros	to wait/stay	*arhos-*	***arhos**ais i*
cau	to close	*cae-*	***cae**ais i*
cychwyn	to start/begin	*cychwynn-*	***cychwynn**ais i*
cymryd	to take	*cymer-*	***cymer**ais i*
cyrraedd	to arrive	*cyrhaedd-*	***cyrhaedd**ais i*
dal	to catch	*dali-*	***dali**ais i*
dechrau	to start/begin	*dechreu-*	***dechreu**ais i*
derbyn	to receive/accept	*derbyni-*	***derbyni**ais i*
disgwyl	to wait/expect	*disgwyli-*	***disgwyli**ais i*
dweud	to say/tell	*dywed-*	***dywed**ais i*
ennill	to win	*enill-*	***enill**ais i*
gadael	to leave	*gadew- gadaw-*	***gadew**ais i/**gadew**aist ti* then ***gadaw-***
gofyn	to ask	*gofynn-*	***gofynn**ais i*
gorffen	to finish	*gorffenn-*	***gorffenn**ais i*
gweiddi	to shout	*gwaedd-*	***gwaedd**ais i*
gweld	to see	*gwel-*	***gwel**ais i*
gwrando	to listen	*gwrandew- gwrandaw-*	***gwrandew**ais i/**gwrandew**aist ti* then ***gwrandaw-***
mwynhau	to enjoy	*mwynheu-*	***mwynheu**ais i*
newid	to change	*newidi-*	***newidi**ais i*
sefyll	to stand	*sef- saf-*	***sef**ais i/**sef**aist ti* then ***saf-***
ymweld	to visit	*ymwel-*	***ymwel**ais i*

Irregular verbs

There are four important verbs which need to be learnt as a group:

Mynd	To go	Dod	To come
Es i	I went	*Des i*	I came
Est ti	You went	*Dest ti*	You came
Aeth e/o	He went	*Daeth e/o*	He came
Aeth hi	She went	*Daeth hi*	She came
Aethon ni	We went	*Daethon ni*	We came
Aethoch chi	You went	*Daethoch chi*	You came
Aethon nhw	They went	*Daethon nhw*	They came

Cael	To have	Gwneud	To make/To do
Ces i	I had	*Gwnes i*	*I made/did*
Cest ti	You had	*Gwnest ti*	*You made/did*
Cafodd e/o	He had	*Gwnaeth e/o*	*He made/did*
Cafodd hi	She had	*Gwnaeth hi*	*She made/did*
Cawson ni	We had	*Gwnaethon ni*	*We made/did*
Cawsoch chi	You had	*Gwnaethoch chi*	*You made/did*
Cawson nhw	They had	*Gwnaethon nhw*	*They made/did*

Mutation to the object of the verb

A noun/verb noun which comes **directly** after whoever did the action takes **soft mutation**, e.g.
> *Daliais i'r bws.*
> I caught the bus. **BUT**
> *Daliais i fws.*
> I caught **a** bus.
> *Cawson nhw'r brechdanau.*
> They had the sandwiches. **BUT**
> *Cawson nhw frechdanau.*
> They had (some) sandwiches.
> *Ysgrifennodd Sian y llythyr.*
> Sian wrote the letter. **BUT**
> *Ysgrifennodd Sian lythyr.*
> Sian wrote a letter.
> *Clywais i'r gweiddi.*
> I heard the shouting. **BUT**
> *Clywais i weiddi.*
> I heard (some) shouting.

Note:

In a past tense sentence such as:
> *Gwelodd Tom **y g**ath.*
> Tom saw the cat.

the mutation is caused by **y** before a feminine noun. (See 'Masculine/Feminine' on p. 220.)

However, if we remove **y**:
> *Gwelodd Tom **g**ath.*
> Tom saw a cat.

the mutation is caused by the noun coming directly after the concise tense.

Fe/Mi

You may hear or see the words *Fe* or *Mi* in front of the concise past tense. Both cause **soft mutation**, e.g.
> **Mi** welais i.
> **Fe r**edodd e.

Questions and answers

To form a question in the past tense, simply add a question mark, e.g.

> *Est ti* You went
> *Est ti?* Did you go**?**

Soft mutation occurs in verbs beginning with *p*, *t*, *c*, *b*, *d*, *g*, *m*, *ll*, *rh*, e.g.

> *Bwytaist ti*

You ate
*F*wytaist ti?
Did you eat?
Gwnaeth hi
She did
Wnaeth hi?
Did she (do/make)?

Yes and No

Unlike other tenses, there is only one word for 'yes' and one for 'no' in the past tenses:

Yes = *Do*
No = *Naddo*, e.g.

Welaist ti ffilm neithiwr?
Did you see a film last night?
Do Yes
Naddo No

The negative (something didn't happen)

To form the negative in the past tense, simply add '*ddim*', e.g.

> *Es i* I went
> *Es i ddim* I did**n't** go

1. **Soft mutation** occurs in verbs beginning with *b*, *d*, *g*, *m*, *ll*, *rh*, e.g.
   Rhedais i I ran
   Redais i ddim I did**n't** run

2. **Aspirate mutation** occurs in verbs beginning with *p*, *t*, *c*, e.g.
   Prynais i I bought
   Phrynais i ddim I did**n't** buy

Mo

The word *mo*, which is short for '*ddim o*' (nothing of) **replaces** *ddim* if the negative is followed by

- a definite noun (**the**), e.g.
  Phrynais i ddim llyfr.
  I didn't buy **a** book. **BUT**
  Phrynais i mo'r llyfr. (← *Phrynais i + ddim + o + y llyfr*)
  I didn't buy **the** book.
- a proper noun (a name of something/someone):
  Welais i mo Catrin. (← *Welais i + ddim + o + Catrin*)
  I didn't see Catrin.

Note:

Welais i ddim Catrin would translate as 'I didn't see a Catrin'.

Mo + a pronoun

If the negative is followed by a pronoun (*fi*, *ti*, *fe*, *hi*, *ni*, *chi*, *nhw*), then *mo* changes slightly:

> *mo + i → mono i*
> *Welodd hi mono i.*
> She didn't see **me**.
> *mo + ti → monot ti*
> *Thalodd e monot ti.*
> He didn't pay **you**.
> *mo + fe/fo → mono fe/fo*
> *Chlywon ni mono fe.*
> We didn't hear **him/it**.
> *mo + hi → moni hi*
> *Ddalion nhw moni hi.*
> They didn't catch **her/it**.
> *mo + ni → monon ni*
> *Chredodd e monon ni.*
> He didn't believe **us**.
> *mo + chi → monoch chi*
> *Ddysgodd hi monoch chi.*
> She didn't teach **you**.
> *mo + nhw → monyn nhw*
> *Fwytais i monyn nhw.*
> I didn't eat **them**.

Other ways of forming the past tense

We can form the concise past tense in two other ways:

1. Using the past tense of *gwneud* (SW and parts of NW), e.g.
   Gwnes i fynd. (Es i.)
   I went.
   Wnest ti godi? (Godaist ti?)
   Did you get up?
   Wnaeth e ddim rhedeg. (Redodd e ddim.)
   He didn't run.

(See above for 'gwneud' in the past tense.)

2. Using *ddaru* (parts of NW)
   (Mi) ddaru mi fynd. (Es i.)
   I went.
   (Mi) ddaru ti redeg. (Rhedaist ti.)
   You ran.
   (Mi) ddaru o adael. (Gadawodd o.)
   He left.

(Mi) ddaru hi ganu. (Canodd hi.)
She sang.
(Mi) ddaru ni dalu. (Talon ni.)
We paid.
(Mi) ddaru chi weld. (Gweloch chi.)
You saw.
(Mi) ddaru nhw gyrraedd. (Cyrhaeddon nhw.)
They arrived.

Question:
Ddaru ti redeg?
Did you run?
Do Yes
Naddo No

Negative:
Ddaru mi ddim rhedeg.
I didn't run.

These forms are useful if you ever forget an ending or stem of a verb.

Continuous actions in the past

With verbs such as:
hoffi (to) **like**
meddwl (to) **think**
gwybod (to) **know a fact**
adnabod (to) **know a person**
credu (to) **believe**

which involve action over a longer period of time, we tend to use *roedd* **instead of** the concise past tense. Look at the difference in meaning between these two sets of sentences:
Roeddwn i'n hoffi'r ffilm.
I **liked** the film (and **still** like it now, even though the film is over).
Hoffais i'r ffilm.
I **liked** the film (but have stopped liking it now).

Roeddwn i'n meddwl bod y gêm yn dda.
I **thought** that the game was good (and still think that the game was good, even though the game is over).
Meddyliais i fod y gêm yn dda.
I **thought** the game was good (but have stopped thinking that now).

Eisiau and *moyn* (**to want**) and *byw* (**to live**) can only be used with *roedd* to form the past tense, e.g.
Roeddwn i eisiau gweld y rhaglen.
I **wanted** to see the programme.
Roedd Marc (yn) moyn prynu losin.
Marc **wanted** to buy some sweets.
Roedden ni'n byw yn Stryd y Parc yn 2015.
We **lived** in Stryd y Parc yn 2015.

(See 'Imperfect tense', p. 230.)

Summary of mutation rules with the concise past tense

Meddal Soft	*Llaes* Aspirate
1 To a word which follows the verb directly, e.g. *Daliais i fws*	When forming the negative (*p*, *t*, *c*), e.g. **C**h*erddais i ddim*
2 When forming a question, e.g. **F**wytaist ti?	
3 When forming the negative (*b*, *d*, *g*, *m*, *ll*, *rh*), e.g. **R**edais i ddim	
4 When putting *Fe/Mi* in front of the verb, e.g. *Fe* **dd**arllenais i	
5 To verbs following *Gwnes i/Ddaru* mi, e.g. *Gwnes i* **f**ynd/*Ddaru mi* **f**ynd	

Yr amser dyfodol *Future tense*

Use this tense to talk or write about what *will* or *will be* happening. This is how we form the future tense in Welsh.

Positive

This is for something that *will/will be* happening.

Bydda i	I will (be)
Byddi di	You will (be)
Bydd e / o	He will (be)
Bydd hi	She will (be)
Bydd Bethan	Bethan will (be)
Bydd bechgyn	Boys will (be)
Bydd y bachgen	The boy will (be)
Bydd y bechgyn	The boys will (be)
Byddwn ni	We will (be)
Byddwch chi	You will (be)
Byddan nhw	They will (be)

You may see or hear *fe* or *mi* being used in front of the future tense. Both cause **soft mutation**, e.g.
    Fe **f**ydda i

    Mi **f**yddwn ni
This does not change the meaning.

Negative

This is for something that *will not/won't be* happening.

Fydda i ddim	I will not / won't (be)
Fyddi di ddim	You will not / won't (be)
Fydd e / o ddim	He will not / won't (be)
Fydd hi ddim	She will not / won't (be)
Fydd Bethan ddim	Bethan will not / won't (be)
Fydd bechgyn ddim	Boys will not / won't (be)
Fydd y bachgen ddim	The boy will not / won't (be)
Fydd y bechgyn ddim	The boys will not / won't (be)
Fyddwn ni ddim	We will not / won't (be)
Fyddwch chi ddim	You will not / won't (be)
Fyddan nhw ddim	They will not / won't (be)

Building sentences

Extend sentences by adding appropriate words to columns 3, 4, and 5, e.g.

1 Future tense	2 *yn /'n / ddim yn*	3 Verb / noun / adjective	4 Other information	5 Other information
Bydda i	*'n*	*chwarae*	*bingo*	
Fydd Geraint	*ddim yn*	*helpu*	*dad*	*heddiw*
Byddwn ni	*'n*	*mynd*	*i'r ganolfan hamdden*	*ddydd Sadwrn*
Fyddan nhw	*ddim yn*	*prynu*	*dillad*	*yn y siop leol*
Bydd y plant	*yn*	*rhedeg*	*ar y cae*	*yn y tywydd braf*
Bydd Iwan	*yn*	*teithio*	*ar y trên*	*i weld y gêm*

Yn/'n

1 **Yn** follows a consonant; **'n** follows a vowel.
2 **Yn** or **'n** is used before verbs, nouns and adjectives.
3 **Yn/'n** causes **soft mutation** to **adjectives and nouns** beginning with **p, t, c, b, d, g, m** but **not to verbs**.

Third person singular

Use the **third person singular** with plural as well as with singular nouns, e.g.

Bydd y bachgen yn chwarae.
The boy will play / be playing.
Bydd y bechgyn yn chwarae.
The boys will play / be playing.

Use the third person plural forms to write or say that **they** will (be) doing something, e.g.

Byddan nhw'n chwarae.
They will play / be playing.

Questions and answers (1)

As with most tenses in Welsh, the **yes/no** answers depend on the question.

Here are the questions and answers you are most likely to see and use:

Question	English	Answer	English
Fyddi di?	Will you (be)?	*Bydda (bydda i)*	Yes (I will (be))
		Na fydda (fydda i ddim)	No (I will not (be))
Fydd e / o?	Will he (be)?	*Bydd (bydd e/o)*	Yes (he will (be))
		Na fydd (fydd e/o ddim)	No (he will not (be))
Fydd hi?	Will she (be)?	*Bydd (bydd hi)*	Yes (she will (be))
		Na fydd (fydd hi ddim)	No (she will not (be))
Fydd Dewi?	Will Dewi (be)?	*Bydd (bydd Dewi)*	Yes (Dewi will (be))
		Na fydd (fydd Dewi ddim)	No (Dewi will not (be))
Fyddwch chi?	Will you (be)?	*Byddaf (byddaf i)*	Yes (I will (be))
		Na fyddaf (fyddaf i ddim)	No (I will not (be))
		Byddwn (byddwn ni)	Yes (we will (be))
		Na fyddwn (fyddwn ni ddim)	No (we will not (be))
Fyddan nhw?	Will they (be)	*Byddan (byddan nhw)*	Yes (they will (be))
		Na fyddan (fyddan nhw ddim)	No (they will not (be))

Questions and answers (2)

And here are the others:

Fydda i?	Will I (be)?	*Byddi (byddi di)*	Yes (you will (be))
		Byddwch (byddwch chi)	
		Na fyddi (fyddi di ddim)	No (you will not (be))
		Na fyddwch (fyddwch chi ddim)	
Fydd y plant?	Will the children?	*Byddan (bydd y plant)*	Yes, (the children will (be))
		Byddan (byddan nhw)	Yes (they will (be))
		Na fyddan, (fydd y plant ddim)	No (the children will not (be))
		Na fydda (fyddan nhw ddim)	No (they will not (be))
Fyddwn ni?	Will we?	*Byddwch (byddwch chi)*	Yes (you will (be))
		Na fyddwch (fyddwch chi ddim)	No (you will not (be))
		Byddwn (byddwn ni)	Yes (we will (be))
		Na fyddwn (fyddwn ni ddim)	No (we will not (be))

Bydd

Bydd is used before these definite forms:

1 Possessive pronouns: *fy* (**my**), *dy* (**your**), *ei* (**his/her**), *ein* (**our**), *eich* (**your**), *eu* (**their**), e.g.
Bydd fy mrawd gwylio'r teledu.
My brother **will** watch / be watching television.
(See 'Pronouns', p. 222 for usage and mutation rules.)

2 *Pob* (**every**) / *Popeth* (**everything**) / *Pawb* (**everyone**) + a noun, e.g.
Bydd pob efnogwr yn canu.
Every supporter **will** sing / be singing.

3 Definite nouns without *'r*, e.g.
Bydd pobl yn bwyta.
People **will** eat / be eating.

4 When *bydd* is definite:

 • the negative is *fydd … ddim*, e.g.
Fydd popeth ddim yn barod.
Everything won't be ready.

 • the question is *fydd?*
Fydd pob bachgen yn canu?
Will every boy (be) sing(ing)?
(See above for yes/no answers.)

Bydd is used before these indefinite forms:

1 Indefinite nouns, e.g.
Bydd pobl yn y siop.
There will be (some) people in the shop.

2 *Llawer o* (**lots (of)**); *digon o* (**plenty (of)/enough (of)**); *gormod o* (**too much/many**); *rhagor o* (**more (of)**); *ychydig o* (**a little (of)**), e.g.
Bydd digon o fwyd yn y parti.
There will be plenty of / enough food at the party.

3 *Rhywbeth* (**something**); *rhywun* (**someone**); *rhai* (**some**), e.g.
Bydd rhywun yn hapus.
Someone will be happy.

4 *Angen* (**need**); *rhaid* (**must**), e.g.
Bydd rhaid mynd cyn bo hir.
There will be a need to go before long.

5 When *bydd* is indefinite:

 • the negative is *fydd (dim)*, e.g.
Fydd dim pobl yn y siop.
There won't be any people in the shop.

 • the question is *fydd?*
Fydd digon o fwyd yn y parti?
Will there be plenty of food at the party?

 • The **yes** answer to an *fydd* question is *bydd*.

 • The **no** answer to an *fydd* question is *na fydd*.

Note:
Bydd rhywbeth.
There will be something / Something will (be)
Fydd dim (byd).
There will be nothing (at all), e.g.
Fydd dim byd yn y sinema.
There will be nothing (at all) in the cinema.
Bydd rhywun.
There will be someone / Someone will (be)
Fydd neb.
No one/nobody will (be), e.g.
Fydd neb yn gwrando.
No one will be listening.

Other points

Bydd + wedi

By putting *wedi* instead of *yn/'n* with the future tense, we can say that something **will have** happened, e.g.
Bydda i wedi gorffen y gwaith erbyn saith o'r gloch.
I will have finished the work by seven o'clock.

Habitual future

The future tense can also be used to discuss things that arc donc regularly, e.g.
Bydda i'n codi am saith bob bore.
I (usually) get up at seven every morning.
Bydd dad yn cael tri wy i frecwast.
Dad (usually) has three eggs for breakfast.
Fyddwn ni ddim yn gwisgo trênyrs i'r ysgol.
We don't (usually) wear trainers to school.

Fyddi di'n mynd *i Sbaen bob blwyddyn?*

Do you (usually) go to Spain every year?

(See 'Byth/Erioed', p. 286.)

Byth

Replace ***ddim*** with ***byth*** to discuss things that **never** happen, e.g.

Fydda i byth *yn golchi'r llestri.*

I never (usually) wash the dishes

Summary of mutation rules with the concise past tense

Meddal Soft
Adjectives and **nouns** beginning with ***p, t, c, b, d, g, m*** following ***yn/'n***

Yr amser amodol *Conditional tense*

Use this tense to talk and write about what **would** happen.

Positive

This is used for something that *would* be happening.

Baswn i	I would
Baset ti	You would
Basai e/o	He would
Basai hi	She would
Basai Bethan	Bethan would
Basai'r bachgen/bechgyn	The boy(s) would
Basen ni	We would
Basech chi	You would
Basen nhw	They would

Fe/Mi

You may hear or see the words *fe* or *mi* in front of the future tense. Both cause **soft mutation**, e.g.

Fe f*aswn i*
Mi f*asai hi*

This does not change the meaning.

Negative

This is used for something that **would not** be happening.

Faswn i ddim	I wouldn't
Faset ti ddim	You wouldn't
Fasai e/o ddim	He wouldn't
Fasai hi ddim	She wouldn't
Fasai Bethan ddim	Bethan wouldn't
Fasai'r bachgen/bechgyn ddim	The boy(s) wouldn't
Fasen ni ddim	We wouldn't
Fasech chi ddim	You wouldn't
Fasen nhw ddim	They wouldn't

Building sentences

Extend sentences by adding appropriate words to columns 3, 4, and 5, e.g.

1 Conditional tense	2 Yn / 'n / ddim yn	3 Verb / noun / adjective	4 Other information	5 Other information
Baswn i	'n	hoffi	cael	beic newydd
Fasai Bethan	ddim yn	teithio	ar y bws	i'r ysgol
Basen ni	'n	mwynhau	gwylio'r teledu	bob nos
Fasen nhw	ddim yn	prynu	losin	yn y siop yna
Basai'r plant	yn	dwlu	mynd i'r parc	ar y penwythnos

Yn/'n

1 **Yn** follows a consonant; **'n** follows a vowel.

2 **Yn** or **'n** is used before verbs, nouns and adjectives.

3 **Yn/'n** causes **soft mutation** to **adjectives and nouns** beginning with *p, t, c, b, d, g, m* but **not to verbs**.

Third person singular

Use the **third person singular** with plural as well as with singular nouns, e.g.

Basai'r ci'n mwynhau mynd am dro.

The dog would enjoy going for a walk.
Basai'r cŵn yn mwynhau mynd am dro.
The dogs would enjoy going for a walk.

Use the third person plural forms only to write or say that **they** would do something, e.g.

Basen nhw'n mwynhau mynd am dro.
They would enjoy going for a walk.

Questions and answers (1)

As with most tenses in Welsh, the **yes/no** answers depend on the question.

Here are the questions and answers you are most likely to see and use:

Question	English	Answer	English
Faset ti?	Would you?	Baswn (baswn i) / Na faswn (faswn i ddim)	Yes (I would) / No (I wouldn't)
Fasai e/o?	Would he?	Basai (basai e/o) / Na fasai (fasai e/o ddim)	Yes (he would) / No (he wouldn't)
Fasai hi?	Would she?	Basai (basai hi) / Na fasai (fasai hi ddim)	Yes (she would) / No (she wouldn't)
Fasai Dewi?	Would Dewi?	Basai (basai Dewi) / Na fasai (fasai Dewi ddim)	Yes (Dewi would) / No (Dewi wouldn't)
Fasech chi?	Would you?	Baswn (baswn i) / Nac faswn (faswn i ddim) / Basen (basen ni) / Na fasen (fasen ni ddim)	Yes (I would) / No (I wouldn't) / Yes (we would) / No (we wouldn't)
Fasen nhw?	Would they?	Basen (basen nhw) / Na fasen (fasen nhw ddim)	Yes (they would) / No (they wouldn't)

And here are the others:

Faswn i?	Would I?	Baset (baset ti) Basech (basech chi)	Yes (you would)
		Na faset (faset ti ddim) Na fasech (fasech chi ddim)	No (you wouldn't)
Fasai'r bechgyn?	Would the boys?	Basen (basai'r bechgyn / basen nhw) Na fasen, (fasai'r bechgyn ddim / fasen nhw ddim)	Yes, (the boys would / they would) No, (the boys wouldn't / they wouldn't)
Fasen ni?		Basech (basech chi) Na fasech (fasech chi ddim)	Yes (you would) No (you wouldn't)
		Basen (basen ni) Na fasen (fasen ni ddim)	Yes (we would) No (we wouldn't)

Using *pe* (if)

The word *pe* is used with the conditional tense, e.g.
Pe baswn i'n gweithio'n galed, **baswn i**'n pasio'r arholiad.
If I were to work hard (**If I worked hard**), **I would** pass the exam.

You will often hear and see *pe baswn i*, *pe baset ti* shortened to *'swn i*, *'set ti* etc., e.g.
'Swn i yn dy le di, **'swn i ddim** yn mynd.
If I were in your place (**If I were** you), **I wouldn't** go.

There is usually an element of doubt or a condition in the second half of the sentence.

Note: if a sentence refers to something that is bound to happen, we use *os* for **if** (see 'Similar words', p. 284).

Other forms

1 By adding *wedi* to the conditional tense, we can say that something **would have** happened, e.g.
Baswn i wedi dal y bws.
I would have caught the bus.

2 There is an alternative form of the conditional tense you will come across:

Positive	Negative	Question
Byddwn i	Fyddwn i ddim	Fyddwn i...?
Byddet ti	Fyddet ti ddim	Fyddet ti...?
Byddai e/o Byddai hi Byddai'r bobl ifanc	Fyddai e/o ddim Fyddai hi ddim Fyddai'r bobl ifanc ddim	Fyddai e/o...? Fyddai hi...? Fyddai'r bobl ifanc...?
Bydden ni	Fydden ni ddim	Fydden ni...?
Byddech chi	Fyddech chi ddim	Fyddech chi...?
Bydden nhw	Fydden nhw ddim	Fydden nhw...?

> The rules are the same as for *baswn i* etc., e.g.
> *Byddwn i'n hoffi gweithio ym myd teledu.*
> **I would** like to work in the world of television
> *Fyddwn i ddim yn hoffi bod yn hwyr i'r wers.*
> **I wouldn't** like to be late for the lesson
> *Fyddet ti'n hoffi gweld y ddrama?*
> **Would you** like to see the play?
> *Byddwn* Yes (I would)
> *Na fyddwn* No (I wouldn't)

Yr amodol cryno *Concise conditional tense*

There are three verbs that are often used in their concise form in the conditional tense.

Hoffi (To) like

hoffwn i I would like (to)
hoffet ti you would like (to)
hoffai e/o he would like (to)
hoffai hi she would like (to)
hoffai Seimon Seimon would like (to)
hoffai'r bobl ifanc the young people would like (to)
hoffen ni we would like (to)
hoffech chi you would like (to)

hoffen nhw they would like (to)
Hoffwn i fynd i Awstralia
I'd like to go to Australia
Hoffen nhw ddim chwarae bingo
They wouldn't like to play bingo
Hoffet ti ddod i siopa?
Would you like to come shopping?
Hoffwn Yes (I **would like** to)
Na hoffwn No (I **wouldn't like** to)

Gallu (To) be able to

gallwn i I could
gallet ti you could
gallai e/o he could
gallai hi she could
gallai Sian Sian could
gallai'r bobl ifanc the young people could
gallen ni we could
gallech chi you could
gallen nhw they could

Gallwn i fwyta'r bwyd i gyd
I could eat all of the food
Allen ni ddim gadael y tŷ
We couldn't leave the house
Allet ti ganu'r piano?
Could you play the piano?
Gallwn Yes (I **could**)
Na allwn No (I **couldn't**)

Dyl- Ought to/Should

dylwn i I ought to / I should
dylet ti you ought to / you should
dylai e/o he ought to / he should
dylai hi she ought to / she should
dylai Owain Owain ought to / Owain should
dylai'r bobl ifanc the young people ought to / should
dylen ni we ought to / we should
dylech chi you ought to / you should

dylen nhw they ought to / they should
Dylwn i fynd nawr
I ought to go now
Ddylai e / o ddim rhedeg mor gyflym
He shouldn't run so quickly
Ddylet ti wneud y gwaith cartref?
Should you do the homework?
Dylwn Yes (I **should**)
Na ddylwn No (I **shouldn't**)

Using the concise conditional tense

1 No **yn/'n** after verbs in the concise conditional tense.

2 **Soft mutation** occurs to words directly following the concise conditional tense, e.g.
*Gallwn i f*ynd
I could go
*Dylwn i w*eithio
I should work
*Hoffwn i dd*arn o deisen
I'd like a piece of cake

But **not** in the negative, e.g.
*Hoffwn i **ddim c**erdded*
I wouldn't like to walk

3 Verbs in the concise conditional tense mutate in the negative and the question form, e.g.
*Dd*ylwn i ddim   I shouldn't
*A*llen ni?   Could we?

4 As with most other tenses in Welsh, the **yes/no** answer depends on the question, e.g.

Allai e/o gerdded i'r ysgol?
Could he walk to school?
Gallai   Yes (he could)
Na allai   No (he couldn't)

5 We can use '*bod*' (to be) as a verb in its own right with the concise conditional tense, e.g.
*Hoffwn i ddim **bod** yn athro*
I wouldn't like to **be** a teacher
*Gallwn i **fod** yno erbyn chwech*
I could **be** there by six
*Dylwn i **fod** yn iawn*
I should **be** OK

6 Use ***bod + wedi*** to mean **have / had**, e.g.
*Hoffwn i **fod wedi** mynd*
I would like to **have** gone
*Gallen ni **fod wedi** aros*
We could **have** stayed
*Ddylai e /o ddim **bod wedi** talu*
He shouldn't **have** paid

Ddylai e/o ddim wedi talu is incorrect.

Gorchmynion *Commands*

We use commands to give orders or make requests, e.g.

Sit **down**.
Eat your food.
Close the door.

There are two ways of giving a command in Welsh – **formal** and **informal**. Both involve adding an ending to the stem of the verb.

- The **formal** ending (when talking to adults or groups of people) is **-wch**.

- The **informal** ending (when talking to a friend or a pet) is **-a**.

Forming the stem

(See 'Concise past tense', p. 234, for more examples.)

Sometimes, the whole verb is the stem, e.g.

Verb	Formal	Informal	English
eistedd	*eistedd**wch***	*eistedd**a***	sit
darllen	*darllen**wch***	*darllen**a***	read
edrych	*edrych**wch***	*edrych**a***	look
agor	*agor**wch***	*agor**a***	open

Verbs which end in **-u**, **-i**, **-o**, **-a**, **-ed**, **-eg**, **-yd**, lose those endings, e.g.

Verb	Stem	Formal	Informal	English
cysg**u**	cysg-	cysg**wch**	cysg**a**	sleep
cod**i**	cod-	cod**wch**	cod**a**	get up
gweithi**o**	gweithi-	gweithi**wch**	gweithi**a**	work
bwyt**a**	bwyt-	bwyt**wch**	bwyt**a**	eat
cerdd**ed**	cerdd-	cerdd**wch**	cerdd**a**	walk
rhed**eg**	rhed-	rhed**wch**	rhed**a**	run
dychwel**yd**	dychwel-	dychwel**wch**	dychwel**a**	return

Here are some important exceptions:

Verb	Formal	Informal	English
bod	byddwch	bydda/bydd	be
gwneud	gwnewch	gwna	do/make
mynd	ewch/cerwch	cer/dos	go
dod	dewch	dere/tyrd	come
gwrando	gwrandewch	gwranda	listen
meddwl	meddyliwch	meddylia	think
mwynhau	mwynhewch	mwynha	enjoy
cymryd	cymerwch	cymer/cymra	take (a subject/medicine/money etc.)
gadael	gadewch	gadawa	leave
dweud	dywedwch	dyweda/dwed	say/tell
cau	caewch	caea	close/shut
sefyll	sefwch	saf/sefa	stand
rhoi	rhowch	rho	give
troi	trowch	tro	turn

Examples:
> Byddwch yn dda.
Be good.
> Gwranda'n ofalus.
Listen carefully.
> Sefwch wrth y drws.
Stand by the door.

There is a **soft mutation** to a word which comes **directly** after the command, e.g.
> Yfwch **dd**igon o laeth.
Drink plenty of milk.
> Bwytwch **l**ai o fraster.
Eat less fat.
> Cadwch **b**ellter cymdeithasol.
Keep a social distance.

Use *â* after the following verbs:

Verb	Formal	Informal	English
dod â	*dewch â*	*dere â/tyrd â*	bring (from one place to another)
mynd â	*ewch â/cerwch â*	*cer â/dos â*	take (from one place to another)

The word *â* is followed by **aspirate mutation**, e.g.
*Dewch â **ph**ecyn bwyd.*
Bring **a** packed lunch. **BUT**
*Dewch â'r **p**ecyn bwyd.*
Bring **the** packed lunch.

The word *â* changes to *ag* before words beginning with a vowel, e.g.
*Cer **ag** afal.*
Take an apple.

Peidio

Use the command form of *peidio* to tell someone **not** to do something:

Verb	Formal	Informal	English
peidio	*peidiwch (â/ag)*	*paid (â/ag)*	don't

You can choose whether to use *â/ag* after 'peidio'.
If you do, then mutation rules apply, e.g.
*Paid â **ph**oeni.*
Don't worry.

The tendency nowadays is to omit *â/ag* and the mutation, e.g.
Peidiwch talu.
Don't pay.

Paid codi.
Don't get up.
Paid bod yn hwyr.
Don't be late.

Important: *Paid/Peidiwch* ('*â/ag*') is followed by the ordinary verb noun.

Useful commands

Formal	Informal	English
Esgusodwch fi	*Esgusoda fi*	Excuse me
Dewch i mewn	*Dere/Tyrd i mewn*	Come in
Byddwch yn ofalus	*Bydd yn ofalus*	Be careful
Cymerwch ofal	*Cymer ofal*	Take care

Gadewch i ni (+ **soft mutation**) = **Let's**, e.g.
*Gadewch i ni **f**ynd.*
Let's go.

*Gadewch i ni **b**eidio mynd.*
Let's not go.
Compare with '*Allons-y*' in French.

Y goddefol *Passive*

We use the passive when talking or writing about **something being done to somebody/something else**. This is an example of a passive sentence in English:

I am being followed.

In this sentence, there is no subject, i.e. nobody doing the action. The sentence does **not** say **who is following me**.

To form the passive in Welsh, we use:

1 The verb *cael* in the appropriate tense

2 A **possessive pronoun** (depending on who the action is being done to)

3 A **verb** (whatever is being done) – not forgetting any mutations caused by the pronoun.

Here are some examples:

1 *Cael* with tenses of the verb *bod*:

Tense + person	Yn/'n	cael	Possessive pronoun	Verb noun	English
Rydw i/Dw i	'n	cael	fy	**nh**alu	I am being paid
Dydych chi ddim	wedi	cael	eich	bwydo	You haven't been fed
Ydy'r tocynnau	wedi	cael	eu	gwerthu?	Have the tickets been sold?
Roeddet ti	'n	cael	dy	**dd**ilyn	You were being followed
Doedden nhw	ddim wedi	cael	eu	dewis	They hadn't been chosen
Oedd hi	wedi	cael	ei	symud?	Had she been moved?
Bydd y gêm	yn	cael	ei	**ch**ynnal	The game will be held
Bydd y bachgen	yn	cael	ei	weld	The boy will be seen
Fyddwn ni	'n	cael	ein	gwahodd?	Will we be invited?

See the relevant pages under 'tenses' and 'pronouns' for more help, including 'yes' and 'no' answers.

2 *Cael* in the concise past tense:

Concise past – *cael*	Possessive pronoun	Verb noun	English
Ces i	fy	**ng**eni	I was born
Cafodd e/o	ei	**f**agu	He was brought up
Cawson nhw	eu	dal	They were caught
Cafodd y car	ei	brynu	The car was bought
Chafodd hi mo (← ddim o)	'i	**ch**anmol	She wasn't praised
Gawson nhw	eu	helpu?	Were they helped?

(See 'Concise past tense', p. 234, for more help.)

The impersonal

The passive can be shortened by using the impersonal.

The impersonal is formed by:

1 Taking the stem of the verb (see 'Concise past tense', p. 234)

2 Adding one of these endings:
- *-ir* in the present and future tenses
- *-wyd* in the past tenses

Verb	Stem	-ir/-wyd	English
agor	*agor-*	*agor**ir***	***Is/are/will be*** opened
gyrru	*gyrr-*	*gyrr**wyd***	***Was/were*** driven

Here are some examples:

*Agor**ir** y siop.*
The shop **is/will be** opened.
*Gyrr**ir** y trên.*
The train **is/will be** driven.

*Agor**wyd** y siop.*
The shop **was** opened.
*Gyrr**wyd** y trên.*
The train **was** driven.

Some useful irregular verbs:

Verb	Present/future	Past
mynd (â) (to) take		*aethpwyd â* was/were taken ***Aethpwyd â**'r ferch i'r ysbyty.* The girl **was taken** to hospital.
dod (â) (to) bring		*daethpwyd â* was/were brought ***Daethpwyd â** nhw mewn ambiwlans.* They **were brought** by ambulance.
cael (to) have	*ceir* can/are/will be had/found, e.g. ***Ceir** llawer o enghreifftiau diddorol.* Lots of interesting examples **can be had/found**.	*cafwyd* was/were had/found, e.g. ***Cafwyd** y dynion yn euog.* The men **were found** guilty.
gwneud (to) make/do	*gwneir* is/are/will be made/done, e.g. ***Gwneir** camgymeriadau.* Mistakes **are/will be made**.	*gwnaethpwyd* was/were made/done, e.g. ***Gwnaethpwyd** yng Nghymru.* **Was made** in Wales.
***dyl*(wn)** ought to/should	*dylid* one should/ought to, e.g. ***Dylid** cau'r gât.* **One should** close the gate. (Please close the gate.)	
geni (to) be born		*ganwyd* or *ganed* was/were born, e.g. ***Ganwyd** y bardd yn Rhyd ddu.* The poet **was born** in Rhyd ddu.

Gan By

With both the passive and the impersonal, we can add the person/thing doing the action by placing *gan* (by) at the end, e.g.

The thief was caught **by** the police.

- Passive:
  *Cafodd y lleidr ei ddal **gan** yr heddlu.*

- Impersonal:
  *Daliwyd y lleidr **gan** yr heddlu.*

Pwysig/**Important:**

The impersonal tense does not cause any mutation.

Questions and answers

Questions in Welsh can be grouped into categories.

Ble? Pryd? Pam? Where? When? Why?

These questions are followed by the affirmative form of the verb in **all** tenses, e.g.

Ble mae *Sian yn byw?*
Where does Sian live?
Pryd *rwyt ti'n mynd i siopa?*
When are you going/**do you** go shopping?
Pam *roedd y bobl yn chwerthin?*
Why were the people laughing?

Answering:

- Delete **Ble? Pryd? Pam?**
- Start the sentence with the verb, changing the person if necessary.

- Put an answer at the end, e.g.
  Ble *mae Sian yn byw?*
  *Mae Sian yn byw **yn Y Barri**.*
  Sian lives **in Barry**.
  Pryd *rwyt ti'n mynd i siopa?*
  Dw i'n mynd i siopa **yn y bore**
  I'm going/**I** go shopping **in the morning**.
  Pam *roedd y bobl yn cerdded?*
  Roedd *y bobl yn cerdded **achos roedd hi'n braf**.*
  The people were walking **because it was fine**.

Sut? How?

In the present tense, *Sut?* is followed by the **question forms** apart from the third person (*mae/maen*), e.g.

Sut wyt *ti?*
How are you? **BUT**
Sut mae *hi?*
How is she?
Sut maen *nhw'n teimlo?*
How are they feeling?

In other tenses, the rules are the same as for *Ble? Pryd? Pam?* e.g.

Sut *roedd y ffilm?*
How was the film?

Sut bydd *y dosbarth yn teithio?*
How will the class be travelling?

Answering:

Sut wyt *ti?*
Dw i'n dda iawn diolch.*
I'm very well thank you.
Sut *roedd y ffilm?*
Roedd *y ffilm **yn gyffrous.***
The film was exciting.

* In spoken language the initial *r* is often left out, e.g.
  Pryd (r)wyt ti'n mynd i siopa?*
  Sut (r)oedd y ffilm?*

Pwy? Beth? Faint? Who? What? How much/many?

In the **present tense**, these questions are followed by *sy* or *ydy* when asking **Who is/are? What is/are?**

1 *Sy* when followed by a verb or preposition, e.g.
   Pwy sy'n siarad?
   Who's **talking**?
   Beth sy'n dod nesaf?
   What's **coming** next?
   Faint sy'n mynd?
   How many **are going**?
   Pwy sy wrth y drws?
   Who's **by** the door?
   Beth sy ar y teledu?
   What's **on** TV?
   Faint sy yn yr ysgol?
   How many **are in** school?

2 *Ydy* when followed by a noun or pronoun, e.g.
   Pwy ydy'r bachgen yna?
   Who's that **boy**?
   Pwy ydy hi?
   Who **is she**?
   Beth ydy enw'r ci?
   What's the **name** of the dog?
   Beth ydy dy enw di?
   What **is your** name?
   Faint ydy'r beic?
   How much **is the bike**?
   Faint ydy e?
   How much **is it**?

In all other tenses, *Pwy? Beth? Faint?* are followed by the question form of the verb, e.g.
   Pwy oedd yn siarad?
   Who was talking?
   Beth fydd ar y teledu?
   What will be on TV?
   Faint oedd y beic?
   How much was the bike?

Answering:
   Pwy oedd yn siarad?
   John oedd yn siarad
   It was **John who was** talking.
   (Also:
   Roedd John yn siarad.
   John was talking.)
   Beth ydy enw'r ci?
   Pero ydy enw'r ci?
   Pero is the name of the dog.
   (Also:
   Enw'r ci ydy Pero.
   The name of the dog **is Pero**.)
   Faint ydy'r beic?
   Saith deg punt ydy'r beic
   The bike is **seventy pounds**.
   (Also:
   Mae'r beic yn costio saith deg punt.
   The bike costs **seventy pounds**.)

Sut? What kind of?

Sut + a noun (+ **soft mutation**):
   Sut feic?
   What kind of bike?
   Sut ysgol?
   What kind of school?
   Sut wallt?
   What kind of hair?

1 *sy* + a preposition, e.g.
   Sut feic sy gyda chi?
   What kind of bike have you got?

2 *ydy* + a noun, e.g.
   Sut fachgen ydy Geraint?
   What kind of boy is Geraint?

Answering questions beginning with *Sut*:

● Delete *Sut?*

● Un-mutate the noun if necessary.

● Choose an appropriate adjective to follow the noun.

● Copy the rest of the sentence.
   Sut fachgen ydy Geraint?
   Bachgen deallus ydy Geraint.
   Geraint is an intelligent boy.
   (Also:
   Mae Geraint yn fachgen deallus.)
   Sut feic sy gyda chi?
   Beic coch sy gyda fi

I have a red bike. (literally: It's a red bike I have)
(Also:
Mae beic coch gyda fi.)

Remember to mutate the adjective if it follows a feminine singular noun e.g.
Sut ysgol ydy Cwm glas?
What kind of school is Cwm glas?
Ysgol fawr ydy Cwm glas
(Also:

Mae Cwm glas yn ysgol fawr)

In all other tenses, *Sut?* (**What kind of?**) is used with the question form of the verb, e.g.
Sut siop oedd hi?
What kind of shop **was** it?
Sut dorf fydd yno?
What kind of crowd **will be** there?

Pwysig/**Important:**

Sut? + **a verb = How?**

Sut? + **a noun = What kind of?**

Faint (o)/Sawl … sy?   How many is/are?

1   *Faint o* + a plural noun (+ **soft mutation**), e.g.
Faint o bobl sy'n mynd i'r gyngerdd?
How many people are going to the concert?
Faint o gwpanau sy ar y bwrdd?
How many cups **are there** on the table?

2   *Sawl* + a singular noun, e.g.
Sawl person sy'n mynd i'r gyngerdd?
How many **persons** are **going** to the concert?
Sawl cwpan sy ar y bwrdd?
How many cups **are there** on the table?

Answering:
Faint o gwpanau sy ar y bwrdd? / Sawl cwpan sy ar y bwrdd?

How many cups are on the table?
Dau gwpan sy ar y bwrdd OR
Mae dau gwpan ar y bwrdd
There are two cups on the table

In other tenses, *Faint (o)?* and *Sawl?* are followed by the question form of the verb, e.g.
Faint o bobl fydd yn mynd i'r gyngerdd?
How many people will be going to the concert?
Sawl cwpan oedd ar y bwrdd?
How many cups were on the table?

Pa? Which?

Pa + a noun (+ **soft mutation**) + *sy* +
● a verb, e.g.
Pa dîm sy'n chwarae heno?
Which team **is playing** tonight?
● a preposition, e.g.
Pa ffilm sy yn y sinema heno?
Which film **is in** the cinema tonight?

Pa + a noun (+ **soft mutation**) + *ydy* +
● another noun, e.g.
Pa flas ydy'r deisen?
Which flavour **is the cake?**

Answering:
Pa dîm sy'n chwarae heno?
Cymru sy'n chwarae heno. OR
Mae Cymru'n chwarae heno.

Wales is playing tonight.
Pa flas ydy'r deisen?
Blas siocled ydy'r teisen.
It is a chocolate cake.

In other tenses, *Pa?* is followed by the question form of the verb, e.g.
Pa ffilm weloch chi?
Which film did you see?

Pwysig/**Important:**

In English, you will often hear '**what**' used instead of '**which**', e.g.
What film did you see?

In this type of question in Welsh, you must use *pa*, not *beth.*

Other question forms using *Pa?*

1 ***P'un?* Which one?**
   P'un sy ar *y teledu heno?*
   Which one is on TV tonight?
   P'un ydy'r *gorau?*
   Which one is the best?

2 ***Pa rai?* Which ones?**
   Pa rai sy'n chwarae *heno?*
   Which ones are playing tonight?
   Pa rai ydy'r *gorau?*
   Which ones are the best?

3 ***Pa fath o?* What kind of?**
   Pa fath o f*wyd **sy ar*** *y fwydlen?*

What kind of food **is on** the menu?
Pa fath o dd*inas **ydy*** *Caerdydd?*
What kind of city **is** Cardiff?

4 ***Pa mor*** (+ **soft mutation** apart from words beginning with *ll* and *rh*) **How?** (with an adjective)
   Pa mor b*ell **ydy*** *Abertawe?*
   How far is Swansea?

The above are all followed by the question form of the verb in other tenses, e.g.
   *Pa rai **fydd** yn mynd?*
   Which ones **will be** going?
   *Pa fath o bitsa **fwytoch chi**?*
   What type of pizza **did you eat**?

Questions followed by a verb asking for extra information about the subject

In this type of question, we know already what the person is doing, e.g.
   Beth *mae e'n **ei f**wyta?*
   What is he eating?

We know the person is eating. We want to know **what** he is eating.

Here are some more examples:
   Beth *mae e'n **ei w**neud?*
   What is he doing?
   Faint *bydd e'n **ei d**alu?*
   How much is he paying?
   Sawl *byrger rwyt ti wedi'**i f**wyta?*
   How many burgers have you eaten?
   Pwy *mae e'n **ei** hoffi?*
   Who does he like?
   Pa *got bydd hi'n **ei ph**rynu?*
   Which coat will she buy
   Pa *esgidiau mae e'n **eu** hoffi?*
   Which shoes does he like?

The *ei/eu* refers to the thing/person being asked about and causes mutation (see 'Pronouns', p. 222).

These question words are followed by the **affirmative** form of the verb in all tenses

To answer:

- Delete ***Beth? Faint? Pwy?*** etc.
- Delete *ei/eu*.
- Un-mutate the verb if necessary.
- Put an answer at the end, e.g.
   Beth *mae e'n **ei f**wyta?*
   *Mae e'n **b**wyta **byrger**.*
   He's eating **a burger**.
   Pa *got bydd hi'n **ei ph**rynu?*
   *Bydd hi'n **p**rynu'r **got goch**.*
   She'll be buying **the red coat**.

Other useful questions

Questions starting with a preposition

Unlike English, a preposition goes at the beginning of a question in Welsh, e.g.

I ble rwyt ti'n mynd?
Where are you going **to**?
(Am) faint o'r gloch mae'r gêm yn dechrau?
(**At**) **what time** does the game start?
O ble rydych chi'n dod?
Where do you come **from**?

Answering:

*I ble **rwyt ti**'n mynd?*
*Dw i'n mynd **i'r dref***
I'm going **to town**
*Gyda phwy **gweloch chi**'r ffilm?*
With whom did you see the film?
*Gwelon ni'r ffilm **gyda ffrindiau**.*
We saw the **film with friends**.

Remember to mutate after the preposition if necessary, e.g.

Am beth maen nhw'n siarad?
What are they talking **about**?
*Maen nhw'n siarad **am r**aglenni teledu.*
They are talking about television programmes.

Whose?

1   Using *pwy*, e.g.
*Pensil **pwy** ydy e?*
Whose pencil is it?
*Pensil **Teleri** ydy e.*
It's **Teleri's** pencil.
*Chwaer **pwy** ydy hon?*
Whose **sister** is this?
*Chwaer **Ceri** ydy hon*
This is **Ceri's** sister

2   Using *piau*, e.g.
*Pwy **biau'r** llyfr*
Who **owns** the book? (Whose book is this?)
*Elen **biau'r** llyfr.*
Elen **owns** the book. (It's Elen's book.)

Yes/no answers

Yes/no answers are dealt with under verbs. Here are some other useful **yes/no** answers.

● **To emphatic questions**, i.e. questions which don't start with a verb:
John ydy capten y tîm?
Is **John** the captain of the team?
Bethan sy'n rhedeg?
Is **Bethan** running?
Ar y bwrdd mae'r deisen?
Is the cake **on the table**?

The **yes/no** answer to an emphatic question is the same in all tenses:

Yes = *Ie*, e.g.
Ie, John ydy capten y tîm

No = *Nage*, e.g.
Nage, Ffion sy'n rhedeg

● *Wnewch chi/Wnei di** Will you/Would you? (polite request), e.g.
*Wnewch chi **d**roi'r golau ymlaen?*
Would you (please) turn the light on?
*Wnei di **b**asio'r halen?*
Will you (please) pass the salt?
Gwnaf.
Yes, I will.
Na wnaf.
No I won't.

*causes soft mutation

● *Ga i*?** **May I?** e.g.
*Ga i **f**ynd i'r tŷ bach?*
May I go to the toilet?
Cei/Cewch.
Yes, you may.
Na chei/na chewch.
No, you may not.
*causes soft mutation

Ansoddeiriau *Adjectives*

Adjectives are important words. Without adjectives, we cannot say what anything looks like. Adjectives can be used to describe lots of things for example, people, places, animals, buildings and the weather.

Here are the main rules to follow when using adjectives in Welsh:

Position

As with languages such as French and Spanish, adjectives almost always follow the noun in Welsh, e.g.

> *bachgen **tal***
> a **tall** boy
> *llyfr **diddorol***
> an **interesting** book

1 An adjective following a feminine singular noun takes **soft mutation**, e.g.

> *merch **dd**a* (← *da*)
> a good girl

*cath **f**ach* (← *bach*)
a small cat

2 The following adjectives go before the noun. This causes **soft mutation** to the first letter of the noun, e.g.

> ***hen dd**yn*   an **old** man
> ***hoff** raglenni*   **favourite** programmes
> ***unig b**lentyn*   **only** child
> ***prif** reswm*   **main** reason
> ***cas f**wyd*   **most hated** food

Adjectives in sentences

The adjective takes **soft mutation** after the link word *yn/'n*, e.g.

> *Mae'r bachgen yn **d**al.*
> The boy is tall.
> *Roedd y gêm yn **g**yffrous.*
> The game was exciting.

> *Bydd hi'n **w**lyb yfory.*
> It will be wet tomorrow.

Adjectives beginning with *ll* or *rh* do not mutate after *yn* or *'n*, e.g.

> *Mae'r bwyd yn **rh**agorol.*
> The food is excellent.

(See 'Mutations', p. 287.)

iawn, dros ben, eithaf, rhy, gweddol

These words give an extra dimension to the adjective:

- *Iawn* (very), *dros ben* (really/exceptionally) **follow** the adjective, e.g.
  > *Mae'r tywydd yn boeth **iawn**.*
  > The weather is **very** hot.
  > *Roedd y gêm yn gyffrous **dros ben**.*
  > The game was **really** exciting.

- *eithaf* (quite), **rhy* (too), **gweddol* (fairly), go

before the adjective, e.g.
*Mae'r ystafell yn **weddol d**aclus.*
The room is quite tidy.
*Mae'r car yn **rhy g**yflym.*
The car is too fast.
*Roedd y rhaglen yn **eitha** da.*
The programme was quite good.

*Rhy and *gweddol* cause **soft mutation** to the adjective.

Comparing adjectives

When speaking or writing, we are always comparing one thing with another. This is how to compare things in Welsh using adjectives:

In this example, we are using the adjective '*diddorol*' (interesting):

● As **interesting** as ... *Mor dd*iddorol *â* ... e.g.
*Mae Ffrangeg **mor dd**iddorol **â** Sbaeneg.*
French is **as** interesting **as** Spanish.

More **interesting** than ... *Yn fwy diddorol na* ... e.g.
*Mae daearyddiaeth **yn fwy** diddorol **na** hanes.*
Geography is **more** interesting **than** history.

The most **interesting** *Y mwyaf diddorol*, e.g.
*Technoleg ydy'**r mwyaf diddorol**.*
Technology is **the most interesting**.

Here is another example:

● *Blasus* Tasty
*Mae oren **mor f**lasus **ag** afal.*
An orange is **as** tasty **as** an apple.
*Mae pînafal **yn fwy** blasus **nag** oren.*
A pineapple is **more** tasty (tasti**er**) **than** an orange.
*Banana ydy'r **mwyaf** blasus.*
A banana is the **most** tasty (the tasti**est**) .

Rules to follow when comparing:

1 *Mor* causes **soft mutation** (except for words beginning with *ll* and *rh*), e.g.
*Mae John **mor d**al â Jayne.*
John is as tall as Jayne. **BUT**
*Mae KFC mor **rh**ad â Burger King.*
KFC is as cheap as Burger King.

2 We do **not** put *yn* before *mor*.

3 *Â* and *na* both cause **aspirate mutation**, e.g.
*mor b**ell â Ch**aernarfon*
as far as Caernarfon
*yn fwy cyffrous **na ph**êl droed*
more exciting than football

4 *Â* changes to *ag* and *na* changes to *nag* before words beginning with a vowel, e.g.

*mor flasus **ag a**falau*
as tasty as apples
*yn fwy agos **nag A**wstralia*
closer than Australia

5 When using the '**most**' / '**-est**' form, the order of words changes, e.g
John ydy'r mwyaf cyflym.
John is (=) the fastest.
Hanes ydy'r mwyaf diddorol.
History is (=) the most interesting.
Think that John '**equals**' (=) the fastest

6 Don't forget to follow the mutation rules for feminine singular nouns, e.g.
*Sian ydy'r **f**erch **f**wyaf ffit.*
Sian is the fittest girl.

Concise form of comparing adjectives

There is another, more concise way of comparing adjectives.

This way is used mostly with **short** adjectives of one or sometimes two syllables, and is very similar to adding '**er**' and '**est**' in English.

Look at these examples using *tal* (tall) and *araf* (slow):

1 *Tal*:

Tall**er than** *Yn dalach na*, e.g.
*Mae Erin yn dal**ach na** Siwan.*
Erin is tall**er than** Siwan.

The tall**est** *y talaf*, e.g.
*Sion ydy'**r talaf**.*
Sion is the tall**est**.

2 *Araf*:

Slow**er than** *Yn arafach na*, e.g.
*Mae'r bws yn araf**ach na**'r car.*
The bus is slow**er than** the car.

The slow**est** *yr arafaf*, e.g.
*Y beic ydy'r araf**af**.*
The bike is the slow**est**.

Note the small spelling changes in the following adjectives:

trwm (heavy)	*yn **dry**mach na*	*y trymaf*
hawdd (easy)	*yn **haws** na*	*yr **haws**af*
hen (old)	*yn **hŷn** na*	*yr hynaf*
uchel (high)	*yn **uwch** na*	*yr uchaf*
rhad (cheap)	*yn rhatach na*	*y rhataf*
drud (expensive)	*yn **dd**rutach na*	*y drutaf*
pwysig (important)	*yn **b**wysicach na*	*y pwysicaf*
byr (short)	*yn **f**yrrach na*	*y byr**r**af*

Pwysig/**Important:**

You can choose to use **either** the long **or** concise form with **all adjectives except for irregular adjectives**.

There are four important irregular adjectives:

da	*cystal â* **OR**	*yn well na*	*y gorau*
	mor dda â	better than	the best
	as good as		
drwg	*cynddrwg â* **OR**	*yn waeth na*	*y gwaethaf*
	mor ddrwg â	worse than	the worst
	as bad as		
mawr	*cymaint â* **OR**	*yn fwy na*	*y mwyaf*
	mor fawr â	larger/more than	the largest/most
	as big/much as		
bach	*cyn lleied â* **OR**	*yn llai na*	*y lleiaf*
	mor fach â	smaller/less than	the smallest/least
	as small/little as		

Other points about adjectives

1 Adjectives are used in **similes**, e.g.
   mor dal â *chawr*
   as tall as a giant
   ***mor wyn â**'r eira*
   as white as snow

2 Many adjectives are used in **idioms**, e.g.
   newydd *sbon*
   brand **new**

   gwell hwyr na hwyrach
   better late than never
   gwaetha'r *modd*
   worse luck
   *chwarae **teg***
   fair play
   *bwrw **hen** wragedd a ffyn*
   raining cats and dogs

3 **Mor** (+ **soft mutation** to *p, t, c, b, d, g, m*) can be used as an adverb to mean **so** or **such**, e.g.
Mae John mor dal.
John is so tall.
Mae John yn fachgen mor dal.
John is such a tall boy.

4 **Yr un mor** (+ **soft mutation** to *p, t, c, b, d, g, m*) translates as **just as**, e.g.
Mae Sian yr un mor dda â Siwan.
Sian is **just as** good as Siwan.

5 Some adjectives change meaning depending on their position, e.g.
unig blentyn = **only** child **BUT**
plentyn unig = a **lonely** child
cas berson = **most hated** person **BUT**

person cas = a **nasty** person

6 **Braf** (**fine**) never mutates, e.g.
Mae'r tywydd yn braf heddiw.
The weather is fine today.

7 Adjectives do not mutate following languages, even though languages are feminine nouns, e.g.
Mae e'n siarad Ffrangeg gwych.
He speaks great French.

8 In the same way as we use **mwy** (more) + an adjective, e.g.
mwy anodd na **more** difficult than,
we can use **llai** (less) + an adjective, e.g.
llai anodd na **less** difficult than.

Summary of mutation rules with adjectives

Meddal Soft	*Llaes* Aspirate
1 Adjectives following feminine singular nouns	Adjectives following *â* and *na*
2 Nouns following *hen, hoff, cas, prif, unig*	
3 Adjectives following *yn* or *'n* (apart from those beginning with *ll* and *rh*)	
4 Adjectives following *rhy* and *gweddol*	
5 Adjectives following *mor* (apart from those beginning with *ll* and *rh*)	

Adferfau *Adverbs*

As the word suggests, an adverb gives us more information about the verb.

Adverbs tell us:

1 *Sut*/**How** something is happening (words which usually end in '-ly' in English), e.g.
yn araf slowly
yn swnllyd noisily
yn dda well
yn daclus tidily

The link word **yn** causes **soft mutation** except for words beginning with *ll* and *rh*. (See 'Mutations', p. 287.)
Mae'r bachgen yn rhedeg yn gyflym.
The boy is running **quickly**.

Yn gyflym/**quickly** is the adverb which tells us how the boy is running.

2 *Pryd*/**When** something is happening, e.g.
   y bore 'ma   this morning
   bob amser   all of the time
   *****ddoe**   yesterday

   Adverbs of time usually take **soft mutation** when put into a sentence.
   (See 'Mutations', p. 287.)
   ***Dd**ydd Sadwrn, bydda i'n mynd i siopa.*
   On Saturday, I'll go shopping.

   Dydd Sadwrn is the adverb which tells us when shopping will happen.

   *****ddoe** is always used in its mutated form

3 *Ble*/**Where** something is happening, e.g.
   tu allan   outside
   o gwmpas   around
   *Mae'r ci'n eistedd **tu allan**.*
   The dog is sitting **outside**.

   Tu allan tells us where the dog is sitting.

4 *Pam*/**Why** something is happening, e.g.
   achos, oherwydd   because
   *Dw i'n mwynhau celf achos **yr athro**.*
   I enjoy art because of the teacher.

   Yr athro is the reason why the person enjoys art.

Other useful adverbs of time

Adref/Gartref **Home**

Both translate as 'home'.

- *Adref* tells us where someone is going, e.g.
  *Maen nhw'n mynd **adref** ar y bws.*
  They go **home (to their home)** on the bus.

- *Gartref* tells us where someone is, e.g.
  *Mae annwyd arna i. Dw i'n aros **gartref** heddiw.*
  I have a cold. I'm staying **home (at home)** today.

Dyma/Dyna **Here/There**

Dyma   **Here is/are**
Dyna   **There is/are**

Both are followed by **soft mutation**, e.g.
   ***Dyma g**i pert.*
   Here's a pretty dog.
   ***Dyna d**ŷ mawr.*
   There's a big house.

(cf. *voici* and *voilà* in French.)

Byth/Erioed **Ever/Never**

Both can mean '**ever**' or '**never**' in English.

As a general rule:

- Use *byth* with the present, future, and conditional tenses, e.g.
  *Fydda i **byth** yn bwyta yn y caffi yna eto.*
  I'll **never** eat in that café again.

  Also, with the imperfect tense, e.g.
  *Doedd e **byth** yn gweithio yn yr ysgol.*
  He **never** used to work in school.

- Use *erioed* with the other past tenses, e.g.
  *Dw i **erioed** wedi bwyta ysgewyll.*
  I've **never** eaten sprouts.
  *Ches i **erioed** amser gwell.*
  I **never** had a better time.

Byth in idioms

   ***byth** a hefyd/byth a beunydd*   continually
   ***byth** bythoedd*   for ever and ever
   *Cymru am **byth***   Wales for ever
   *unwaith ac am **byth***   once and for all
   ***byth**olwyrdd*   evergreen
   ***byth** wedyn*   never since then
   *gwell **fyth***   better still
   *Bydd hi'n fwy gwlyb **fyth** bore 'fory.*
   It will be even wetter tomorrow morning.

Arddodiaid *Prepositions*

A preposition can tell you:

- where something/someone is, e.g. *ar y bwrdd* **on** the table
- when something is happening, e.g. *am saith o'r gloch* **at** seven o'clock.

Prepositions can be used:

- after verbs, e.g. *gwrando ar* (to) listen **to**
- in idiomatic phrases, e.g. *ar goll* lost
- after nouns and adjectives, e.g. *caredig i* kind **to**.

Pwysig/**Important**:

Bear in mind that Welsh prepositions do not always translate directly into English and can have more than one meaning depending on usage.

Everyday prepositions

1 Followed by **soft mutation**:
am at (a time); for (an amount/a quantity of something); about
ar on; at
at to; towards
dros over; for (on behalf of)
trwy/drwy through
dan under
i to; for (an occasion; a person)
wrth by/near to + *oddi wrth* from/off a person
o from/of
hyd along; until
heb without
gan by/with

2 Followed by **nasal mutation**:
yn in

Yn changes to *ym* before words beginning with *m*, e.g. *ym Maerdy*; *ym Mryn-mawr* (← *Bryn-mawr*); *ym Mhontypridd* (← Pontypridd).

Yn changes to *yng* before words beginning with *ng*, e.g. *yng Ngorslas* (→ *Gorslas*); *yng Nghaerfyrddin* (← *Caerfyrddin*).

3 Followed by **aspirate mutation**:
gyda with

(*efo* in parts of north Wales – **no mutation** normally)
â (→ *ag* before a vowel) with
tua about (+ an amount)

4 Not followed by a mutation:
mewn in (a)/in (some)
erbyn by (with a time)
rhwng between

(See 'Mutations', p. 287, for rules in full.)

NOTE:

Mewn/yn both translate as **in**.

- Use *mewn* before something **indefinite**, e.g. *Dw i'n byw* **mewn** *pentre*.
I live **in a** village.
Bydda i gyda chi **mewn** *pum munud*.
I'll be with you **in** five minutes.

- Also, before *rhai* (some), *llawer* (lots), *digon* (plenty of/enough), e.g.
Mewn rhai *trefi, mae dau barc*.
In some towns, there are two parks.

- Use *yn* before something **definite**, e.g.
Mae hi'n chwarae **yn y** *parc*.
She is playing **in the** park.
Dw i'n byw **yn** *Llanelli*.
I live **in** Llanelli.

Verbs followed by prepositions

Preposition + verbs	English
am	
anghofio	(to) forget about
aros	(to) wait for
chwerthin	(to) laugh at
clywed	(to) hear about
diolch	(to) thank for
edrych/chwilio	(to) look/search for
galw	(to) call for
gofyn	(to) ask for/about
meddwl	(to) think about
poeni	(to) worry about
siarad	(to) talk/speak about
sôn	(to) mention
talu	(to) pay for
ar	
blino	(to) get tired of
dibynnu	(to) depend on
dwlu/dotio/gwirioni	(to) be crazy about/mad on
edrych	(to) look at
gweiddi	(to) shout at
gwenu	(to) smile at
gwrando	(to) listen to
sylwi	(to) notice
at	
anfon	(to) send to (a person)
apelio	(to) appeal to
cyfeirio	(to) refer to
cyfrannu	(to) contribute to
edrych ymlaen	(to) look forward to
pwyntio	(to) point to
rhedeg	(to) run towards
ysgrifennu	(to) write to (a person)
dros	
chwarae	(to) play for
pleidleisio	(to) vote for
i	
anfon	(to) send to (a place)
diolch	(to) thank (someone)
gofyn	(to) ask (someone)
rhoi	(to) give (to)
ysgrifennu	(to) write to (a place)

Preposition + verbs	English
***â** (**ag** before a vowel)*	
cwrdd	(to) meet
cyffwrdd	(to) touch
*cytuno/anghytuno	(to) agree/disagree with
dod	(to) bring
mynd	(to) take
*siarad	(to) speak/talk to
ymweld	(to) visit
* acceptable to use **gyda** instead of **â**	
wrth	
dweud	(to) tell/say to (someone)
sôn	(to) mention to (someone)
o	
meddwl	(to) think of (something)
No preposition	
ceisio	(to) try (to)
cyrraedd	(to) arrive (at)
eisiau/moyn (SW only)	(to) want (to)
gobeithio	(to) hope (to)
penderfynu	(to) decide (to)

Note that sometimes:

- The preposition has the same meaning in both Welsh and English, e.g. *meddwl **am*** think **about**.
- The prepositions used in Welsh differ to those used in English, e.g. *gwrando **ar*** listen **to**.
- There is a preposition following the verb in Welsh but not in English, e.g. *diolch **i*** (to) thank
- There is a preposition following the verb in English but not in Welsh, e.g. *cyrraedd* (to) arrive (**at**).

Conjugating

Some prepositions in Welsh can be conjugated, i.e. they change when a pronoun (I, you, him, her etc.) is added. Here are the ones you are likely to come across most often:

am

amdana i
amdanat ti
amdano fe/fo
amdani hi
amdanon ni
amdanoch chi
amdanyn nhw

ar

arna i
arnat ti
arno fe/fo
arni hi
arnon ni
arnoch chi
arnyn nhw

at

ata i
atat ti
ato fe/fo
ati hi
aton ni
atoch chi
atyn nhw

heb

hebddo i
hebddot ti
hebddo fe/fo
hebddi hi
hebddon ni
hebddoch chi
hebddyn nhw

i

i mi/i fi
i ti
iddo fe/fo
iddi hi
i ni
i chi
iddyn nhw

o

ohono i/ohona i
ohonot ti
ohono fe/fo
ohoni hi
ohonon ni
ohonoch chi
ohonyn nhw

wrth (+ oddi wrth)

wrtho i/wrtha i
wrthot ti
wrtho fe/fo
wrthi hi
wrthon ni
wrthoch chi
wrthyn nhw

Note that *â* does not change when followed by a pronoun:

â fi
â ti
â fe/fo
â hi
â ni
â chi
â nhw

(For *gyda* and *gan*, see 'Prepositions in idioms', p. 267.)

Other

Prepositions + verb

We can put *ar*, *am* and *dros* before a verb, e.g.

    ar (*fynd*) **about to** (go)
    am (*brynu*) **want to** (buy)
    dros (*adael*) **in favour of** (leaving)

Prepositions in questions

Unlike in English, prepositions in Welsh go at the beginning of a question, e.g.

    O ble wyt ti'n dod?
    Where do you come **from**?

Gyda phwy est ti?
Who did you go **with**?

Prepositions with two parts

    yn lle instead (of)
    ar bwys near (to)
    yn erbyn against
    ar ôl after
    o flaen in front of
    tu ôl i behind
    ar gyfer for the purpose of/in preparation for

Summary of mutation rules with prepositions

Meddal Soft	*Trwynol* Nasal	*Llaes* Aspirate
After: ● *am, ar, at* ● *dros, drwy, dan* ● *i, wrth, o* ● *hyd, heb, gan*	After: ● *yn* (in) (*ym* before m, *yng* before ng)	After: ● *gyda* ● *tua* ● *â*

Arddodiaid mewn idiomau *Prepositions in idioms*

Gan (NW) *a Gyda* (SW) Have/possess

To express possession, use *gan* or *gyda*.

The sentence pattern for both is similar, e.g. 'Sioned has (got) a dog':

● *Gan*

*Mae ci **gan** Sioned.* OR
Mae **gan Sioned **g**i.*

● *Gyda* (*gydag* in front of a vowel)
*Mae ci **gyda** Sioned.*

Adding a pronoun

Gan changes slightly when adding a pronoun. *Gyda* does not change.

English	Gan	Gyda
I have (got)	*gen i*	*gyda fi* **or** *'da fi*
You have (got)	*gennyt ti* **or** *gen ti*	*gyda ti* **or** *'da ti*
He has (got)	*ganddo fe/fo*	*gyda fe* **or** *'da fe*
She has (got)	*ganddi hi*	*gyda hi* **or** *'da hi*
We have (got)	*gennyn ni*	*gyda ni* **or** *'da ni*
You have (got)	*gennych chi*	*gyda chi* **or** *'da chi*
They have (got)	*ganddyn nhw*	*gyda nhw* **or** *'da nhw*

For example, '**She has** (got) a dog':

● *Gan*
*Mae ci **ganddi hi*** OR
Mae **ganddi hi gi.*

● *Gyda*
*Mae ci **gyda hi***

This pattern is very useful when discussing the family or describing people and pets. Here are two examples:

1 'I have (got) two brothers':

● *Gan*
*Mae dau **f**rawd **gen i**.* OR
Mae **gen i ddau **f**rawd.*

● *Gyda*
*Mae dau **f**rawd **gyda fi**.*

2 'She has (got) long hair':

● *Gan*
*Mae gwallt hir **ganddi hi**.* OR
Mae **ganddi hi wallt hir.*

● *Gyda*
*Mae gwallt hir **gyda hi**.*

**the change in word order causes soft mutation

Questions, answers and the negative

1 With **indefinite nouns** (a/some):

Questions begin with *Oes*, e.g. 'Have you (got) **a** dog?'

- *Gan*

Oes ci gen ti? OR

Oes gen ti **g**i?

- *Gyda*

Oes ci gyda ti?

Oes Yes

Nac oes No

Negative sentences begin with **Does dim**, e.g. 'I **haven't** (got)/I **don't have** a dog':

- *Gan*

Does dim ci gen i. OR

***Does** gen i **ddim** ci.

- *Gyda*

Does dim ci gyda fi.

> *the change in word order causes

2 With **definite nouns** ('the'), follow this pattern:

Positive: 'She has (got) **the** dog'

- *Gan*

Mae'r ci ganddi hi. **OR**

Mae ganddi hi'r ci.

- *Gyda*

Mae'r ci gyda hi.

Question: 'Has she (got) **the** dog?'

- *Gan*

Ydy'r ci ganddi hi?

- *Gyda*

Ydy'r ci gyda hi?

Ydy Yes

Nac ydy No

Negative: 'She hasn't (got) **the** dog'

- *Gan*

Dydy'r ci **ddim** ganddi hi.

- *Gyda*

Dydy'r ci **ddim** gyda hi.

Other idiomatic phrases using prepositions

Prepositions are used in many everyday idioms.

Gyda/gan

1 **Prefer** *gwell* + *gan/gyda* + **soft mutation**, e.g.
*Mae (hi)'n **well gan** fy mam/**well gyda** fy mam **b**ysgod na***ch**ig.*
My mother **prefers** fish to meat.

*aspirate mutation following 'na'

2 **Hate** *cas* + *gan/gyda* + **soft mutation**, e.g.
*Mae (hi)'n **gas gan** Glyn/**gyda** Glyn **r**aglenni natur.*
Glyn **hates** nature programmes.

Using the verb *casáu* (to hate) is also acceptable, e.g.
*Mae Glyn yn **casáu** rhaglenni natur.*
Glyn **hates** nature programmes.

3 **Sorry** *drwg* + *gan* (NW) *blin* + *gyda* (SW) + **soft mutation**, e.g.
*Mae (hi)'n **ddrwg gen i**.*
I'm sorry.
*Mae (hi)'n **ddrwg gen i g**lywed am … .*
I'm sorry to hear about … .
*Mae (hi)'n **flin gyda fi**.*
I'm sorry.
*Mae (hi)'n **flin gyda fi** w**eld ….*
I'm sorry to see … .

4 **Pleased** *da* + *gan/gyda* + **soft mutation**, e.g.
*Mae (hi)'n **dda gen i/gyda fi g**wrdd â chi.*
I'm pleased to meet you.

5 **Indifference** *dim ots* + *gan/gyda* + **soft mutation**, e.g.
*Does **dim ots** gen i/gyda fi.*
I **don't mind**.
*Does **dim ots** gen i/gyda fi w**ylio rygbi.*
I don't mind watching rugby.

On its own, '*Does **dim ots** gen i/gyda fi*' means 'I don't care'.

6 **Illnesses** (mentioning a part of the body), e.g. '**She has** a headache':

- NW

*Mae cur pen **ganddi hi**.*
Mae **ganddi hi g**ur pen.*

- SW

*Mae pen tost **gyda hi**.*

*+ **soft mutation**

Ar

1 **Hunger** *eisiau bwyd/chwant bwyd* + *ar*, e.g.
*Mae **eisiau bwyd/chwant bwyd ar** Gethin.*
Gethin **is hungry**.

2 **Thirst** *syched* + *ar*, e.g.
*Mae **syched ar** y plant.*
The children are **thirsty**.

3 **Illnesses** (not mentioning a part of the body) + *ar*, e.g.
*Mae **peswch ar** Sian.*
Sian has a **cough**.

4 **Fear** *ofn* + *ar*, e.g.
*Mae **ofn** (corrynod) **ar** Joseff.*
Joseff is **afraid of** (spiders) .
Using the verb '*ofni*' (to fear) is also acceptable, e.g.
*Mae Jim yn **ofni** corrynod.*

5 **Asking what's wrong** *Beth sy'n bod* + *ar*, e.g.
***Beth sy'n bod ar** Sali?*
What's wrong/What's the matter with Sali?

6 **Blame** *ar* + *bai*
***Arnat ti** mae'r bai.*
You are to blame/It's **your** fault (lit. On you the blame is).
It's also acceptable to use *ar fai* at fault, e.g.
*Ti sy **ar fai***
It's you who's **at fault**/It's your fault.

I

1 **Must/have to** *rhaid* + *i* + **soft mutation**, e.g.
***(Mae/Mae'n) rhaid i** Mari **f**ynd.*
Mari **has to** go.
Using the verb *gorfod* (to have to) is also acceptable, e.g.
*Mae Mari'n **gorfod** mynd.*

2 **Better** *gwell* + *i* + **soft mutation**, e.g.
*Mae (hi)'n **well i** Rhiannon **g**erdded.*
Rhiannon had **better** walk.

3 **(High) time** *hen bryd* + *i* + **soft mutation**, e.g.
*Mae (hi)'n **(hen) bryd i**'r dosbarth **dd**echrau.*
It's **(high) time that** the class started.

4 **Owing** *ar* + *i* + **soft mutation**, e.g.
*Mae **ar** Sion **b**unt **i** Sian.*
Sion **owes** Sian **a** (pound).

Asking and answering questions

1 If the idiom begins with *Mae*, the question is *Oes*, e.g.
***Oes** rhaid i Mari *****f**ynd?*
Does Mari have to go?

Oes Yes
Nac oes No

2 If the idiom begins with *Mae (hi)'n*, the question is *Ydy*, e.g.
*Ydy (hi)'n **well i** Rhiannon *****g**erdded?*
Is it **better for**/Had **Rhiannon better** walk?
Ydy Yes
Nac ydy No

Negative

3 If the idiom begins with *Mae*, the negative is *Does dim*, e.g.
***Does dim** ofn ar y bechgyn.*
The boys **are not** afraid.

4 If the idiom begins with *Mae (hi)'n*, the negative is *Dydy (hi) ddim yn*, e.g.
***Dydy hi ddim yn** well gan fy mam/gyda fy mam *****b**ysgod na ******ch**ig.*
My mother **doesn't** prefer fish to meat.

*+ soft mutation

**+aspirate mutation

Changing the person

*Mae syched **ar Gwion**.*
Gwion is thirsty.
*Mae syched **arno fe/fo**.*
He is thirsty.
*Mae (hi)'n hen bryd i**'r ffilm** ddechrau.*
It's high time that **the film** started.
*Mae (hi)'n hen bryd **iddi hi** ddechrau.*
It's high time that **it** started.

(See pp. 265–66 for how to use *ar* and *i*.)

Changing the tense

1 For idioms beginning with *Mae*, replace with:
Roedd; *Bydd*; *Basai*; *Byddai*, e.g.
***Roedd** ofn corrynnod ar Jim.*
Jim **used to be** afraid of spiders.
***Bydd** rhaid i Mari **f**ynd.*
Mari **will** have to go.

2 For idioms beginning with *Mae (hi)'n*, replace with: *Roedd hi'n*; *Bydd hi'n*; *Basai (hi)'n*; *Byddai (hi)'n*, e.g.
***Basai (hi)'n/Byddai (hi)'n** well gan fy mam/gyda fy mam *****b**ysgod.*
My mother **would** prefer fish.

*+ soft mutation

Prepositions are used widely in idiomatic phrases:

trwy'r dydd   all day
cyn bo hir   before long
yn y pen draw   in the long run
gan bwyll   steady on
dan bwysau   under pressure
dan ei sang   packed out
o hyn ymlaen   from now on

o bryd i'w gilydd   from time to time
o le i le   from place to place
o ddrwg i waeth   from bad to worse
ar unwaith   at once
ar y cyfan   on the whole
ar ddamwain   by accident
ar gael   available
torri *ar* draws   (to) interrupt
wrth fy modd (yn/gyda)   in my element/really enjoy

Rhifolion a threfnolion   *Ordinals and numerals*

Numbers are useful for all sorts of things, from telling the time to announcing the results of sports games.

Numbers 0–10

0 *dim*
1 *un*
2* *dau/dwy*
3* *tri/tair*
4* *pedwar/pedair*
5 *pump* (*pum* before a noun)
6 *chwech* (*chwe* before a noun)
7 *saith*
8 *wyth*
9 *naw*
10 *deg*

The numbers 1–10 are usually followed by a singular noun, e.g.

naw ysgol   nine schools

Dwy, *tair* and *pedair* are used in front of feminine nouns, e.g.

dwy chwaer   two sisters
tair ysgol   three schools
pedair wal   four walls

Numbers and mutations

Number	Mutation	Example
Un + feminine nouns	Soft	*Un **ferch** One girl
	except for **ll** and **rh**	*Un llaw* One hand
Dau	Soft	*Dau **gi** Two dogs
Dau after **y**	Soft	*Y **ddau gi** The two dogs
Dwy	Soft	*Dwy **gath** Two cats
Dwy after **y**	Soft	*Y **ddwy gath** The two cats
Tri	Aspirate	*Tri **thŷ** Three houses
Chwe	Aspirate	*Chwe **cheffyl** Six horses

Counting after 10

Take the first number + **deg** + the second number, e.g.

11   *un + deg + un → un deg un*

Here are some more examples:

13   *un deg tri/un deg tair**
15   *un deg pump*
27   *dau **dd**eg saith*
89   *wyth deg naw*

*Ages after 10, use either the masculine or feminine forms, e.g.

thirteen years old
un deg tair oed **OR**
un deg tri oed

100 and above

100   *cant* (masculine)/*cannoedd* (hundreds)
101   *cant **ac** un*
110   *cant **a** deg*
157   *cant pum deg saith*
200   *dau **g**ant*
208   *dau **g**ant **ac** wyth*
300   *tri **ch**ant*

600   *chwe **ch**ant*
1000   *mil* (feminine)/*miloedd* (thousands)
2560   *dwy **f**il, pum cant, chwe deg*
1,000,000   *miliwn* (feminine)

Numbers **after 10** can be followed:

- by a singular noun, e.g.
pedwar deg wyth tŷ
forty-eight houses
- by **o** + soft mutation and a plural noun, e.g.
*pedwar deg wyth **o d**ai*
forty eight houses

Larger numbers usually follow the second rule, e.g.
*cant **o f**echgyn*
a hundred boys
*mil **o b**lant*
a thousand children

Pobl (people) is a plural noun so always follows the second rule, e.g.
*Mae **pump o bobl** yn fy nheulu.*
There are **five people** in my family.

Money

Ceiniog (penny/pence) and *punt* (pound) are feminine nouns:
*dwy **g**einiog / dwy **b**unt*
tair ceiniog / tair punt
pedair ceiniog / pedair punt

Years

1 If the year starts with **1**, use *mil* or **un** and the ordinary numerals, e.g.
1987   *mil naw wyth saith/un naw wyth saith*

2 If the year starts with **200**, use *dwy fil* + *a/ac* and the ordinary numerals, e.g.
2008   *dwy fil ac wyth*

3 If the year starts with **201/2** etc, use either
- *dwy fil* and the ordinary numerals, e.g.
2018   *dwy fil un deg wyth* **OR**
- *dwy fil* + *a/ac* and the ordinary numerals, e.g.
2020   *dwy fil a dau ddeg*

Traditional way of counting

There is an another, more traditional way of counting in Welsh.

Here are the most widely used traditional numerals:

11   *un ar ddeg*
12   *deuddeg*
15   *pymtheg*

18   *deunaw*
20   *ugain*
25   *pump ar hugain*
50   *hanner cant*

The traditional way of counting must be used when telling the time.

Time

Faint o'r gloch ydy hi? **What time is it?**

deuddeg o'r gloch
12 o'clock

un ar ddeg o'r gloch
11 o'clock

un o'r gloch
1 o'clock

deg o'r gloch
10 o'clock

dau o'r gloch
2 o'clock

naw o'r gloch
9 o'clock

tri o'r gloch
3 o'clock

wyth o'r gloch
8 o'clock

pedwar o'r gloch
4 o'clock

saith o'r gloch
7 o'clock

pump o'r gloch
5 o'clock

chwech o'r gloch
6 o'clock

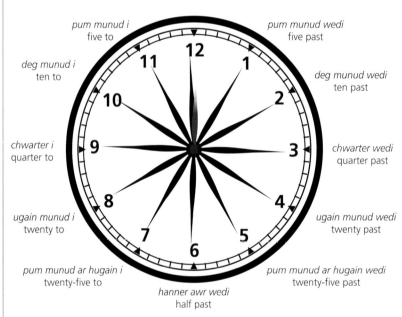

pum munud i
five to

pum munud wedi
five past

deg munud i
ten to

deg munud wedi
ten past

chwarter i
quarter to

chwarter wedi
quarter past

ugain munud i
twenty to

ugain munud wedi
twenty past

pum munud ar hugain i
twenty-five to

pum munud ar hugain wedi
twenty-five past

hanner awr wedi
half past

Remember:

1 To use *hi* when telling the time, e.g.
*Mae **hi**'n*
It is
*Roedd **hi**'n*
It was
*Bydd **hi**'n*
It will be

2 The following cause **soft mutation**:

• *yn/'n*, e.g.
*Mae hi'n **b**ump o'r gloch.*
It's five o'clock.
*Mae hi'n **dd**eg munud i chwech.*
It's ten to six.

• *i* to, e.g.
*chwarter **i dd**eg*
quarter to ten

• *am* at, e.g.
*am **dd**eg o'r gloch*
at ten o'clock

• *tan* until, e.g.
*tan **dd**eg o'r gloch*
until ten o'clock

3 *Tua* (about) causes **aspirate mutation**, e.g.
*tua **ph**edwar o'r gloch*
about four o'clock

4 The following do not cause mutation:
erbyn by
cyn before
ar ôl after

For example:
*erbyn **t**ri o'r gloch*
by three o'clock

5 *Munud* (minute) can be masculine or feminine, e.g.
***dau** funud/**dwy** funud* two minutes

6 *Awr* (an hour) is feminine, e.g.
***dwy** awr* two hours

Useful time phrases

y bore a.m.
y prynhawn p.m.
yr hwyr in the evening
y nos at night
ddoe yesterday
yfory tomorrow
heddiw today

Age

Faint ydy oed …? **How old is …?**

1 For **one to ten years**, e.g.
*Mae Sian yn **b**ump (oed).*
Sian is five (years old).

We tend to think of age as feminine, e.g.
*Bydd Eleri'n **d**air oed.*
Eleri will be three (years old).

although using the masculine form of the number is also acceptable.

2 For **10 to 30 years**: traditional **or** modern numbers are used, e.g.
*Mae Gwilym yn **dd**eunaw (oed).*
Gwliym is eighteen (years old).
Roedd Ceri yn un deg pump (oed).
Ceri was fifteen (years old).

3 For **30 + years**: modern numbers are used, e.g.
Bydd Nain yn saith deg saith (oed) yfory.
Gran will be seventy-seven (years old) tomorrow.

Dates

Use the ordinary numeral after the month, e.g.
Mai un   the first of May
Ebrill tri deg   the thirtieth of April

(See 'Misoedd y flwyddyn', pp. 294–95.)

Ordinals

1 The ordinals **1st–5th** and their mutation rules:

Ordinal		Mutation	Example
1st	* cyntaf *always follows the noun	Soft (following feminine singular nouns)	*y ferch **g**yntaf* the first girl
2nd	*ail*	Soft	*yr ail **d**ŷ* the second house
3rd	*trydydd* (m)	None	*y trydydd cwestiwn* the third question
	trydedd (f) *trydedd* (f) after y	Soft Soft	*y **d**rydedd **r**aglen* the third programme
4th	pedwerydd (m)	None	*y pedwerydd llyfr* the fourth book
	pedwaredd (f) *pedwaredd* (f) after y	Soft Soft	*y **b**edwaredd **w**ers* the fourth lesson
5th	*pumed*	None with masculine nouns	*y pumed cwestiwn* the fifth question
	pumed after y	Soft with feminine nouns	*y **b**umed **d**ref* the fifth town

2 For **6th–10th**, the same rules apply as for 5th (*pumed*):

6th   *chweched*
7th   *seithfed*
8th   *wythfed*
9th   *nawfed*
10th *degfed*

For example:
*y chweched **g**ath (f)*
the sixth cat
*y **dd**egfed ysgol (f)*
the tenth school

BUT

*yr wythfed **c**i (m)*

the eighth dog

For final or last:
olaf final
diwethaf last

For example:
*y munud/funud **olaf***
the final minute (no more minutes left)
*y bws **diwethaf***
the last bus (there will be another one on the way)

3 For ordinals after **10th**, use the ordinary numeral after the noun, e.g.
*Y gêm **tri deg un***
The **thirty-first** game

Useful phrases with numbers

1 *Yr un* = **each**, if it follows a noun, e.g.
*afal **yr un***
an apple **each**

Yr un = **the same**, if it comes before a noun, e.g.
***yr un** ysgol*
the same school

> Remember **soft mutation** to feminine nouns following *un*, e.g.
> *yr un ***b**roblem*
> the same problem
>> *= feminine noun

2 *Un* denoting possession, e.g.
Llyfr (m) Teleri ydy hwn.
This is Teleri's book.

Un Teleri ydy e/o.
It's Teleri's (lit. It's Teleri's **one**).

Cadair (f) Tom ydy hon.
This is Tom's chair.

Un Tom ydy hi.
It's Tom's (lit. It's Tom's **one**).

3 *Y ddau/y ddwy* both, e.g.
*Aeth **y ddau** ohonyn nhw i'r gêm.*
Both of them went to the game.

Cymalau enwol *Noun clauses*

Clauses enable you to make longer sentences and link sentences and phrases, e.g.

I think. The game is excellent. → I think **that** the game is excellent.

The man. He is going to town. → The man **who** is going to town.

Clauses which include the word 'that' are known as '**noun clauses**'.

In Welsh, the important word is *bod*.

The **noun clause** is used with many **verbs** and **expressions**:

- Verbs:
  dweud **bod**   (to) say **that**
  meddwl **bod**   (to) think **that**
  credu **bod**   (to) believe **that**
  cytuno **bod**   (to) agree **that**
  anghytuno **bod**   (to) disagree **that**
  gwybod **bod**   (to) know (a fact) **that**
  esbonio **bod**   (to) explain **that**

  Look at how two sentences can be linked by using **bod**:
  Dw i'n meddwl. Mae'r bws yn hwyr.
  I think. The bus is late.
  ↓
  Dw i'n meddwl **bod** *y bws yn hwyr.*
  I think **that** the bus is late.

- Expressions:
  Mae'n rhaid **bod**   It must be **that**
  Mae'n amlwg **bod**   It's obvious **that**
  Mae'n siŵr/sicr **bod**   It's certain **that**
  Mae'n drist **bod**   It's sad **that**
  Mae'n dda **bod**   It's good **that**
  Mae'n ofnadwy **bod**   It's awful **that**
  Mae'n wir **bod**   It's true **that**
  Mae'n ffaith **bod**   It's a fact **that**
  Mae'n debyg **bod**   It's likely/probable **that**
  Mae'n bosibl **bod**   It's possible **that**
  Mae'n drueni **bod**   It's a pity **that**
  Mae sôn **bod**   They say **that**

  Again, look at how two sentences can be linked by using **bod**:
  Mae'n debyg. Mae'r siop yn cau am chwech.
  It's likely. The shop closes at six.
  ↓
  Mae'n debyg **bod** *y siop yn cau am chwech.*
  It's likely **that** the shop closes at six.

Pwysig/**Important**: *bod* replaces *mae*.

Bod is the only word you need for '**that**' in the **present, perfect, imperfect, and pluperfect tenses**.

The meaning of *bod* depends on the context of the sentence:

- **Present**: *Dw i'n meddwl* **bod** *y gêm yn wych*
  I think **that** the game **is** great

- **Perfect**: *Mae'n drist* **bod** *y siop* **wedi** *cau*
  It's sad **that** the shop **has** closed

- **Imperfect**: *Dywedon nhw* ***fod** y ffilm yn wych*
  They said **that** the film **was** great

- **Pluperfect**: *Roedden nhw'n cytuno* **bod** *y tîm* **wedi** *chwarae'n dda*   They agreed **that** the team **had** played well

Bod* takes **soft mutation following a concise tense.

When using *bod* with a **pronoun** (**I, you** etc.), follow this pattern:
  fy mod i   that I am
  dy fod di   that you are
  ei fod e/o   that he is
  ei bod hi   that she is
  ein bod ni   that we are
  eich bod chi   that you are
  eu bod nhw   that they are

To form the **negative**, add *ddim* in the appropriate place, e.g.
  Mae'n drueni **bod** *y ganolfan hamdden* **ddim** *yn agor.*
  It's a pity **that** the leisure centre **isn't** opening.
  Dw i'n cytuno **ein bod ni ddim** *yn chwarae'n dda iawn.*
  I agree **that we're** not playing well.

Pwysig/**Important**: the word '**that**' is often left out in English, e.g.
  Dw i'n meddwl ***ei fod e'n** chwarae'n dda.
  I think **(that) he is** playing well.
'Bod' **must not** be left out in Welsh.

Future and conditional tenses

For these tenses, use **y** + the ordinary verb. For example:

Dyfodol/Future	Amodol/Conditional
y bydda i that I will (be)	*y baswn i; y byddwn i* that I would (be)
y byddi di that you will (be)	*y baset ti; y byddet ti* that you would (be)
y bydd e/o that he will (be)	*y basai e/o; y byddai e/o* that he would (be)
y bydd hi that she will (be)	*y basai hi; y byddai hi* that she would (be)
y bydd Sian that Sian will (be)	*y basai Sian; y byddai Sian* that Sian would (be)
y byddwn ni that we will (be)	*y basen ni; y bydden ni* that we would (be)
y byddwch chi that you will (be)	*y basech chi; y byddech chi* that you would (be)
y byddan nhw that they will (be)	*y basen nhw; y bydden nhw* that they would (be)

When speaking, **y** is often omitted.

Negative:

For both tenses, use the ordinary negative form, e.g.

> *fydda i ddim*
> that I won't (be)
> *faswn i ddim*; *fyddwn i ddim*
> that I wouldn't (be)

The same rule applies for verbs in the concise conditional tense, e.g.

> *yr hoffwn i*
> that I would like to
> *y dylwn i*
> that I ought to/should
> *y gallwn i*
> that I could

Past tense

To say **that something happened**, use *bod + wedi* (see above), e.g.

> *Roedden nhw'n meddwl **bod** y gêm **wedi** gorffen.*
> They thought that the game (**had**) finished.

Mai/taw

We use *mai* or *taw* (SW only) to mean '**that**' when emphasising something. In the sentence below, we are emphasising '**Catrin**':

> ***Catrin** sy'n gweithio'n galed.*
> It's **Catrin** who is working hard.

When a phrase such as *Dw i'n gwybod* (**I know**) is placed in front of an emphatic sentence, it becomes an emphatic clause and *mai* (or *taw*) is used instead of *bod*:

> ***Dw i'n gwybod mai (taw) Catrin** sy'n gweithio'n galed.*
> **I know that it's Catrin** who is working hard.

Here is another example:

> ***Alun ydy** capten y tîm.*
> **Alun is** the captain of the team.
> ***Mae'n wir mai (taw) Alun** ydy capten y tîm.*
> **It's true that Alun** is the captain of the team

Cymalau perthynol *Relative clauses*

Clauses containing the words 'which' or 'who' are known as relative clauses.

This is how to form the relative clause in Welsh.

1 **Present tense**: *sy/sy ddim*, e.g.
   *Y ferch **sy'n** canu'r piano*
   The girl **who is** playing the piano
   *Y ffrwythau **sy ddim** yn y bowlen*
   The fruits **which are not** in the bowl

2 **Perfect tense**: *sy wedi/sy ddim wedi*, e.g.
   *Y ci **sy wedi** rhedeg yn y parc*
   The dog **which has** run in the park
   *Y plant **sy ddim wedi** gwneud eu gwaith*
   The children **who haven't** done their work

3 **Imperfect tense**: *oedd/oedd ddim*, e.g.
   *Y ceir **oedd** yn y maes parcio*
   The cars **which were** in the car park
   *Y dillad **oedd ddim** yn y peiriant golchi*
   The clothes **which weren't** in the washing machine

4 **Pluperfect tense**: *oedd wedi/oedd ddim wedi*, e.g.
   *Y bechgyn **oedd wedi** chwarae rygbi*
   The boys **who had** played rugby
   *Y bobl **oedd ddim wedi** prynu tocynnau*
   The people **who hadn't** bought tickets

5 **Future tense**: *fydd/fydd ddim*, e.g.
   *Y band **fydd** yn canu yn y gyngerdd*
   The band **which will be** playing in the concert
   *Y siop **fydd ddim** yn agor yfory*
   The shop **which will not be** opening tomorrow

6 **Conditional tense**: *fasai or fyddai*; *fasai ddim or fyddai ddim*, e.g.
   *Y bachgen **fasai'n/fyddai'n** hoffi mynd ar y trip*
   The boy **who would** like to go on the trip
   *Y plant **fasai ddim/fyddai ddim** yn cystadlu yn yr Eisteddfod*
   The children **who would not** be competing in the Eisteddfod

7 **Concise past** tense: *a* + past tense of the verb + soft mutation, e.g.
   *Y plant **a f**wytodd y bwyd i gyd*
   The children **who** ate all of the food

   *a is not always written or said, but the mutation remains.

Pwysig/Important: the above clauses are **always in the third person singular**, whether the subject is singular or plural, e.g.
   *Y **bachgen oedd** ar y bws*
   The **boy who was** on the bus
   *Y **bechgyn oedd** ar y bws*
   The **boys who were** on the bus

Other persons of the verb

1 All long tenses (those from the verb **bod** (to) be) use the ordinary form of the verb, e.g.
*Y llyfr **dw i'n** *(ei) ddarllen*
The book **which** I am reading
*Yr anrheg **byddan nhw'n** *(ei) phrynu*
The present **which** they will be buying
*Y sglodion **roedden ni'n** *(eu) bwyta*
The chips **which** we were eating

* **Ei/eu** refer back to the noun (**llyfr, rhaglen, sglodion**) and cause mutation, i.e.

- **llyfr** is a masculine noun, so **darllen** becomes **ddarllen** after **ei** (**masculine**)

- **anrheg** is a feminine noun, so **prynu** becomes **phrynu** after **ei** (**feminine**)

- **sglodion** is a plural noun, so **bwyta** does not change after **eu** (**plural**)

(See mutations following possessive pronouns on p. 222.)

2 **Concise past tense: *a* + past tense of the verb + soft mutation**, e.g.
*Y llyfr **a dd**arllenais i*
The book **which** I read
*Y rhaglen **a w**ylion nhw*
The programme **which** they watched

Cymalau adferfol *Adverbial clauses*

You will see and hear these clauses used often. They are a great way of extending your sentences. Also, they readily adapt to all tenses.

There are **two** main patterns:

1 With **bod**.

We've already seen that **bod** can mean '**that**'. We can also use **bod** after the following phrases:

- **rhag ofn bod** (just) in case, e.g.
*Ffoniwch **rhag ofn fy mod i'n anghofio** rhywbeth.*
Phone **in case I forget** something.

- **er bod** although, e.g.
***Er bod y tywydd** yn ddiflas, aethon ni allan.*
Although the weather was miserable, we went out.

- **efallai bod** perhaps, e.g.
***Efallai ei bod hi'n** iawn wedi'r cwbl.*
Perhaps she is right after all.

- **gan fod** seeing as, e.g.
***Gan dy fod ti wedi pasio'r** arholiad, byddwn ni'n dathlu heno.*
Seeing as you have passed the exam, we'll celebrate tonight.

(For other tenses and using **bod** with a pronoun, see 'Noun clauses', p. 275.)

2 With ***i*** (+ **soft mutation** to the verb)

These patterns adapt to every tense without changing:

- **ar ôl i** after (something happens/happened etc.), e.g.
*Bydda i'n mynd i dŷ fy ffrind **ar ôl i'r rhaglen orffen**.*
I'll go to my friend's house **after the programme finishes**.

- **cyn i** before (something happens/happened), e.g.
*Edrychwch ar y ffôn **cyn i chi adael**.*
Look at the phone **before you leave**.

- **er i** although (something happens/happened etc.), e.g.

Er iddo fe redeg yn gyflym, daeth e'n ail yn y ras.
Although he ran quickly, he came second in the race.

- *erbyn i* **by the time** (something happens/happened etc.), e.g.

Erbyn iddyn nhw gyrraedd adref, roedd y bwyd wedi mynd.
By the time they arrived home, the food had gone.

- *er mwyn i* **so that** (something can happen/could have happened etc.), e.g.

*Trowch y golau ymlaen **er mwyn i mi/fi ddarllen** y papur newydd.*
Turn the light on **so that I can read** the newspaper.

- *heb i* **without** (something happening/having happened etc.), e.g.

*Daeth hi i mewn **heb i'r athrawon ei chlywed hi**.*
She came in **without the teachers having heard** her.

- *nes i* **until** (something happens/happened etc.), e.g.

*Peidiwch mynd **nes iddyn nhw ddweud**.*
Don't go **until they say**.

- *rhag ofn i* **in case** (something happens/happened etc.), e.g.

*Byddwch yn ofalus **rhag ofn i chi gwympo**.*
Be careful **in case you fall**.

- *wrth i* **at the time that/(just) as** (something happens/happened etc.), e.g.

*Gadawon ni **wrth i chi gerdded** trwy'r drws.*
We left **(just) as you walked** through the door.

(For help conjugating *i*, see 'Prepositions', p. 266.)

Y genidol *Genitive case*

1 The genitive is used to show:

- ownership or possession ('**s/of** in English), e.g.

the girl**'s** car
the centre **of** town

- a relationship between two things, e.g.

the World Cup

2 To translate a genitive phrase from English to Welsh:

- Rearrange the word order (if necessary):

the girl**'s** car → the car **of** the girl

- Delete the first **the** and every **of**:

the car **of** the girl

- Translate what is left:

car the girl → *car *y ferch*

y, yr* and '*r* cause **soft mutation when followed by a feminine singular noun. See 'Mutations', p. 287.

3 Here are some more examples:

- With an **indefinite** noun (a/some):

a child's toy → ~~the~~ toy ~~of~~ a child → *tegan plentyn*

- With a **proper** noun:

John's coat → ~~the~~ coat ~~of~~ John → *cot John*

- With a **possessive** pronoun (mutation rules apply – see p. 222):

my friend's brother → ~~the~~ brother ~~of~~ my friend → *ffrind **fy m**rawd*

- With a **preposition** (mutation rules apply – see p. 263):
in the town centre → in ~~the~~ centre ~~of~~ (the) town → **yng ngh**anol y dref

- With **two** or more closely related nouns:
the World Cup → ~~the~~ Cup ~~of~~ the World → Cwpan y Byd
the town hall → ~~the~~ hall ~~of~~ the town → neuadd y dref

4 Sometimes, the long pattern is used naturally in English, e.g.
~~the~~ top ~~of~~ the hill → pen y bryn
~~the~~ story ~~of~~ the war → hanes y rhyfel
~~the~~ population ~~of~~ north Wales → poblogaeth gogledd Cymru

5 Look at what happens when the phrase includes:

- **two genitive nouns**, e.g.
the town's shop doors → the doors of the town's shops → ~~the~~ doors ~~of the~~ shops ~~of~~ the town → drysau siopau'r dref

- **adjectives**, e.g.
the tall girl's father → ~~the~~ father ~~of~~ the tall girl → tad y ferch dal

6 If the phrase contains more than one **the**, only the first one is crossed out, e.g.
the teacher's son → ~~the~~ son ~~of~~ the teacher → mab yr athro

7 It is incorrect to translate **of** as *o* in any of the above phrases, e.g.
ffrind **fy m**rawd is correct, **not** ffrind **o fy** mrawd

However, *o* is used to mean **of** when the genitive phrases includes a:

- **quantity**, e.g.
cant **o** blant   a hundred children (sum)

- **measure**, e.g.
cwpanaid **o** de   a cup of tea

- **period**, e.g.
dydd **o** haf   a day of summer (a summer's day)

- **portion**, e.g.
darn **o** deisen   a piece of cake

Sillafu ac atalnodi *Spelling and punctuation*

Welsh is a phonetic language, i.e. words are usually written as they are said.

Yr wyddor Welsh alphabet

1 The Welsh alphabet has 29 letters:

a	b	c	ch	d
dd	e	f	ff	g
ng	h	i	j	l
ll	m	n	o	p
ph	r	rh	s	t
th	u	w	y	

2 Welsh has seven vowels (*llafariaid*):

a	e	i	o	u	w	y

3 The rest are consonants (*cytseiniaid*).

4 Welsh has eight double letters (*llythrennau dwbl*) that count as **one** letter:

ch	dd	ff	ng	ll	ph	rh	th

Punctuation

1 Use **capital letters** at the start of sentences, proper nouns, days, months, names of organisations and languages, e.g.
Steffan **C**aerdydd
Stryd y **C**astell

Mrs **D**. **R**oberts **E**brill
Senedd **C**ymru **E**idaleg

2 The rules for other everyday punctuation marks (**full stop**, **question mark**, **apostrophe**, **comma**) are the same as for English.

Spelling

1 *ff*, *ph* and *f*:
- *ff* in Welsh has the same sound as **f** in English, e.g
ffair **fair**
- *f* in Welsh has the same sound as **v** in English, e.g.
y**f**ory tomorrow
- *ff* and *ph* have the same sound in Welsh, e.g.
ffon stick
tra**ph**ont aqueduct

2 *wy* and *yw*:
- *w* usually comes before *y* in Welsh, e.g.
d**wy** two
h**wy**l fun/goodbye
m**wy**nhau (to) enjoy
wyth eight
- Important exceptions:
b**yw** (to) live
b**yw**yd life
c**yw** chick
rh**yw**beth something
rh**yw**un someone

3 *ae*:
- *a* usually comes before *e* in Welsh, e.g.
m**ae** is/does
chwar**ae** (to) play
c**ae** field
ll**ae**th milk

4 Take extra care when spelling words which include the letters *u*, *i*, *y*. Here are some words containing those letters which are often misspelt:
- *u*:
cyffro**us** exciting
s**u**t? how?/what kind of?

*u*nig only/lonely
- *i*:
ll**i**w colour
- *y*:
cymr**y**d (to) take
fell**y** so
m**y**n**y**dd mountain
ll**y**thyr letter
ll**y**fr book
wed**y**n then/afterwards
yfory tomorrow
- *i* and *y*:
i fyny up
t**i**pyn a little
rygb**i** rugby
- some everyday verbs which end in *i*:
cefnog**i** (to) support
cod**i** (to) get up/pick up
coll**i** (to) lose
hoff**i** (to) like
poen**i** (to) worry
rhew**i** (to) freeze
torr**i** (to) cut/break
- some everyday verbs which end in *u*:
can**u** (to) sing
cred**u** (to) believe
cysg**u** (to) sleep
penderfyn**u** (to) decide
pryn**u** (to) buy
tal**u** (to) pay
- some everyday adjectives containing *u*, *i*, *y*:
siarad**us** talkative
cyfford**dus** comfortable
mel**ys** sweet
cared**ig** kind
pwys**ig** important

5 Vowel pronunciation:

Vowels can be short or long in Welsh, e.g.

Vowel	Short	Long
a	*mam*	*tad*
e	*pen*	*hen*
i	*inc*	*hir*
o	*cloc*	*to*
u	*pump*	*gallu* (always an 'ee' sound at the end of words, never an 'oo' sound)
w	*mwd*	*dŵr*
y	*gwyn*	*dyn*

6 Doubling *r* and *n*:

These are the **only** two letters which double in Welsh.

- Some everyday words containing *nn*:

anniddorol uninteresting
annwyl dear
arbennig special
cannoedd hundreds
cynnar early
ennill (to) win
hanner half
pennill verse
punnoedd pounds (money)
rhannu (to) share
ysgrifennu (to) write

- Some everyday words containing *rr*:

cyrraedd (to) arrive
gyrru (to) drive
torri (to) cut/break

7 Accents:

An accent lengthens the vowel sound. Here are the accents used in Welsh with some everyday examples:

- circumflex (^) – mostly in words of one syllable, e.g.

cân song
cŵn dogs
ffôn phone

gêm game
grêt great
iâ ice
môr sea
pêl ball
tân fire
tîm team
trên train
tŷ house

The following are exceptions: the vowel is long, but there is **no** circumflex:

dyn man
haf summer
hen old
pob all
to roof
y we the web

Removing the **circumflex** can change the meaning of a word, e.g.

môr sea / *mor* so/as
tân fire / *tan* until

- *ï* is used to emphasise the vowel in some words, e.g.

sgïo (to) ski
storïau stories

- *á* is also used occasionally, e.g.

caniatáu (to) permit

Words that are often misspelt

chwech six
eisiau (to) want
helo hello
iawn OK/very
merch/ed girl/s

Mercher Wednesday
nawr now
o'r gloch o'clock
Sadwrn Saturday

Geiriau bach *Small words*

A/Ac And

1 Use *a* in front of words beginning with a consonant, e.g.
*bachgen **a** merch*
a boy and a girl

2 Use *ac* in front of words beginning a vowel, with e.g.
*oren **ac** afal*
an orange and an apple

3 *Ac* is also used in front of the **present** and **imperfect** tenses, e.g.
*… **ac mae hi**'n braf*

… **and it's** cold
*… **ac roedden nhw**'n siopa*
… **and they were** shopping

And also in front of *fel* (like) and *felly* (so/therefore), e.g.
***ac felly** aethon ni*
and so we went

4 *A* causes **aspirate mutation**, e.g.
*ci **a ch**effyl (← ceffyl)*
a dog **and** a horse
(See 'Mutations', p. 287.)

Y/Yr/'r The

We put *y/yr/'r* in front of nouns.

1 Use *y* in front of words beginning with a consonant, e.g.
***y** teledu*   **the** television

2 Use *yr* in front of words beginning with a vowel and words beginning with *h*, e.g.
***yr y**sgol   the school
***yr h**af   the summer

3 Use *'r* after words ending in a vowel e.g.
*Ma**e'r** ffilm yn dda.*
The film is good.

'r takes precedence over *yr* between two vowels, e.g.
*Dym**a'r a**thro.*
Here's the teacher.

4 The letter *w* can sometimes act as a consonant, e.g.
***y w**lad
the country

5 A feminine singular noun takes **soft mutation** after *y/yr/'r*, e.g.
***y f**erch (← merch)   the girl
***yr a**rdd (← gardd)   the garden

*a'r g*ath (← cath)   and the cat

6 Words beginning with *ll* and *rh* do not mutate after *y/'r*, e.g.
***y rh**aw   the shovel
*a'r ll*ygoden   and the mouse

7 We use *y/yr/'r* in front of:
  - words such as *gwely/ysgol/eglwys/dref*, e.g. in English, we 'go to town' but in Welsh, we 'go to **the** town': *mynd i'r dref*
  - some countries, e.g.
yr Eidal   Italy
  - some places, e.g.
y Waun   Chirk
y Rhyl   Rhyl
  - seasons and religious festivals, e.g.
y gaeaf   **the** winter
y Nadolig   Christmas
y Pasg   Easter

8 There is no indefinite article (*a/an/some*) in Welsh, e.g.
ci   **a** dog
afal   **an** apple
orennau   **some** oranges

Connectives

Here are some useful connectives:
fel arfer   usually
felly   so/therefore
hefyd   also
**neu*   or
ond   but
***pan*   when (used with the question form of the verb)

weithiau   sometimes
yn aml   often
yn enwedig/yn arbennig   especially

* causes soft mutation to nouns, verbs nouns and adjectives
**causes soft mutation

Geiriau tebyg   *Similar words*

Ar On / *A'r* And the

- *Ar*   on, e.g.
  *Mae'r cwpan **ar** y bwrdd.*
  The cup is **on** the table.

  Also used with some with verbs, e.g.
  *Edrych **ar** y teledu.*
  Looking **at** the television.

And some idioms, e.g.
*Mae peswch **ar** y bachgen.*
The boy **has** a cough.

- *A'r*   and the, e.g.
  *y gath **a'r** ci*
  the cat **and the** dog

Mae/Mae'r/Maen/Mae'n

- *Mae*, e.g.
  Mae bara ar y bwrdd.
  There is (some) bread on the table.
  Mae llawer o bobl yno.
  There are lots of people there.
  Mae Eleri'n darllen.
  Eleri is reading.
  Mae pawb yn hoffi coffi.
  Everyone likes coffee.
- *Mae'r*, e.g.
  Mae'r bara ar y bwrdd.
  The bread is on the table.

- *Maen* – before *nhw* (they), e.g.
  Maen nhw'n rhedeg.
  They are running.
- *Mae'n*   It's, e.g.
  Mae'n ddiflas.
  It's boring.

  Also used with some idioms, e.g.
  Mae'n bryd iddi hi ddechrau.
  It's time she started.
  Mae'n gas gen i/gyda fi
  I hate (lit. **It's** hateful with me)

Cael / Gan/gyda Have

- *Cael* – the process of receiving or getting something, e.g.
  *Dw i'n **cael** amser da.*
  I'm **having** a good time.

- *Gan/gyda* (got) – you have it in your possession already, e.g.
  *Mae beic newydd **gen i/gyda fi**.*
  I have (got) a new bike.

Os/Pe If

- *Os* is used mainly with the present (question form only) and future tenses, e.g.
  Os wyt ti'n mynd, bydda i'n dod hefyd.
  If you go, I'll go as well.
  Os bydd hi'n bwrw glaw, bydda i'n gwisgo cot.
  If it rains (**If it will** rain), I'll wear a coat.

- *Pe* is used with the conditional tense to convey uncertainty or doubt, e.g.
  Pe baswn i'n colli'r bws, baswn i'n hwyr.
  If I missed the bus (**If I were to** miss the bus), I would be late.

Gwybod/Adnabod (To) know

- **Gwybod** to know a fact, e.g.
  Dw i'n gwybod yr ateb.
  I **know** the answer.

- **Adnabod*** to know a person/recognise something or someone
  Wyt ti'n adnabod Bethan Jones?
  Do you **know** Bethan Jones?

  *often shortened to **'nabod**

Blwyddyn/Blynedd/Blwydd Year(s)

These are all feminine nouns.

- **Blwyddyn** is used with **un**, e.g.
  un flwyddyn
  one year

  Also used for **year/s** in general, e.g.
  Blwyddyn newydd dda!
  Happy new **year**!

- **Blynedd** is used with the other numbers, e.g.
  dwy flynedd
  two years
  tair blynedd
  three years
  pum mlynedd

  five years
  deg/deng mlynedd
  ten years

- **Blwydd** is used with ages, e.g.
  naw mlwydd oed
  nine years of age
  blwydd oed
  one year old
  It is also acceptable to leave out 'blwydd', e.g.
  naw oed
  nine years of age

Dydd/Diwrnod Day

Both **dydd** and **diwrnod** are masculine nouns.

- **Diwrnod** is used:

  - with numbers, e.g.
    dau ddiwrnod
    two **days**
    tri diwrnod
    three **days**

  - with adjectives, e.g.
    diwrnod hapus
    a happy **day**
    diwrnod diflas
    a miserable **day**

  - with **o**, e.g.
    diwrnod o waith
    a **day**'s work

  - as a day set aside for something, e.g.
    diwrnod crempog
    pancake **day**

- **Dydd** is used:

  - with days of the week, e.g.
    Dydd Llun

  - with saint days/religious days, e.g.
    Dydd Gŵyl Dewi
    St David's Day

  - in phrases, e.g.
    pob dydd every **day**
    trwy'r dydd all **day**

This is similar to the way in which the words *'jour'* and *'journée'* are used in French.

Other similar words

Fel/Hoffi **Like**

- **Fel** like (similar to), e.g.
  *gwyn **fel** yr eira*
  white **as** (like) snow
- **Hoffi** (to) like, e.g.
  *Dw i'n **hoffi** coffi.*
  I **like** coffee.

Treulio/Gwario **Spend**

- **Treulio** (to) spend time, e.g.
  *Dw i'n mwynhau **treulio** amser gyda'r teulu.*
  I enjoy **spending** time with the family.
- **Gwario** (to) spend money, e.g.
  *Mae fy chwaer yn **gwario** ei harian poced ar ddillad.*
  My sister **spends** her pocket money on clothes.

Byth/Erioed **Never/ever**

(See 'Adverbs', p. 261.)

Both can mean **ever** or **never** in English.

- Use **byth** with the present, future, and conditional tenses, e.g.
  *Fydda i **byth** yn bwyta yn y caffi yna eto.*
  I'll **never** eat in that café again.

  Also, with the imperfect tense, e.g.
  *Doedd e **byth** yn gweithio yn yr ysgol.*
  He **never** used to work in school.

- Use **erioed** with the other past tenses, e.g.
  *Dw i **erioed** wedi bwyta ysgewyll.*
  I've **never** eaten sprouts.
  *Ches i **erioed** amser gwell.*
  I **never** had a better time.

Mewn/Yn **In**

See 'Prepositions' p. 263.

A/â **And/with**

Both cause **aspirate mutation**.

- **A** and (see above)
- **Â** with
  - Use after some verbs, e.g.
  mynd â going with
    (See 'Prepositions', p. 263.)
  - Use when comparing two things, e.g.
  mor dal â as tall as
    (See 'Adjectives', p. 258.)
- **Â → ag** before a vowel.

Hyn/Hun **These/self**

- **Hyn** these, e.g.
  *y llyfrau **hyn***
  these books
  (See 'Demonstrative pronouns', p. 224.)
- **Hun** self/own, e.g.
  *ar ei ben **ei hun***
  on **his own**/by **himself**
  (See 'Pronouns', p. 222.)

Mae/Mai (Taw)

- **Mae**, e.g.
  Mae hi'n rhedeg.
  She is running.
  (See 'Present tense', p. 225.)
- **Mai/taw** – emphatic noun clause, e.g.
  *Roeddwn i'n siŵr **mai/taw** Cymru fasai'n ennill.*
  I was sure that it was Wales who would win.
  (See 'Noun clauses', p. 275.)

Pan/Pryd **When**

See 'Questions and answers', p. 253 and 'Connectives', p. 283.

Treigladau *Mutations*

Treiglad meddal Soft mutation

Nine letters are affected by the **soft mutation**:

$p \rightarrow b$

$t \rightarrow d$

$c \rightarrow g$

$b \rightarrow f$

$d \rightarrow dd$

$g \rightarrow -$

$m \rightarrow f$

$ll \rightarrow l$

$rh \rightarrow r$

Soft mutation occurs:

1 After the following prepositions:

am for/about

ar on, at

at towards/to

dan under

gan by, with

heb without

hyd until

i to/for

o from, of

tan until

tros/dros over, for

trwy/drwy through

wrth by, near to

For example:

*am dd*au o'r gloch

at two o'clock

*i L*anelli

to Llanelli

*o B*restatyn

from Prestatyn

*heb g*ot

without a coat

2 With the possessive pattern based on *gan/gyda* when *gan/gyda* comes before the noun, e.g.

Mae **ganddo fo/gyda fe** *l*ygaid glas.

He has (got) blue eyes.

BUT *Mae ll*ygaid glas ganddo fo/gyda fe.

3 After idioms which use these prepositions:

- *i*

(Mae) rhaid **i** …, e.g.

(Mae) rhaid **i** John **f**ynd.

John has to go.

Mae'n (hen) bryd **i** …, e.g.

Mae'n (hen) bryd **i** ni **g**odi.

It's high time we got up.

Mae'n well **i** …, e.g.

Mae'n well **i** chi **g**erdded.

You'd better walk.

- *gan/gyda*

Mae'n dda + *gan/gyda*, e.g.

Mae'n dda **gen** i **dd**weud.

I'm pleased to say.

Mae'n ddrwg + *gan/gyda*, e.g.

Mae'n flin **gyda** fi **g**lywed.

I'm sorry to hear.

Mae'n gas + *gan/gyda*, e.g.

Mae'n gas **ganddi** hi **r**edeg.

She hates running.

Mae'n well + *gan/gyda*, e.g.

Mae'n well **gyda** nhw **g**riced.

They prefer cricket.

4 After these connectives:

- *neu* **or** (to nouns, verbs, and adjectives only), e.g.

aros **neu f**ynd?

stay or go?

- *pan* **when**, e.g.

pan fydd y gloch yn canu

when the bell rings

- *a* **whether**, e.g.

Dw i ddim yn siŵr **a dd**ylwn i fynd.

I'm not sure **whether** I should go.

5 After these pronouns:

- *ei* **his**, e.g.

*ei d*eulu e/o

his family

Also, when *ei* is shortened to *'i* or *'w*, e.g.

a'i lyfrau e/o

and **his** books

i'w **d**ŷ e/o

to **his** house

- *dy* **your**, e.g.

*dy f*eic di

your bike

6 After these numbers:

- *un* **one** (before feminine singular nouns), e.g.

*un f*erch
one girl

ll and *rh* do not mutate after *un*, e.g.

*un rh*aw
one shovel

- *dau* (+ masculine noun) **two**, e.g.

*dau g*i
two dogs

- *dwy* (+ feminine noun) **two**, e.g.

*dwy g*ath
two cats

Dau and *dwy* mutate after *y/'r*, e.g.

*y dd*au gi
the two dogs
*a'r dd*wy gath
and **the two** cats

7 With ordinals:

- *cyntaf* **first** (following feminine singular nouns), e.g.

*y ras g*yntaf
the **first** race

- *ail* **second** (+ all nouns), e.g.

*yr ail f*achgen
the **second** boy

When the ordinal refers to feminine nouns, **both the noun and the ordinal mutate**, e.g.
pumed:

*y b*umed *g*ân
the **fifth** song

8 In adjectives following a feminine singular noun, e.g.

cadair las (← *glas*)
a **blue** chair

9 In nouns after these adjectives:

cas least favourite
hen old
hoff favourite
**prif* main, chief
unig only

For example:

*hen g*astell

an **old** castle
*hoff b*wnc
favourite subject
*unig b*lentyn
an **only** child

**prif* mutates after *y/'r* when used with a feminine singular noun, e.g.

*y b*rif *dd*inas
the capital city

10 In adjectives after these modifiers:
gweddol fairly
hollol completely
rhy too
For example:
*rhy f*awr
too big/large

11 In adjectives after the comparative *mor* **as/so**, e.g.
*mor d*al
as/so tall

ll and *rh* do not mutate after *mor*, e.g.
*mor ll*awen
as/so happy

12 In '-est' comparisons after *y/yr/'r* when referring to a feminine singular noun, e.g.
*hi ydy'r d*alaf
she is **the** tallest

13 In adjectives, nouns and numbers after the linking word *yn/'n*, e.g.
*Mae Dafydd yn dd*eallus.
Dafydd is **clever**.
*Mae Eleri'n f*erch *dd*a.
Eleri is a good **girl**.
*Mae hi'n dd*eg oed.
She is **ten** years old.

ll and *rh* do not mutate after *yn*, e.g.
*Roedd y bwyd yn rh*ad.
The food was **cheap**.

14 After the relative clause:

- *a* **which, who, that**, e.g.

*Y llyfr (a) dd*arllenais i ddoe.
The book **(which)** I read yesterday.

(*a* is not always said or written, but the mutation still takes place.)

→

15 In verbs after these questions:

Beth? What?

Pwy? Who?

Faint? How much/How many?

Beth gest ti i frecwast?

What did you have for breakfast?

In nouns after:

- **Sut?** What kind of? e.g.

Sut dref ydy'r Trallwng?

What kind of town is Welshpool?

- **Pa?** **Which?** (both the noun and the verb mutate), e.g.

Pa fws **f**ydd yn dod nesaf?

Which bus will be coming next?

Exceptions: when the above questions include a pronoun, e.g.

Beth **b**ydd e'n **(ei)** wneud?

What will he be doing?

16 In feminine singular nouns after **y/yr/'r** **the**, e.g.

y ganolfan

the centre

yr ardd

the garden

i'r dref

to (the) town

ll and **rh** do not mutate after **y/yr/'r**, e.g.

y llwy

the spoon

17 In words directly following a concise tense (not followed by the definite article – **y**, **yr**, **'r**), e.g.

Gwelais i **g**ath.

I saw **a cat**.

Dylwn i **f**ynd.

I should **go**.

18 In verbs following **Ddaru mi**; **Gwnes i** etc., e.g.

Ddaru mi fwyta.

I **ate** (did eat).

Gwnes i ddarllen.

I **read** (did read).

19 In verbs at the start of a question, e.g.

Fydda i'n mwynhau?

Will I enjoy?

Gerddodd hi?

Did she walk?

20 In verbs at the start of a negative sentence (except for verbs beginning with **p**, **t**, or **c**), e.g.

Fyddwch chi ddim yn hapus.

You won't be happy.

Ddylwn i ddim ateb.

I shouldn't answer.

21 In verbs after the negative reply **na**, e.g.

Na fydda.

No I won't.

22 In words directly following commands, e.g.

Bwytwch **f**recwast.

Eat **breakfast**.

Siarada **G**ymraeg.

Speak **Welsh**.

23 After the following adverbs:

dyma here is/are

dyna there is/are

dacw see over there

For example:

Dyma lyfr gwych.

Here's a great book.

24 In adverbs denoting time, distance and measure, e.g.

Priodon nhw **dd**wy flynedd yn ôl.

They married **two years** ago.

Teithiodd y bws **d**air milltir o ganol y pentref.

The bus travelled **three miles** from the village centre.

Treiglad trwynol   Nasal mutation

Six letters are affected by **nasal mutation**:

p → mh
t → nh
c → ngh
b → m
d → n
g → ng

Nasal mutation occurs:

1   In words after *fy* **my**, e.g.
    *fy m*rawd
    my brother

2   In words after the preposition *yn* **in**, e.g.
    *yn Nh*reorci
    in Treorchy

    •   *yn → ym* before words beginning with *m,*
        e.g.
    *ym M*achynlleth
    in Machynlleth
    *ym M*ae Colwyn (← *B*ae Colwyn)

in Colwyn Bay
*ym M*hontypridd (← *P*ontypridd)
in Pontypridd

    •   *yn → yng* before words beginning with *ng,*
        e.g.
    *yng Ng*arnant (← *G*arnant)
    in Garnant
    *yng Ng*hricieth (← *C*ricieth)
    in Cricieth

3   To *blwydd, blynedd* (year) and *diwrnod* (day)
    after: *pump, saith, wyth, naw, deg, deuddeg,*
    pymtheg, deunaw, ugain, cant, e.g.
    *pum m*lwydd oed
    five years old
    *saith m*lynedd yn ôl
    seven years ago
    *wyth n*iwrnod
    eight days

Treiglad llaes   Aspirate mutation

Three letters are affected by **aspirate mutation**:

t → th
c → ch
p → ph

Aspirate mutation occurs:

1   After the connective *a* **and**, e.g.
    *ci a ch*ath
    a dog **and** a cat

2   After the prepositions:

    •   *gyda* **with**, e.g.
    *gyda ch*yllell
    with a knife

    •   *â* **with** (and following some verbs), e.g.
    *ymweld â Th*reherbert
    visiting Treherbert

    •   *tua* **about**, e.g.
    *tua ph*edwar o'r gloch
    about four o'clock

3   After the pronoun *ei* **her**, e.g.
    *ei th*ad hi
    her father

Also, when *ei* is shortened to *'i* or *'w*, e.g.
*a'i th*ad hi
and **her** father
*i'w th*eulu hi
to **her** family

4   After the comparisons:

    •   *â* **as**, e.g.
    *mor boeth â th*ân
    as hot as fire

    •   *na* **than/nor**, e.g.
    *yn dalach na ch*oeden
    taller than a tree

5   After the numbers:

    •   *tri* **three**, e.g.
    *tri ph*lentyn
    three children

    •   *chwech* **six**, e.g.
    *chwe th*ocyn
    six tickets

(The letter '*ch*' at the end of '*chwech*' is
usually dropped before a noun beginning with
a consonant.)

6 When changing concise tenses into the
   negative, e.g.
   ***Th**alais i ddim.*
   I didn't pay.
   ***Ph**rynodd hi ddim.*
   She didn't buy.

Adding 'h'

The letter '***h***' is added to the beginning of nouns and
verbs which begin with a vowel when coming after:

- ***ei*** **her** (also, when ***ei*** is shortened to '***i*** or '***w***), e.g.
  ***ei h**ysgol hi* **her** school

*a'**i h**ysgol hi*   and **her** school
*i'**w h**ysgol hi*   to **her** school

- ***ein*** **our** (also, when ***ein*** is shortened to '***n***), e.g.
  ***ein h**ysgol ni* **our** school
  *i'**n h**ysgol ni* to **our** school

- ***eu*** **their** (also, when ***eu*** is shortened to '***u*** or
  '***w***), e.g.
  ***eu h**ysgol nhw*   **their** school
  *a'**u h**ysgol nhw*   and **their** school
  *i'**w h**ysgol nhw*   to **their** school

Cofio cyflym

Yr wyddor Gymraeg

Mae 29 llythyren yn yr wyddor Gymraeg.
- Mae 22 cytsain a 7 llafariad: a, e, i, o, u, w, y ac weithiau h.
- Hefyd, mae 8 llythyren ddwbl yn y Gymraeg: ch, dd, ff, ng, ll, ph, rh a th.

Cofiwch hyn wrth ddefnyddio geiriadur.

a	as in t*a*p	ff	as in o*ff*	m	as in *m*op	t	as in *t*ake
b	as in *b*ath	g	as in *g*asp	n	as in *n*ot	th	as in *th*atch
c	always as in *c*atch	ng	as in ri*ng*	o	as in *o*range	u	like 'ee' in s*ee*
ch	as in lo*ch*	h	as in *h*at	p	as in *p*asta	w	like 'oo' in p*oo*l
d	as in be*d*	i	like 'ee' in sw*ee*t	ph	as in *ph*ysical	y	like 'u' in h*u*rry
dd	like 'th' in *th*e	j	as in *j*am	r	as in *r*ainbow		
e	as in p*e*n	l	as in *l*orry	rh	as in *Rh*ys		
f	as in o*f*	ll	as in *Ll*andudno	s	as in *s*ome		

Rhifau

Mae'n hawdd cyfri yn y Gymraeg. Rhaid dysgu 1–10 ac yna defnyddio'r rheol aur! Er enghraifft:
- Un deg un = 1 10 1
- 1 x 10 = 10 + 1 = **11**

Mae'r rheol yn gweithio i fyny at 99.

0	dim	10	deg	20	dau ddeg / ugain	30	tri deg / deg ar hugain
1	un	11	un deg un / un ar ddeg	21	dau ddeg un / un ar hugain	40	pedwar deg / deugain
2	dau	12	un deg dau / deuddeg	22	dau ddeg dau / dau ar hugain	50	pum deg / hanner cant
3	tri	13	un deg tri / tri ar ddeg	23	dau ddeg tri / tri ar hugain	60	chwe deg / trigain
4	pedwar	14	un deg pedwar / pedwar ar ddeg	24	dau ddeg pedwar / pedwar ar hugain	70	saith deg / deg a thrigain
5	pump	15	un deg pump / pymtheg	25	dau ddeg pump / pump ar hugain	80	wyth deg / pedwar ugain
6	chwech	16	un deg chwech / un ar bymtheg	26	dau ddeg chwech / chwech ar hugain	90	naw deg / deg a phedwar ugain
7	saith	17	un deg saith / dau ar bymtheg	27	dau ddeg saith / saith ar hugain	100	cant
8	wyth	18	un deg wyth / deunaw	28	dau ddeg wyth / wyth ar hugain	1000	mil
9	naw	19	un deg naw / pedwar ar bymtheg	29	dau ddeg naw / naw ar hugain	1,000,000	miliwn

Dweud yr amser

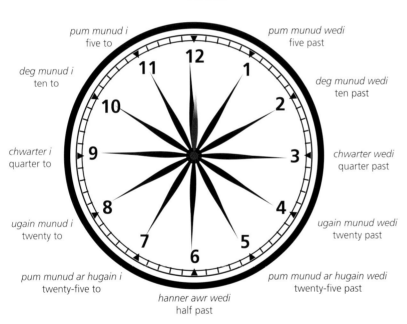

Arian

Rhaid cofio bod arian yn fenywaidd. Rhaid defnyddio ffurfiau benywaidd gydag arian a chofio am y treiglad meddal.

ceiniog	1p	chwe deg pump ceiniog	65p	deg punt	£10.00
dwy geiniog	2p	naw deg naw ceiniog	99p	deg punt a phum deg ceiniog	£10.50
tair ceiniog	3p	punt/un **b**unt	£1.00	hanner can punt/pum deg punt	£50.00

pedair ceiniog	4p	punt pum deg	£1.50	can punt	£100
pum ceiniog	5p	*dwy b*unt	£2.00	dau gan punt	£200
ugain ceiniog/ dau ddeg ceiniog	20p	*tair* punt	£3.00	mil o bunnoedd/mil punt	£1,000
hanner can ceiniog/ pum deg ceiniog	50p	*pedair* punt	£4.00	dwy fil o bunnoedd/dwy fil punt	£2,000
chwe deg ceiniog	60p	*pum* punt	£5.00	miliwn o bunnoedd/ miliwn punt	£1m

Dyddiau'r wythnos

Cofiwch: dim prif lythyren yn 'dydd' gyda dyddiau'r wythnos.

Gallwch newid y 'dydd' yn 'dydd Llun' i 'nos', er enghraifft:
- **nos Lun** *Monday night*

Mae treiglad meddal ar ôl 'nos', er enghraifft:
- nos Llun X
- nos Lun ✓

Edrychwch ar y tablau isod:

dydd Llun	*Monday*
dydd Mawrth	*Tuesday*
dydd Mercher	*Wednesday*
dydd Iau	*Thursday*
dydd Gwener	*Friday*
dydd Sadwrn	*Saturday*
dydd Sul	*Sunday*

bore	*morning*
prynhawn/p'nawn	*afternoon*
nos	*night*

Misoedd y flwyddyn a'r tymhorau

Ionawr	*January*
Chwefror	*February*
Mawrth	*March*
Ebrill	*April*
Mai	*May*
Mehefin	*June*
Gorffennaf	*July*
Awst	*August*
Medi	*September*
Hydref	*October*

Tachwedd	November
Rhagfyr	December

gwanwyn	spring
haf	summer
hydref	autumn
gaeaf	winter

Tagiau amser

Mae tag amser yn dweud pryd fyddwn yn gwneud rhywbeth. Maen nhw'n helpu gyda defnyddio amserau eraill y ferf.

Yr amser gorffennol		Yr amser presennol		Yr amser dyfodol	
ddoe	yesterday	heddiw	today	yfory	tomorrow
y llynedd	last year	y bore 'ma	this morning	bore 'fory	tomorrow morning
wythnos diwethaf	last week	y prynhawn/ p'nawn 'ma	this afternoon	prynhawn/ p'nawn 'fory	tomorrow afternoon
penwythnos diwethaf	last weekend	heno	tonight	nos 'fory	tomorrow night
neithiwr	last night	eleni	this year	wythnos nesaf	next week
echdoe	the day before yesterday			ar y penwythnos	on the weekend
				trennydd	the day after tomorrow
				y flwyddyn nesaf	next year

Lliwiau

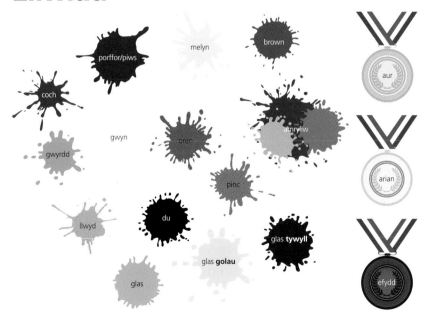

Cydnabyddiaeth ffotograffau

Hoffai'r cyhoeddwyr ddiolch i'r canlynol am gael eu caniatâd i atgynhyrchu deunyddiau hawlfraint:

t.6 (*traddodiad*) Alex Ramsay/Alamy, (*chwaraeon*) WavebreakMediaMicro/Adobe, (*iaith*) Natalia/Adobe, (*bwyd*) Fanfo/Adobe, (*dysgu*) Jeff Morgan 11/Alamy, (*byd natur*) martin/Adobe, (*llenyddiaeth*) Mercedes Fittipaldi/Adobe, (*cymdeithas*) iracosma/Adobe, (*cerddoriaeth*) radenmas/Adobe, (*chwedloniaeth*) Simon Whaley Landscapes/Alamy, (*hanes*) samott/Adobe; (*Gruffudd*) MARKA/Alamy; (*Jones*) Cheese Scientist/Alamy; **t.8** Resnjari/Wikimedia Commons; **t.13** Supplied by Llyfrgell Genedlaethol Cymru/The National Library of Wales and reproduced with permission from Cardiff City Council; **t.16** Johnny Lye/Adobe, filipbjorkman/Adobe; **t.17** keith morris/Alamy; **t.20** (*Mari Lwyd*) Haydn Denman/Alamy, (*castell*) Senatorek/Adobe, (*mynedd*) Anthony Brown/Adobe, (*telynau*) fotosen55/Adobe; (*ceffylau*) matousekfoto/Adobe; (*dawnsio*) mark saunders/Alamy; **t.24** *b* atgof. co/Alamy; *g* The Picture Art Collection/Alamy; **t.26** (*cariad*) Micro One/Adobe, (*helpu*) Elaelo/Adobe, (*iach*) Rawpixel.com/Adobe, (*planed*) Vitechek/Adobe; **t.29** Supplied by Llyfrgell Genedlaethol Cymru/The National Library of Wales; **t.30** keith morris/Alamy; **t.31** Noel/Adobe; **t.32** *b* Monkey Business/Adobe; *g* chrisstockphotography/Alamy; **t.36** World History Archive/Alamy; **t.38** Zarya Maxim/Adobe; **t.39** Science History Images/Alamy; **t.40** Phil Rees/Alamy; **t.41** keith morris/Alamy; **t.42** Rawpixel.com/Adobe; **t.48** *B* Guénhaël Le Quilliec/Adobe, *D* selensergen/Adobe; **t.49** (*teledu*) Svitlana/Adobe, (*heddlu*) Chris Howes/Wild Places Photography/Alamy; **t.50** cpphotoimages/Adobe; **t.59** *b* blacksalmon/Adobe, *c* fizkes/Adobe, *g* murika/Adobe; **t.61** Prostock-studio/Adobe; **t.62** (*sorbio*) paulzhuk/Adobe, (*bynji*) Didi Lavchieva/Adobe, (*rafftio*) giemmephoto/Adobe, (*gwifren wib*) corepics/Adobe, (*sumo*) Jack F/Adobe, (*brechdanau*) olyasolodenko/Adobe; **t.65** *A* nikiteev/Adobe, *B* RATOCA/Adobe, *C* inimalGraphic/Adobe, *Ch* vladwel/Adobe; **t.66** sudowoodo/Adobe; **t.67** (*brechdanau*) exclusive-design/Adobe, (*cinio ysgol*) pjjaruwan/Adobe, (*trip ysgol*) Viktoriia/Adobe, (*gwyliau*) Monkey Business/Adobe, (*amser*) Colin Cramm/Adobe, (*ffonau*) Monkey Business/Adobe, (*baneri*) daboost/Adobe; **t.73** (*athrawes*) moremar/Adobe, (*ci*) JustDigitalbyClaire/Adobe; **t.76** BARIS/Adobe; **t.78** (*Y Rhyl*) eyeimagery/Adobe, (*saethyddiaeth*) Alyssa/Adobe; **t.79** Phillip/Adobe; **t.82** (*dawnsio*) oneinchpunch/Adobe, (*baban*) blessings/Adobe, (*deinosor*) Michal Adamczyk/Adobe, (*lleuad*) Artsoim P/Adobe, (*dyn*) Chaay_tee/Adobe; **t.83** See More/Adobe; **t.84** (*Gates*) Cheese Scientist/Alamy, (*Earhart*) Pictorial Press Ltd/Alamy, (*meddyg*) Milos/Adobe, (*cwpan*) anuwat/Adobe; **t.85** (*sorbio*) Woody Alec/Adobe, (*gwifren wib*) evgenydrablenkov/Adobe, (*pryfed*) Nailia Schwarz/Adobe; **t.86** (*arwyddbost*) ShuShuShu/Adobe, (*calendr*) mix3r/Adobe, (*cloc*) fotomatrix/Adobe, (*pobl*) Good Studio/Adobe, (*ffair*) Jemastock/Adobe, (*bwyd*) Julia/Adobe, (*llygaid*) arizzonadesign/Adobe, (*barnwr*) Vectorfair.com/Adobe; **t.88** (*ffermydd gwynt*) majeczka/Adobe, (*dillad*) Daisy Daisy/Adobe, (*beiciau*) joey333/Adobe, (*poteli*) BillionPhotos.com/Adobe, (*bagiau*) Andrey Cherkasov/Adobe; **t.90** (*llygredd*) EawStudio/Adobe, (*bywyd morol*) Romolo Tavani/Adobe, (*aderyn*) Greg Brave/Adobe, (*poteli/ysgolion*) Evdoha/Adobe, (*poteli/siopau*) Sergey Ryzhov/Adobe, (*traeth*) marina_larina/Adobe; **t.93** (*cymorth*) Erick/Adobe, (*siarad*) THANANIT/Adobe, (*gwaith*) NDABCREATIVITY/Adobe, (*gofalu*) Chalabala/Adobe, (*henoed*) didesign/Adobe, (*sbwriel*) InsideCreativeHouse/Adobe, (*plant*) bernardbodo/Adobe, (*Scouts*) rh2010/Adobe; **t.94** (*Ben/Sophie*) fizkes/Adobe, (*Iwan*) leungchopan/Adobe; **t.96** sudowoodo/Adobe; **t.100** (*rygbi*) Rawpixel.com/Adobe, (*gêmau*) sezer66/Adobe, (*siopa*) chika_milan/Adobe, (*dawnsio*) JackF/Adobe; **t.101** (*archarwr*) Malchev/Adobe, (*traeth*) Anton Gvozdikov/Adobe, (*gwynt*) Rainer Fuhrmann/Adobe, (*pêl-droed*) WavebreakmediaMicro/Adobe, (*seiclo*) lettas/Adobe; **t.103** BillionPhotos.com/Adobe; **t.106** Alexander Limbach/Adobe; **t.108** venimo/Adobe; **t.109** wectorcolor/Adobe; **t.114** josepperianes/Adobe; **t.118** (*bocs*) cipariss/Adobe, (*balaclafa*) Prostock-studio/Adobe, (*digartrefedd*) AllisonLouvain/Adobe, (*punnoedd*) Anchalee/Adobe, (*troli*) Ljupco Smokovski/Adobe; **t.120** (*eglwys*) Patryk Kosmider/Adobe, (*pont*) Gail Johnson/Adobe, (*ffenestr*) madredus/Adobe, (*aur*) PixelShot/Adobe; **t.121** T.Den_Team/Adobe; **t.124** Rafa Irusta/Adobe; **t.126** (*pont*) Len Green/Adobe, (*dail*) filirovska/Adobe; **t.128** yellowj/Adobe; **t.130** pixel78.de/Adobe; **t.131** sudowoodo/Adobe; **t.142** (*Jasmine*) Darren Baker/Adobe, (*Lloyd*) Brendan Howard/Adobe, (Carys) Evrymmnt/Adobe, (*Ioan*) claireliz/Adobe, (*Delyth*) Daxiao Productions/Adobe; **t.143** *i* Vadym/Adobe, *ii* sakai2132000/Adobe, *iii* Glamy/Adobe, *iv* selenzenj/Adobe, *v* PT Images/Adobe, *vi* pit-fall/Adobe, *vii* Jet Cat Studio/Adobe; **t.144** *a* icsnaps/Adobe, *b* Ozgur Coskun/Adobe, *c* pikselstock/Adobe; **tt.145–46** treenabeena/Adobe; **t.148** mimagephotos/Adobe; **t.150** (*Esyllt*) pavel siamionov/Adobe, (*Marco*) Syda Productions/Adobe, (*Lloyd*) Drobot Dean/Adobe; **t.151** (*ffair*) spiritofamerica/Adobe, (*stondinau*) Wolfisler/Adobe; **t.152** (*pobl*) Pixel-Shot/Adobe, (*amserydd*) Francois Poirier/Adobe; **t.153** ukartpics/Alamy; **t.154** Mark Hawkins/Alamy; **t.156** (*Mali*) zinkevych/Adobe, (*Dafydd*) Cookie Studio/Adobe, (*Eirlys*) Aboltin/Adobe, (*Jamie*) Alena Ozerova/Adobe, (*Erin*) master1305/Adobe; **t.158** (*Sara*) Krakenimages.com/Adobe, (*Cade*) Ben Gingell/Adobe, (*Steph*) Studio KIVI/Adobe; **t.160** (*llif*) David Wilson/Alamy; (*cronfa*) David Pimborough/Alamy; **t.164** (*Llundain*) PUNTOSTUDIOFOTO Lda/Adobe, (*5 seren*) Sergey Kolesov/Adobe, (*Iwganda*) twinsterphoto/Adobe, (*4 seren*) Sergey Kolesov/Adobe; **t.165** (*mordaith*) smallredgirl/Adobe, (*4 seren*) Sergey Kolesov/Adobe, (*traeth*) Pasko Maksim/Adobe, (*3 seren*) Sergey Kolesov/Adobe; **t.166** (*Bluestone*) keith morris/Alamy; (*5 seren*) Sergey Kolesov/Adobe; **t.167** (*Jack*) victoriaap_107/Adobe, (*Maiorca*) vulcanus/Adobe; **t.172** Gorodenkoff/Adobe; **t.174** (*siop*) Glenys/Adobe, (*pont*) Sharpshot/Adobe, (*baner*) daboost/Adobe, (*arian*) alswart/Adobe, (*dyn*) zinkevych/Adobe, (*teulu*) pixelheadphoto/Adobe; **t.175** Stephen Davies/Adobe; **t.177** Viacheslav Lakobchuk/Adobe; **t.180** (*eglwys*) Patryk Kosmider/Adobe, (*cyngerdd*) Cristian/Adobe, (*ffair*) Pixavril/Adobe, (*traeth*) Ian Woolcock/Adobe, (*parc*) I-Wei Huang/Adobe; **t.181** Voloshyn Roman/Adobe; **t.182** (*James*) Fabio/Adobe, (*Annabel*) Drobot Dean/Adobe, (Tomos) highwaystarz/Adobe; **t.183** (*wats 1*) kontur-vid/Adobe, (*wats 2*) Cla78/Adobe; **t.186** *A* luckybusiness/Adobe, *B* Pavel Losevsky/Adobe, *C* Burlingham/Adobe, *Ch* Alex/Adobe, *D* golubovy/Adobe; **t.188** (*sêl*) Olesia Bilkci/Adobe, (*ras*) gcogphotos/Alamy; **t.190** artitwpd/Adobe; **t.192** spinetta/Adobe; **t.194** (*ioga*) LanaK/Adobe, (*carati*) JackF/Adobe, (*rhedeg 1*) Comeback Images/Adobe, (*seiclo*) WavebreakmediaMicro/Adobe, (*campfa*) Monkey Business/Adobe, (*nofio*) Nejron Photo/Adobe, (*rhedeg 2*) Stephen Davies/Adobe; **t.195** Marina Karkalicheva/Adobe; **t.198** Jacob Lund/Adobe; **t.200** Dewald/Adobe; **t.203** Vaceslav Romanov/Adobe; **t.208** (*meddyg*) ashtproductions/Adobe, (*plymwr*) Monkey Business/Adobe, (*cyfreithwraig*) fizkes/Adobe; **t.212** Artem Varnitsin/Adobe; **t.214** shintartanya/Adobe; **t.215** Pavel Losevsky/Adobe

Cydnabyddiaeth testun

t.30 detholiad o'r gerdd 'Aber-fan', gan T. Llew Jones. *Dagrau Tost – Cerddi Aber-fan*. Gomer; **t.31** detholiad o'r gerdd 'Enfys yn y ffenest', gan Tudur Dylan Jones; **t.102** 'Limrig' gan Arwel 'Pod' Roberts o *Limrigau Lyfli*. Gwasg Carreg Gwalch; **t.103** 'Jo nainti', gan Gwynne Williams. *Poeth! – Cerddi Poeth ac Oer*. Y Lolfa; **tt.106,108,109** darn allan o ddrama o'r gyfrol *12 Awr y Lembo*, Gomer; **t.112** *Y Gwrachod*, addasiad Cymraeg gan Elin Meek, Testun Cymraeg © Rily Publications/*The Witches* by Roald Dahl © The Roald Dahl Story Company Limited, 1983. Published by Jonathan Cape Ltd & Penguin Books Ltd; **tt.113,114** *Y Twits*, addasiad Cymraeg gan Elin Meek, Testun Cymraeg © Rily Publications/*The Twits* by Roald Dahl © The Roald Dahl Story Company Limited. Published by Jonathan Cape Ltd & Penguin Books Ltd; **t.116** 'Fo a Fi' © Robat Powell, Y Lolfa; **t.117** 'Y Bocs' © Rosie Haywood, Y Lolfa; **tt.122,123** *The Brilliant World of Tom Gates* © Liz Pichon, 2011. Published by Scholastic/Addasiad Cymraeg gan Gareth F. Williams, Testun Cymraeg © Rily Publications; **tt.134–38** © Sian Llywelyn; **t.140** Limrig gan Dewi Prysor, o *Limrigau Prysor*, Gwasg Carreg Gwalch; **t.176** 'Teg?', gan Einir Jones. *Poeth! – Cerddi Poeth ac Oer*. Y Lolfa; dyfyniad o'r gerdd 'Pres y palmant', gan Robat Powell. *Poeth! – Cerddi Poeth ac Oer*. Y Lolfa.